乾坤正气

廉政文化读本

古耜 选编

中国言实出版社

图书在版编目（CIP）数据

乾坤正气：廉政文化读本 / 古耜选编 . -- 北京：中国言实出版社，2016.4

ISBN 978-7-5171-1875-6

Ⅰ. ①乾… Ⅱ. ①古… Ⅲ. ①廉政建设—中国—通俗读物 Ⅳ. ① D630.9-49

中国版本图书馆 CIP 数据核字（2016）第 094348 号

出 版 人：王昕朋
责任编辑：邓见柏
文字编辑：刘玉静
封面设计：水岸风创意文化

出版发行 中国言实出版社
地　址：北京市朝阳区北苑路 180 号加利大厦 5 号楼 105 室
邮　编：100101
编辑部：北京市海淀区北太平庄路甲 1 号
邮　编：100088
电　话：64924853（总编室） 64924716（发行部）
网　址：www.zgyscbs.cn
E-mail：zgyscbs@263.net

经　销 新华书店
印　刷 阳谷毕升印务有限公司
版　次 2016 年 6 月第 1 版　2022 年 1 月第 2 次印刷
规　格 710 毫米 ×1000 毫米　1/16　17.75 印张
字　数 245 千字
定　价 58.00 元　ISBN 978-7-5171-1875-6

胸中秉正气，腕下化清风

——《乾坤正气——廉政文化读本》出版说明

党的十八大以来，反腐倡廉成为中国大地上异常强劲的正义之波与民心之潮，其声势和影响史无前例。正如作家二月河在接受中纪委监察部网站采访时所说：“现在的反腐力度，读遍二十四史都找不到。”置身这样的形势与氛围，大力支持并积极参与党和国家的廉政事业，自是应然之举；而与此同时，读一点以反腐倡廉为题材和主题的文学作品，了解一下文学、文化与廉政建设的关系及其发展脉络，则是件既有意义，又有趣味的事情。

纵观中国文学与文化史，反腐倡廉的主题源远流长。早在孕育《诗经》的时代，唱着“国风”的无名氏，就将统治者比作“贪而畏人”的大老鼠，进而发出“硕鼠硕鼠，无食我黍”的反复咏叹。此后，《左传》所谓“国家之败，由官邪也；官之失德，宠赂彰也”，《吕氏春秋》所谓“临大利而不易其义，可谓廉矣”，《孟子》所谓“可以取，可以不取，取伤廉”，都明显包含了倡廉戒贪、重义轻利的旨向。唐诗中多有忧患贪腐、呼唤廉洁之作。如杜甫《太子张舍人遗织成褥段》一诗，从拒收张舍人所赠锦褥写起，一边抨击“掌握有权柄，衣马自肥轻”的腐败现象，一边表达“锦鲸卷还客，始觉心和平”的内心感受，可谓激浊扬清，光明磊落。李商隐《咏史》有云：“历览前贤国与家，成由勤俭破由奢。何须琥珀方为枕，岂得真珠始是车。”不啻是对历代执政者的一记棒喝。元明清三代戏剧小说勃兴，从关汉卿到蒲松龄，诸多作家笔下的清官与贪官，无不凝聚了颂廉斥腐，扬善惩恶的力量。

值得特别一提的是，历史上一些名声远播的公廉之士，在注重行为操守的同时，亦留下了若干抒怀言志的名篇佳句，如朱熹的“世路无如贪欲险，几人到此误平生”；包拯的“清心为治本，直道是身谋”；于谦的“清风两袖朝天去，免得闾阎话短长”；等等。其诗心与人格相映生辉，相得益彰，委实难能可贵，感人至深。

历史进入现代，中国文学和文化在启蒙与救亡的交响中，赓续了反腐倡廉的主题。其中抨击贪腐的锋芒更是透过道德领域而进入制度领域。林同济写于抗战岁月的《中饱与中国社会》，从多见于古代中国的“政治中间人”——官吏的集体腐败说开去，不仅指出了由此而生的社会弊端，而且揭示了它赖以生成的文化心理原因，从而完成了对中国官僚体制的深层清理。蒋梦麟的《近代中国陋规制度》聚焦清代以降官场经济活动的潜规则，透过具体的腐败现象，道出了传统吏治包含的制度与道德的双重缺失。鲁迅以幽默而犀利的笔墨，鞭挞旧日官场的怪现状，一篇《谈金圣叹》抓住“流”与“坐”、“寇”与“官”作妙趣生发，以此昭告人们，在制度落后的情况下，“官”无异于“寇”；“流官”之害甚于“坐寇”，是一种常态。郭沫若的《甲申三百年祭》为纪念明末李自成农民起义而写，其中深入总结探讨了这场起义最终因为上层腐化、骄横懈怠而失败的沉痛教训。文章发表后，得到毛泽东的高度赞赏和大力推荐，后来成为中国共产党在走向胜利时，戒骄戒躁，拒腐防变的重要教材。

当然，反腐倡廉主题在中国文学与文化血脉中，真正获得现代意义上的高度关注和充分表达，还是在新中国成立之后。斯时，中国共产党人决心以富有探索性和创造性的社会实践，走出“其兴也勃焉，其亡也忽焉”的历史周期，让人民政权长治久安；而反腐倡廉，拒腐防变，正是党和国家实现这一目标和理想的根本举措，因此，它自然而然地成为新中国社会政治生活的恒久话题和重要内容。反映到文学创作和文化建设方面，便是一系列具有鲜明时代感和高度人民性的反腐倡廉作品应运而生，且保持了常写常新、历久不衰的势头。

尤其是改革开放以来，一大批作家、学者立足于历史和时代提供的精神制高点，以崭新的目光和观念来审视、思考和表现市场经济条件下的反腐和廉政问题，以及相关的人性和社会现象，从而使这一领域的创作生态和文化景观，呈现出以往少有的生动与繁荣——柯岩、梁衡、王巨才、王宗仁、周涛、梁晓声、阎纲、王春瑜、柳萌、朱铁志、王开林等诸多散文杂文作家，或追怀老一辈无产阶级革命家廉洁奉公的事迹，或探究古今中外反腐倡廉的举措和经验，或直面现实生活中存在的贪腐现象与人性缺失，其高蹈睿智的主体精神，直接呼应和支持着当今的反腐倡廉事业。而张平、二月河、李存葆、马晓丽、唐浩明、王跃文、杨少衡、王昕朋等若干小说家，则立足各自擅长和熟悉的历史条件与社会环境，以真切的生活场景和鲜活的人物形象，展现了包含反腐倡廉复杂性与严峻性的艺术画卷，堪称是对这一领域的审美烛照。所有这些作品，连同那些经过时光淘洗依旧光华熠熠的经典廉政篇章，共同构成了中国廉政文化的文学资源，它对于提升人民群众的反腐倡廉意识，进而推动全社会的廉政建设，无疑具有潜移默化但又不可或缺的积极作用。

正是基于以上认识，笔者应中国言实出版社之邀，选编了这本《乾坤正气——廉政文化读本》，旨在为关心反腐倡廉事业的读者提供一点阅读的方便，同时也为反腐倡廉建设提供一份别样教材。需要说明的是，限于容量，本书不得不舍弃了小说作品，而以篇幅较短的散文随笔杂文访谈为主，好在那些精彩的廉政小说在当下的书店里并不难找。

古 耜

二零一六年五月二十五日

CONTENTS

目 录

第一辑 清风扑面

第二辑 忧思常在

第三辑 激浊扬清

第四辑　他山攻错

第一辑

清风扑面

清贫

方志敏

我从事革命斗争，已经十余年了。在这长期的奋斗中，我一向是过着朴素的生活，从没有奢侈过。经手的款项，总在数百万元；但为革命而筹集的金钱，是一点一滴地用之于革命事业。这在国方（指国民党方面——编者注）的伟人们看来，颇似奇迹，或认为夸张；而矜持不苟，舍己为公，却是每个共产党员具备的美德。所以，如果有人问我身边有没有一些积蓄，那我可以告诉你一桩趣事：

就在我被俘的那一天——一个最不幸的日子，有两个国方兵士，在树林中发现了我，而且猜到我是什么人的时候，他们满肚子热望在我身上搜出一千或八百大洋，或者搜出一些金镯金戒指一类的东西，发个意外之财。哪知道从我上身摸到下身，从袄领捏到袜底，除了一只时表和一支自来水笔之外，一个铜板都没有搜出。他们于是激怒起来了，猜疑我是把钱藏在哪里，不肯拿出来。他们之中有一个，左手拿着一个木柄榴弹，右手拉出榴弹中的引线，双脚拉开一步，做出要抛掷的姿势，用凶恶的眼光盯住我，威吓地吼道：

“赶快将钱拿出来，不然就是一炸弹，把你炸死去！”

“哼！你不要做出那难看的样子来吧！我确实一个铜板都没有存；想从我这里发洋财，是想错了。”我微笑着淡淡地说。

“你骗谁！像你当大官的人会没有钱！”拿榴弹的兵士坚不相信。

“决不会没有钱的，一定是藏在哪里，我是老出门的，骗不得我。”

另一个兵士一面说，一面弓着背重来一次将我的衣角裤裆过细地捏，总企望着有新的发现。

“你们要相信我的话，不要瞎忙吧！我不比你们国民党当官，个个都有钱，我今天确实是一个铜板也没有，我们革命不是为着发财啦！”我再向他们解释。

等他们确知在我身上搜不出什么的时候，也就停手不搜了；又在我藏躲地方的周围，低头注目搜寻了一番，也毫无所得，他们是多么的失望呵！那个持弹欲放的兵士，也将拉着的引线，仍旧塞进榴弹的木柄里，转过来抢夺我的表和水笔。后彼此说定表和笔卖出钱来平分，才算无话。他们用怀疑而又惊异的目光，对我自上而下地望了几遍，就同声命令地说：“走吧！”

是不是还要问问我家里有没有一些财产？请等一下，让我想一想，啊，记起来了，有的有的，但不算多。去年暑天我穿的几套旧的汗褂裤，与几双缝上底的线袜，已交给我的妻放在深山坞里保藏着——怕国军进攻时，被人抢了去，准备今年暑天拿出来再穿；那些就算是我唯一的财产了。但我说出那几件“传世宝”来，岂不要叫那些富翁们齿冷三天?！

清贫、洁白朴素的生活，正是我们革命者能够战胜许多困难的地方！

一九三五年五月二十六日写于囚室

（选自《20世纪军旅散文集锦》，解放军出版社，2001年版）

红毛线，蓝毛线

梁　衡

政治者，天下之大事，人心之向背也。向来政治家之间的斗争就是天下之争，人心之争。孙中山说：“天下为公。”一个政治家总是以他为公的程度，以他对社会付出的多少来换取人民的支持度，换取社会的承认度。有人得天下，有人失天下。中国从有纪年的公元前 841 年算起，不知有多少数得上名的君臣、政客，他们也讲操守，也讲牺牲，以换取人心，换取天下。唐太宗爱玩鹞鹰，魏征来见，忙捏在手里背在身后，话谈完了，鹞鹰也死在手中。王莽篡位前为表明不徇私情，甚至将自己的儿子处死。汪精卫年轻时也曾有行刺清朝大臣的壮举。人来人去，政权更替，这种戏演了几千年，但真正把私心减到最小最小，把公心推到最大最大的只有共产党和她的领袖们。当历史演进到 20 世纪 40 年代末，又将有一次政权大更替时，河北平山县西柏坡这个小山村，再次为我们提供了这个证明。

如今，在西柏坡村口立着五位伟人的塑像，他们是当时党的五大书记——毛泽东、刘少奇、周恩来、朱德、任弼时。五大领袖刚从村里走出来，正匆匆忙忙像是要到哪里去。这时中国革命已到了最关键的时候。曾经将中国的河山和人民蹂躏达八年之久的日寇终于心衰力竭，无可奈何地举手投降了，中国大地上突然又只剩下两大势力集团：毛泽东为首的共产党和蒋介石为首的国民党。20年前，蒋介石就“剿共”，现在日本人走了，蒋介石又重做这个梦，你看“东北剿总”“华北剿总”，又到处扯起“剿”字旗，他想在北方重演一场当年在江西的戏。但这时，早已南北易位，时势相异。毛泽东从从容容地将五位书记一分为二，他说，我和恩来、弼时在陕北拖住胡宗南，少奇和朱老总可先到河北平山去组织一个工作班子。平山者，晋陕与北平间一块过河的踏石，此时一收天下之势已明矣。

虽然已经有人马数百万，土地数千里，就要开国进京了，但是当五大领袖住进这个小村时，并没有什么金银细软。他们和其他所有的干部一样，只有一身灰布棉制服。刘少奇带着那只跟随了他多年的文件箱，那是一个如农家常用的小躺柜，粗粗笨笨，一盖上盖子就可以坐人。这箱子后来进了北京，在“文革”抄家中，幸亏保姆在上面糊了一层花纸才为我们保存了这件文物。现在这小木箱又按原样放在少奇同志房间的右角，而左角则是一个只有二尺宽、齐膝高的小桌，这是当时从老乡家借来的。少奇同志就是伏在这个小桌上起草了《中国土地法大纲》。他写好“大纲”后，就去村口召开全国土改工作会。露天搭了一个白布棚算是主席台，从各边区来的代表就搬些石头散坐在棚前。其中一位最年轻的代表，是毛泽东的长子毛岸英。这将是一次要把全国搅得天翻地覆，有里程碑意义的大会啊。会场没有沙发，没有麦克风，没有茶水，更没有热毛巾。这是一个真正的会议，一个舍弃了一切形式，只剩下内容，只剩下思想的会议。

今天，当我们看这个小桌，这个会场时，才顿然悟到，开会本来只有一个目的，那就是工作。大家来到一起是为了接受新思想，通过交流碰撞产生新思想，其他都是多余的，都是附加上去的。可惜后来这种附加越来越多。这个朴素的会议讲出了中国农民1000多年来一直压在心里的一句话：平分土地。这话经太行山里的风一吹，便火星四溅，传遍全国。而全国早已是布满了干柴，这是已堆了1000多年的干柴啊，从陈胜吴广到洪秀全，这场火着了又熄，熄了又着，总没有着个透。现在终于大火熊熊，铺天盖地。土改极大地调动了农民的积极性。

三大战役中民工支前参战就达886万人，800多万啊，相当于国民党的全部陆海空军。陈毅说淮海战役是农民用小推车推出来的。只平山县，土改后，王震同志振臂一呼：保卫胜利果实。一次就参军1500人，组成著名的三五九旅平山团。这个团一直打到新疆，现在还驻扎在阿克苏。解放战争实质上是十年土地革命的继续，是中国农民1000多年翻身闹革命的总胜利，而土改是开启这股洪流的总闸门。但开启这个闸门的仪式竟是这样的平静，没有红绸金剪的剪彩，没有鼓乐，没有宴会，摆在我们面前的只是这个木柜，这张二尺小桌，和河滩里这一片曾作为会场的光秃秃的石头。

1948年5月，毛泽东和周恩来、任弼时在陕北转战一年，拖垮了胡宗南后也来到了这里。五位书记又重新会合了。毛泽东决定在这里摆两着棋。第一着是打三大战役。他在隔壁的院子里布置了一间作战室，国共两党已经斗了20年，他要在这里再最后斗一斗蒋介石。这是一间普通的农家房舍，大约不到30平方米，里面摆着三张大桌子。一张是作战科，一张是情报科，一张是资料科。大屋子里彻夜灯火通明（那时已开始有电灯，但又常离不开油灯）。来自全国各战场的电报汇集到这里，参谋们紧张地分析、研究、报告。讲解员说当时很难买到红蓝铅笔，为了节省使用，参谋们就用红毛线、蓝毛线在地图上标识敌我态势。虽然我们这时已在进行着百万大军的总决战了，但其实还穷得很呢。这时南京国防部的大楼里呢绒大桌，真皮沙发，咖啡香烟，他们也绝想不到共产党会这样穷。其实到这时共产党还从来没有富过，尤其是党中央最不富。

当年中央红军走到陕北只剩万数人马，1000元钱，人均一毛钱。毛泽东只好向红二十五军去借。徐海东也没有想到中央会这么困难，忙从全军7500元的积蓄中抽出5000元。毛周留在陕北时，晋绥吃穿用都比陕北强。贺龙过河来看毛泽东，毛的警卫员看着贺老总警卫员身上的枪直眼馋。贺胡子也大吃一惊，他无论如何想不到中央机关会这么苦。赶快对警卫说：“换一下。”共产党是穷惯了，党的最高层是穷惯了。不是他爱穷，他守一个原则，只要中国的老百姓还穷，党就耻于高过百姓；只要党还穷，第一线还穷，中央机关、党的领袖就决不肯优于他们。这种生活的清贫，工作条件的清苦，清澈见底地表示着他们的一片心，这就是只有解放全人类才能最后解放自己。900 多年前封建名臣范仲淹就提出“先天下之忧而忧，后天下之乐而乐”，但真正实现了这句名言的只有共产党。现在毛泽东和他的参谋班子就是在这间最简陋的指挥部里和蒋介石斗法。这反倒生出一种神秘，就像武侠小说上写的，突然有一个貌不惊人的高手随便抽出一把扇子或者一根旱烟管就挑飞了对方手中的七星宝刀。作战室旁那个有一盘小石磨的小院里，毛泽东在石磨旁抽烟、踱步，不分日夜地草拟电报。据统计，三大战役毛泽东亲手写了 190 封电报。电报发出了，作战参谋们就在地图上用红毛线一圈一圈地去拴。先是拴住了沈阳，接着又套住了徐州、淮海，最后红毛线干脆套到了平津的脖子上。三大战役共歼敌 154 万。共产党的每个普通干部在延安大生产时都学会了纺毛线，想不到这毛线今天派上了这个大用场。黄维在淮海战役被俘，改造出狱后坚持要来西柏坡看一看，当他看到这间简陋的作战室时，感慨唏嘘，连呼：“蒋先生当败！蒋先生当败！”蒋介石怎么能不败呢？共产党克己为民，其公心弥盖天下，已经盖住并溶化了敌人的营垒，连蒋介石派来的谈判代表邵力子、张治中都服而不归了。

一着武棋下完，再下一着文棋。1949 年 3 月 5 日，著名的七届二中全会在中央机关的一间大伙房里召开了。现在那里还保留着原来主席台上的样子。说是主席台，其实没有台，就是在伙房一头的墙上挂一面党旗，旗下摆一张桌子是记录席。会场没有麦克风，更没录音机。出席会议的共 34 名中央委员，19 名候补中央委员，毛主席坐在长桌后面，其余的人都坐在台下。台下也没有固定的椅子，开会时每个人就从自己的家里或办公室带个凳子。会议开了八天，委员们仔细地讨论军事、政治、党务、政权接收等大事。轮到谁发言时就走到那张长桌旁面向大家站着讲话，讲完后又回到自己的凳子上。毛泽东亲自记录，不时插话。领袖与代表咫尺之近，寸许之间。其实这已是老习惯了，许多人都见过一张照片，毛泽东在延安窑洞前站着作报告，黄土地上摆一个小凳子，凳子上放一只大瓷缸子。大家在木凳前席地而坐，据说前排的人口渴了，就端起毛泽东的茶缸喝一口水。不但是党内，就是领袖和百姓也亲密无间。西柏坡坡下有水，有稻田，毛泽东是从小干惯了稻田活的，工作之余就挽起裤腿去和农民插秧。朱老总一脸敦厚，在村头背着手散步，常被误认为是下地回来的老乡。任弼时全家人睡的土坑上至今还放着一辆纺车。领袖们走过雪山草地，大都到过东洋西洋，他们统帅千军万马，熟悉中国的经济，遍读经史子集和马恩列斯，他们知识渊如海，业绩高如山。但是他们却这样自自然然地溶在革命队伍中，作为普普通通的一分子。伟人者，其思想、作风、境界、业绩已经自然地达到了一个高度，如日之升，如木参天，如水溢岸，你想让它降都降不下来，他当然不会再另外摆什么样子。1949年春的中国共产党，他的五大领袖，他的34名中央委员就这样平平静静地坐在北方小山村的这间旧伙房里决定着中国的命运，也决定着党在历史的转折关头该怎么办。住了20年山沟，现在要进城了，党没有忘记存在决定意识这条哲学的基本原理，没有忘记党员在改造客观世界的同时也要改造主观世界这个准则。在这间简陋的会议室里，共产党通过了自己的“陋室铭”。毛泽东说：要警惕“糖衣炮弹”，“夺取全国胜利，这只是万里长征走完了第一步”，“务必使同志们继续保持谦虚、谨慎、不骄、不躁的作风，务必使同志们继续保持艰苦奋斗的作风”。本来会议开始时主席台上并挂着马恩列斯毛的像，到闭幕时就不这样挂了。会议过程中渐渐形成了一个共识，并通过五项决定：不以人名命名；不祝寿；中国同志不与马恩列斯并列；少拍巴掌；少敬酒。这真让人吃惊了，党的中央全会竟决定如此细小的事。战战兢兢，如履薄冰，其心之诚，其行之洁，皇天可鉴。当年袁世凯筹备登基，光龙袍上的两颗龙眼珠就值30万大洋。而共产党为共和国奠基却只借用了一间旧伙房。我们常说像真理一样朴素，只要道理是真的，裹着这道理的形式是不须多讲究的。这话是用镀金的话筒说出来的还是扯着嗓子喊出来的，关系并不大，真理不要过多的形式来打扮，不要端着架子来公布，它只要客观真实，只要朴素。清皇室册封嫔妃是用金页写成，每页就16两黄金。可她们的名字有哪一个被后人记住了呢？红毛线、蓝毛线、二尺小桌、石头会场、小石磨、旧伙房，谁能想到在两个政权最后大决战时刻，共产党就是祭起这些法宝，横扫江北，问鼎北平的。真是撒豆成兵，指木成阵，怎么打怎么顺了。其实那时使用什么都已无关紧要了，因为我们的心早已到了，任何一件普通东西上都附着我们的理想、信念和为人民服务的真诚。心诚则灵，天下来归，传檄而定，望风披靡。而蒋政权人心已去，好比一株树，水分跑光了，叶子早已枯黄，不管谁来轻轻摇一下都会枝折叶落的。

当参观结束后，几乎每一个人都要到村口和五大领袖合影一张。五位书记昂首向前，似将远行。到哪里去？当年在村口毛泽东说了一句风趣的话：我们上京赶考去，要考好，不要做李自成。周恩来说，要及格，不要被退回来。四十多年后新一任总书记江泽民来拜谒这个小山村，题词：牢记“两个务必”，建设有中国特色的社会主义。

（选自《梁衡散文中学生读本》，文化艺术出版社，2010 年版）

又见海棠花开

——周恩来的人格魅力和道德法则

梁　衡

阳春时节，西花厅的海棠花又要开了。

伟大的人格是超越时空的。周恩来同志离开我们已近40年，但是人们还是常常想起他、说到他，亲切自然，斯人如在眼前，他喜爱的一树树海棠也宛若绽放身畔。周恩来的人格魅力体现在许多方面，比如仁爱、牺牲和宽容，其中犹以第一点为最。

爱人者，人恒爱之

我在《大无大有周恩来》中谈到周恩来有六个"大有"，其中第一个就是"大爱"。我们的文化史、思想史上，对"爱"有过误解、走过弯路。殊不知中国共产党是从同情被压迫者出发，热爱他们，因而产生革命的动机和动力，最后获得他们的拥护。爱是人类的本性，是人与人之间的纽带，也是政治家团结民众、改造社会、创造世界的动力之一。

周恩来式的爱，有三种表现：

一是仁爱待人，即从人性出发的爱。他对所遇之人，只要不是战场上的敌我相见，在大是大非的前提下，都怀有一种人道主义的慈悲，给予真诚的帮助。因此政治、外交在他那里有了浓浓的人情味。1949 年国共胜负大局已定，国民党只是为争取时间才派张治中率团到北平与中共和谈，这当然不会有什么结果，最后连谈判代表都自愿留而不归了。但张治中说，别人可以不回，我做为团长应该回去复命。本来一场政治故事到此已经结束，周恩来也已完成使命，可以坐享胜利者的骄傲。但一场人性的故事才刚刚开始，周恩来说："西安事变时我们已经对不起一位姓张的朋友（指张学良为蒋所扣），现在不能再对不起另一位姓张的朋友。"他亲自到六国饭店看望张治中，劝他认清蒋介石的为人，绝不可天真，并约好第二天到机场去接一个人。翌日，在西苑机场张治中怎么也不敢相信，走下飞机的竟是他的夫人。原来，周恩来早已通过地下党把和谈代表们在国统区的家属安全转移，谈判一有结果就立即接到了北平。

二是善解人意，无论公私尽量多为对方考虑。我国一家乐团出国访问前擅改日程、自定曲目，周恩来批示："我们完全不为对方设想，只一厢情愿地要人家接受我们的要求，这不是大国沙文主义是什么？"他对同志无微不至的关怀，几乎是一种本能。朝鲜战争乔冠华是中方的谈判代表，他是只带了一件衬衫去前线的，没想到一谈就是两年。1952 年，周恩来就派乔冠华的妻子龚澎去参加赴朝慰问团，顺便探亲。

周恩来的"六无"中有一无就是"生而无后"，这是周恩来和邓颖超永远的痛。但是，痛吾痛以及人之痛，周恩来更以一颗慈爱的心帮助着每一个需要帮助的人。日本著名女运动员松崎君代婚后无子，周恩来就安排她到北京来看病，终于得子。周恩来就是这样按照他的爱心、他的逻辑，平平静静地办他认为该办的事。

三是大爱为民，把基于人性的爱扩大到对人民的爱。政治家的爱毕竟不同于宗教家、慈善家的爱，他不是施舍而是施政，是从人性出发的。中国传统文化中一直有民本、仁政的思想。孟子讲"政在得民"；范仲淹讲"居庙堂之高，则忧其民"。虽然历史上所有进步力量的宗旨都是为人民，但将这个道理贯彻到底的是中国共产党，《共产党宣言》讲无产阶级先解放全人类，最后才解放自己。中国共产党更把其宗旨具体为一句话："为人民服务。"周恩来把对人民之爱落实得非常彻底。

1946年10月，周恩来在上海纪念鲁迅逝世10周年纪念会上的演说中这样说道：“人民的世纪到了，所以应该像头牛一样努力奋斗，团结一致，为人民服务而死。”新中国成立后他常说：“我们的一切工作都是为了人民的。”“文革”中他的胸前始终佩戴“为人民服务”徽章，以此勉励自己永远把人民的利益放在最高位置。他一有机会就“促生产”、安民生。1972年到1973年间，甘肃定西连续22个月无雨，百万人缺粮，数十万人缺水，又值“文革”大乱，病床上的周恩来听了汇报后伤心落泪：“解放几十年了，甘肃老百姓还这么困难，我当总理的有责任，对不起百姓。”刚做过手术的他用颤抖的手连批了九个不够，又画了三个叹号：“口粮不够，救济款不够，种子留得不够，饲料饲草不够，衣服缺得最多，副业没有，农具不够，燃料不够，饮水不够，打井配套都不够，生产基金、农贷似乎没有按重点放，医疗队不够，医药卫生更差等，必须立即解决。否则外流更多，死人死畜，大大影响劳动力！！！”“文革”前北京常有大型群众集会，一次散会时赶上下雨，他就让政府负责同志在广播里提醒各单位回去后熬一点姜汤给大家驱寒。他办公和居住的中南海西花厅墙外正好是14路公共汽车站，很吵闹，有人建议把汽车站挪开。周恩来说，我们办事要从人民方便着想，不同意挪。直到现在，14路汽车站还设在那里。他的这些举动纯粹是出于爱心，毫不作秀。我们可以对比一下，江青住庐山宾馆，嫌山涧流水扰眠，就下令将涧底全部铺上草席；住广州，嫌珠江上汽笛声扰眠，就下令夜船停航。做人做官，如此大的差距。

同样是以人民的名义干事业，仍可细分出几种类型：有的把这事业连同人民当作自己功业的道具，虽功成而劳民伤财；有的把自身全部溶化渗透到为人民的事业中，功成而身退名隐；而有的干脆就是骑在人民的头上作威作福。为人民服务，关键是真的有仁爱之心。

无我者明，无物者公

牺牲是一种自愿的付出，有爱才有牺牲。在中国传统文化中牺牲属于“义”的范畴，大公无私、勇于牺牲是一种美德。马克思主义的道德观也弘扬这种精神，并给予其新的含义。马克思在早期作品《青年在选择职业时的考虑》中写道："历史承认那些为共同目标劳动因而自己变得高尚的人是伟大人物，经验赞美那些为大多数人带来幸福的人是最幸福的人。宗教本身也教诲我们，人人敬仰的理想人物，就曾为人类牺牲了自己——有谁敢否定这类教诲呢？"毛泽东更是从司马迁说到张思德，"为人民的利益而死的，他的死是比泰山还要重的"。无论古今中外，无论是马克思主义学说还是中国共产党的思想，都视为社会公义而牺牲私利为高尚。这是基于人类的本性。

周恩来是一个大爱大牺牲的典范。他当了总理，在一般人看来已显贵之极、荣耀之极，而在周恩来则真正开始了生命的磨难、消耗与牺牲。我们任选一天工作日记，看看他的工作量。1974 年 3 月 26 日——

下午三时：起床；

下午四时：与尼雷尔会谈（五楼）；

晚七时：陪餐；

晚十时：政治局会议；

晨二时半：约民航同志开会；

晨七时：在七号楼办公；

中午十二时：去东郊迎接西哈努克亲王和王后；

下午二时：休息。

这就是他的工作节奏。周恩来规定凡有重要事情，无论他是在盥洗室、办公室、会议室，还是在睡眠，都要随时报告。很多人都记得晚年周恩来那张著名的坐在沙发上的照片，枯瘦、憔悴，手上、脸上满是老年斑，唯留一缕安详的目光，真正已油灯耗尽，春蚕到死，蜡炬成灰，鞠躬尽瘁。

除了身累之外还有心累，即精神上的牺牲。民以食为天，老百姓的事办不好，国家要翻船；决策者有任何失误，国家也要翻船。我们知道周恩来是很喜爱戏剧的，有一次工作人员发现他在纸上无奈地抄录下两句戏文："做天难做二月天，蚕要暖和参要寒。种田哥哥要落雨，养蚕娘子要晴干。""文革"中他暗地里保护老干部、抓生产、恢复秩序、打破外交僵局，这又被视为"右"。一次服务员送水走进会议室，竟发现周恩来低头不语，江青等正轮流发言，开他的批判会。但是，走出会议室后，周恩来又照样连轴转地工作，尽力解放干部，恢复秩序。邓小平说："我们这些人都下去了，幸好保住了他。""文革"中周恩来说过一句让人揪心的话："我不下地狱，谁下地狱？"这是把一切都置之度外的牺牲。

周恩来的牺牲精神还有一个更严格之处，我称之为"超牺牲"。他有"十条家规"，除了要求自己，也同样要求家属、部下和身边的人。周恩来严于律己，勿使有一点灰尘，不留下一点遗憾，这样，亲属部下也跟着做出了牺牲。这和官场上存在的为家属谋利、提拔重用亲信的某些人形成了强烈的反差。我曾有缘与周恩来的两代后人相熟，他们都未脱此例。侄女周秉建"文革"中到内蒙古草原插队，数年后应征参军。她很兴奋地穿着军装来看伯父，周恩来说，让你去插队就要在那里扎根，结果她脱了军装重回牧区，嫁给一个蒙古族青年。国家恢复高考，周恩来的侄孙女周晓瑾从外地考到北京广播学院。这时总理已经去世，孙女很兴奋地给邓颖超奶奶打电话，要去看她。邓颖超先让秘书到学院去查档案，看是否真是靠成绩入学的，查过无事后才见面。周恩来住的西花厅年久失修，特别是地板潮湿，对他的身体很不利。一次乘他外出，秘书将房间简单装修了一下。他回来后大怒，秘书被调出西花厅。当然，当年这样严格的不只是周恩来一人，这是中国共产党人的无私品格，不过周恩来做得更无私、更彻底。

周恩来的牺牲精神叫人一想起就心中隐隐作痛。人心是肉长的，谁无感恩之心？当年，"泪水洗面万巷空，十里长街送总理"成了共和国史上悲壮的一页。时已 80 高龄的胡厥文老人在诗中写道："庸才我不死，俊杰尔先亡。恨不以身代，凄然为国伤。"总理爱人民，人民爱总理，这绝不是简单的领袖与公民的关系，而是人心、人性的共鸣。

大足以容众，德足以怀远

仁爱是讲人心的主观出发点，是"善根"；牺牲是讲处理个人与外部世界关系时的态度，是一种无私的境界；包容则是对爱心和牺牲精神的实践检验，是具体行动。当仁爱之心和牺牲精神变成一种宽大包容时自然就感化万物，用兵则不战而屈人之兵，施政则无为而治，为人则桃李不言下自成蹊。

周恩来以惊人的度量和个人的魅力为中国共产党团结了不知多少朋友、多少团体、多少国家。这就是为什么在他去世后普天同悼，连曾经的敌人也唏嘘不已。一位党外人士说，长期以来，提起共产党，脑子里就浮现出毛泽东、周恩来的形象。美国《时代》周刊20世纪40年代驻华记者白修德说，一见到周恩来，自己的“怀疑和不信任几乎荡然无存”。解放初，亚洲、澳洲国家的工会代表应邀来中国参加亚洲、澳洲工会会议，毛泽东、周恩来等领导人出现时会场喊“毛主席万岁”，一澳洲代表不解，问为何不喊周恩来万岁，等到周恩来过来与他握手时他就喊“周恩来万岁”，周恩来忙示意不要翻译。这是周恩来的严谨，也是他的自律，但实际上不知道国内外有多少人早把周恩来看做心中的偶像而向他敬礼。

周恩来的包容集中体现在如何对待反对过自己的人，甚至是曾经的敌人。20世纪30年代初，国共两党第一次合作失败，周恩来是中共“特科”的负责人，专门对付国民党特务，张冲是国民党的特务头子，中央组织部调查科（“中统”前身）总干事，两人曾经是死对头。张冲成功策划了“伍豪事件”，在报上造谣周恩来已叛变，给周恩来的工作造成极大的被动。“西安事变”后，为了民族存亡国共开始二次合作，周恩来、张冲各为双方谈判代表，周恩来竭诚相待，两人遂成好友。抗战还未成功，张冲病逝，周恩来提议为其追悼会捐3万元，亲自前往哀悼并致送挽联“安危谁与共，风雨忆同舟”，并发表讲演，语不成声，满座为之动容。他在报上撰文说：“先生与我并非无党无见，唯站在民族利益之上的党见，非私见私利可比，故无事不可谈通，无问题不可解决。先生与我各以此为信，亦以此互信。”这件事在国民党上层的影响，如同引爆了一颗炸弹。当时的重庆特务如林，周恩来的一举一动都在监视之中，随时有生命危险。而周恩来却平静地广交朋友，编织了一张真诚正义的大网，反过来弥盖整个重庆，戴笠也无可奈何。此时，周恩来手中的武器并不仅是党纲、政见、主义、学说等，更是举世认同的理想信念、传统道德和个人魅力，是与人为善的赤诚之心。

周恩来的包容精神还体现在他对党内关系的处理上。中国共产党诞生于复杂的历史环境中，又经历了漫长的成长历程，党内高层人员文化背景复杂、性格各异。半个多世纪以来能将这样一个党团结在一起，离不开党严明的组织性和纪律性，也离不开像毛泽东、周恩来这样心怀天下百姓的共产党员。从陈独秀始，经过瞿秋白、李立三、向忠发、博古、张闻天直到毛泽东，周恩来与六任主要领导人都合作过，并与毛泽东合作始终。靠什么？靠坦诚、谦虚、忍让、包容，靠宰相肚里能撑船，无论新中国成立前后，无论在党在政，周恩来都是处在关键位置，关系全局。长征中周恩来说服博古请毛泽东出来工作，又把红军总政委一职让给张国焘，保住红军和党不分裂。"文革"中周恩来亲自出面请被冲击、被迫害的外国专家及其家属吃饭，并赔礼道歉。周恩来一生以柔克刚，赢得人心，赢得生前身后名。

包容是一种博大的胸怀，清澈见底，容纳万物，它使仇者和，错者悔，嗔者平，忌者静，使任何人都不可能有不接受的理由。南非总统曼德拉曾说："当我走出囚室，若不能把悲伤与怨恨留在身后，那么其实我仍在狱中。"诚哉其言！在历史的星空中，周恩来就如同那些让人们举头仰望就灵魂澄净的星辰。

人类历史其实是一部文化史、道德史、人格史，而无论怎样的历史都不能背离人的思想和道德。如马克思所说："我们的事业是默默的，但她将永恒地存在，并发挥作用。面对我们的骨灰，高尚的人们将洒下热泪。"这也应了康德的那句话：有两种东西，我对它们的思考越是深沉和持久，心中越是充满不断更新的认识和有增无减的敬畏，这就是我头上的星空和心中的道德定律。

我们怀念周恩来，年复一年为他洒下热泪，默默地体悟着他那些源于人类本性的道德法则。

（原载于《人民日报》，2014年3月20日）

回望延安

王巨才

一

那是一个奋发的年代，那是一个朝气蓬勃的年代，那是一个党和人民、领袖和群众同甘共苦、相濡以沫，共同创造英雄史诗的年代。

多少次了，当我徜徉在延安革命纪念馆的陈列大厅，脑海里总会回旋起这些炽热的思绪，心底总会涌动强烈的、难以遏止的感动。

不只是因为气壮山河的战争风云，也不只是大智大勇的雄韬伟略。让我感动并引以遐思的，往往是那些并不奇崛的寻常故事，那些飘落在岁月风尘中的历史散叶和历经时间淘洗总不磨损的民间记忆。

二

说起延安，人们自然会想到那幅“自己动手，丰衣足食”的题词。那几个遒劲的大字，是一个时代的传神之笔，一个古老民族的精神图腾。

苍茫的陕北高原，沟壑纵横，地瘠民贫，由于国民党的经济封锁和自然灾荒，解放区军民一度陷于几乎没有衣穿，没有油吃，没有纸，没有菜，战士没有鞋袜，工作人员冬天没有被盖的地步。毛泽东说：我们的困难真是大极了！以致他不得不把饿死呢，解散呢，还是自己动手呢这一严峻的问题提给全党。

朱德总司令则以愤慨的言辞痛切陈述抗日将士的处境：“有一枪仅余四发五发子弹者，有一伤仅敷一次两次药物者，于是作战时专凭肉搏，负伤则听凭自然。”与此相印证的，是他那首气壮山河的诗篇：伫马太行侧，十月雪飞白；战士仍衣单，夜夜杀倭贼。

艰难困苦，玉汝于成。巨大的困难没有吓倒“特殊材料制成的人”，一场轰轰烈烈的大生产运动和随之实行的精兵简政，使革命再次转危为安，“创造了中国历史上从未有过的奇迹”（毛泽东）。艰苦的条件也没有阻止一批批热血青年冲破层层封锁，从四面八方奔赴延安。宝塔山下，延河岸边，集合了中华民族最优秀的儿女。延安的窑洞里，有人类最睿智、最深刻、最有远见的头脑。延安的山川间歌声不断，响彻乐观向上的旋律。

梁漱溟，这位新中国成立后曾同毛泽东发生过激烈争论的著名学者，1938 年和 1946 年曾两次访问延安。头一次，与毛有过八次亲切交谈。他在所写文章中对此次见所闻记述颇详，欣悦之情溢于腕下：在极苦的物质环境中，那里的气象确是活跃，精神确是发扬。政府、党部、机关、学校都是散在城外四郊，傍山掘洞穴以成。满街满谷，除乡下人以外，男男女女皆穿制服，稀见长袍与洋装。人都很忙！他对延安人际关系的平等、融洽倍加赞赏：一般看去，各项人等，生活水准都差不多，没有享受优厚的人。这是一种好风气。人人喜欢研究，喜欢学习，不仅学生，或者说人人都像学生。这又是一种好风气。爱唱歌，爱开会，亦是他们的一种风气。天色微明，从被窝中坐起，便口中哼啊抑扬，此唱彼和，仿佛一切劳苦都由此而忘却！人与人之间情趣增加，精神上互为感召流涌”。

穷且益坚，不坠青云之志。清贫的物质生活并不导致精神的矮化；豪车华屋，灯红酒绿，也无法疗补内心的颓废与空虚。

三

自力更生，艰苦奋斗，是中华民族数千年自强不息的固有品格，它的发扬光大，则是老一辈无产阶级革命家极力倡导，率先垂范，精心培育的结果。

毛泽东那张站在黄土院子里，面容清癯，目光凝聚，身穿补丁裤，双手前伸，向席地而坐的学员演讲的照片，早已珍藏在中国共产党的光荣史册里，见者无不动容。但另一些故事也许并不为人们熟知。

一天下午，延安留守兵团的司令员萧劲光到毛泽东住处汇报工作，见他围着被子斜躺在床上办公，以为是病了，正要询问，毛抬起头来指指地下的火盆笑说，棉裤洗了，还没烤干，起不了床，起来就要光屁股了！萧劲光鼻子一酸，指示警卫员赶快到兵团去领一床被子和一套棉衣。毛泽东一听，连说不行不行，领来我也不要，现在大家都困难，我若要搞特殊，讲的话就等于放屁，没人听，他们会说我不是真革命，是蒋介石，是封建皇帝！过了会儿，又说，劲光啊，我不能搞特殊，你也不能搞，任何时候，任何人都不能搞。你要记住这句话：我们共产党人绝不能搞特殊！

绝不能搞特殊。毛泽东不仅以身作则，同时也严格要求自己的亲属。电视剧《毛岸英》的播出，已让这位年轻人热情似火、英姿勃发的光彩形象深入人心；舐犊情深，毛泽东失去爱子后痛哭失声的画面也使多少人潸然落泪。未被剧本采用的尚有另外的情节。毛岸英回到延安，先被安排住在陕甘宁晋绥联防司令部，部队考虑到他在苏联呆的时间长，吃不惯小米、烩菜，便让他上了干部中灶，每顿两菜一汤，还有细粮。毛泽东知道后很快把岸英叫来，说岸英啊，你妹妹李讷一直就在大灶吃饭，你这么大了，还要提醒吗？毛岸英于是谢绝了领导的好意，坚持与战士们一起在大灶用餐。

另有一次，美联社记者访问岸英，要他对抗战胜利后的形势谈谈看法。稿子写成，岸英拿过来请父亲审看，不料毛泽东还没看完，便一把撕掉，严厉批评说：你小小年纪，刚从国外回来，情况不了解，有什么资格对外国记者发表意见！声色俱厉，不容置辩，看似无情，却命意深长，堪为镜鉴。至于岸英后来去农村锻炼，去工厂工作，去前线作战，显然都与父亲的教育、培养分不开，现在已经成为广为传颂的佳话。

四

曹靖华先生写过一篇散文，标题叫《忆当年，穿着细事切莫等闲看》，内容大抵是说在“衣帽取人”的旧时上海，衣着时髦光鲜的较之土气的，出门往往会受到格外礼待，被人高看一眼。想起这篇文章，是因为我在纪念馆里的所见所闻，得到的是对这个标题的另外一种注解。

1940 年，66 岁的爱国侨领陈嘉庚回国考察抗战。蒋介石对此十分重视，仅重庆的接待费用就安排了 8 万元，其中一次宴会花了 800 大洋。前线将士浴血奋战，后方如此铺张，陈嘉庚对这种奢侈应酬十分反感。后来他到延安，看到干部群众衣着简朴，情绪饱满，印象甚好。毛泽东在杨家岭宴请他，用的是从老乡家借来的小方桌，因太旧，上面铺了几张报纸。饭菜是用自种的西红柿、豆角等做的，另外上了一例鸡汤，整顿饭算下来不到两块钱。毛泽东说，我是没钱买鸡的，这只鸡，是邻居老大娘听说我有贵客要招待，特地送来的。两相对照，清者自清，浊者自浊，陈嘉庚情不禁叹道：“得天下者，共产党也！”回到南洋，他还在第二届南洋华侨大会上还激情洋溢地欢呼：“中国的希望在延安！”

那次访问，让陈嘉庚“衷心无限兴奋，梦寐神驰，为我大中华民族庆幸”。为了表达对毛泽东等领导人的敬意和拥护，他给延安送了两辆小汽车。而这两辆小车的使用，说来也耐人深思，对我们看待和处理一个时期以来屡禁不止的公车私用、公款消费、讲排场、耍阔气等恶劣风气或许有所启示。

小车送到延安，中央办公厅“理所当然”地要分配给毛主席一辆，却遭到毛的拒绝，他提出的原则是，一要考虑军事工作的需要，二要照顾年纪大的同志。在他一再坚持下，两辆车分别分给了朱德和徐特立、董必武、林伯渠、吴玉章、谢觉哉“五老”使用。一次，毛泽东去枣园开会，回来时马突然受惊，他从马背上摔下来，跌伤了手臂，朱总司令和“五老”知道后一定要把车子让给毛主席，他仍“坚不从命”。毛后来也有了一辆“专车”，是华侨捐赠的救护车，但也只是在接送客人时才偶一使用。

像这样相互尊重、相互体恤的例子当然还有很多。转战陕北的一天晚上，中央的几位领导还没来得及用晚饭，周恩来的警卫员端来一碗小米稀饭和两个馒头，说现在刚刚驻下，老百姓都睡了，饭铺也早关门了，好不容易买到两个馒头，同志们看你这些天越来越消瘦，就让我送来了。周恩来听罢，态度和蔼地说，我这不好好的么，现在最劳累、最辛苦的是毛主席，赶快给他送去！接过馒头，毛问，周副主席吃过了吗，警卫员含糊地说一声“吃了”。警卫员走后，毛泽东想到任弼时同志身体一直不好，便让工作人员趁热送过去。而任弼时，想到的是经常通宵达旦工作的周恩来……转来转去，馒头又回到周恩来跟前。最后，处事周到的周恩来“命令”警卫员将一个带回给弼时，另一个送主席。

三位领袖，两个馒头，一件小事，也许就蕴含了那个年代全党全军坚强团结、战无不胜的准确信息，却是离开大陆后的“委员长”痛定思痛时未必能想到的。

五

当时的延安，正是这样一个充满团结友爱气氛的大家庭。同时，又是政治清明，法纪严明，“实行民主真行宪，只见公仆不见官”（朱德诗句）的民主圣地。

人们都知道作为诗人和政治家的毛泽东，有着常人一样的丰富感情，但在违法乱纪、侵害人民利益的行为面前，他同时也有一般人少有的“毒蛇在手，壮士断腕”的霹雳手段和决绝气概。

1937 年 10 月，曾经参加长征的 26 岁的抗大第六队队长黄克功，因爱情纠葛枪杀了女学员刘茜。审讯时，黄亮出浑身伤疤，请求法庭免于一死，准其戴罪立功，战死疆场。毛泽东接到报告，给审判长雷经天复信：“黄克功过去斗争历史是光荣的，今天处以极刑，我及中央的同志都是为之惋惜的，但他犯了不容赦免的大罪……如为赦免，便无以教育党，无以教育红军，无以教育革命者，并无以教育做一个普通人……正因为他是一个多年的共产党员，是一个多年的红军，所以不得不这样办。共产党和红军，对于自己的党员与红军成员不能不执行比较一般平民更严格的纪律。”

与这个事件相辅相成的，是毛泽东的两次“挨骂”。1941年6月，边区政府召开各县县长联席会，讨论公粮征收工作。会议进行中，天气骤变，一个炸雷击中礼堂梁柱，延川县代县长不幸触电身亡。消息传开，议论纷纷，有位老乡借机发泄对公粮负担过重的不满，指名道姓地责骂了毛泽东。边区保安部门闻讯，认为这是一起严重反革命事件，要严肃追查，公开处理。毛泽东从警卫员口中知道了这件事，立即进行制止。他对保卫部门的同志说，群众发牢骚，有意见，说明我们的政策和工作有毛病，不要一听群众有议论，尤其是尖锐点儿的议论就去追查，就要立案，进行打击压制。这种做法实际上是软弱的表现，我们共产党人无论如何不要造成同群众的对立。

另一件是毛泽东通过中央调查部的送阅件知道的。清涧县农民伍兰花，因死了丈夫，迁怒社会，公开辱骂共产党、毛主席，已拘押到延安，拟由边区高等法院审判后处以死刑。毛泽东看罢文件，顿时大怒，对调查部的人说，你们不能这样做！不做调查，随便抓人、杀人，这和国民党的做法有什么区别！他把伍兰花找来，在会客室仔细听取她的意见。原来，伍一家人口多，拖累大，70岁的婆婆长期瘫痪卧床，生活十分困难。这几年公粮越来越重，干部又多吃多占，压得喘不过来气。现在死了丈夫，无异雪上加霜，情急之下，胡嘛乱骂，随口伤人，感到非常后悔。听罢陈述，毛泽东安慰她说，你没有什么罪过，是个敢讲真话的好人。你家困难多，政府应特别照顾。指示保卫部马上放人，派专人送伍回家，去时带上公文，当面向当地政府讲清楚。对清涧群众负担过重的问题，要边区政府认真调查研究，该免的免，该减的减，不能不管老百姓的死活。

1945年7月，毛泽东在回答黄炎培那个关于历史周期律的著名提问时说，我们已找到新路，我们能跳出这周期律。这条新路，就是民主。只有让人民来监督政府，政府才不敢松懈。只有人人起来负责，才不会人亡政息。

世界学联代表团成员当年访问延安后曾这样由衷赞叹：“边区司法充满了平等和正义的精神！”

六十多年过去，这些激情的言说，仍如晨钟暮鼓，穿透时空，悠然回响。

六

关心群众生活；密切联系群众；全心全意为人民服务；走群众路线，和人民打成一片。这些屡屡见诸党的文献的论述，毛泽东是首倡者，他和他的战友又是模范的实践者。

到过杨家岭的参观者，都会见到那条由毛泽东和中央书记处的同志、中央机关干部战士与当地群众一起修建的“幸福渠”。这条全长5公里、灌地1200亩的水渠，几十年来波光粼粼，一直滋润着乡亲们的心田。

据当年枣园乡乡长杨成福回忆，中央机关驻在杨家岭和枣园时，每年都要给老乡们拜年。有一年春节，毛泽东、周恩来、任弼时同工作人员带着糖果、对联等年礼来到乡政府，一见面，毛主席亲切地问，杨乡长，你们辛苦一年了，年过得好吗？杨一边应答，一边忙着递烟，沏茶，高兴得不知如何是好。周恩来见状，说杨乡长你就别忙了，毛主席要给乡亲们拜年，你就引我们到各家走走吧！杨成福一想，全村几十户人家，山上山下，住得很分散，哪能让首长们到处去跑。就说，你们都忙，挨家挨户就不必了，我一定把主席和首长们的心意转告给大家。毛主席一听，连连摆手，说拜年找人代理，杨乡长你这个主意可出得不好，还是我们去吧！一句话把众人逗笑了。但商量的结果，还是采纳了杨成福的意见：把每家的家长都请到乡政府，一来主席都见上了，二来也更热闹。乡亲们来了，主席和其他首长拉着老年人的手，热情地递烟，敬酒，给孩子们抓瓜子，散花生，并详细征询对中央机关的意见，了解村民的生活状况和来年的生产安排，促膝交谈，亲如一家。20世纪七八十年代，我多次陪同客人参观，听过杨成福的介绍，这些其乐融融、亲密无间的生动画面，几十年来一直活跃在脑海里，历久弥新。

毛泽东关心群众生产，也关注他们的精神生活。著名的延安文艺运动，构建了中外文艺发展史上气象巍然的辉煌景观，开辟了文艺为人民服务的广阔道路。同毛泽东一样，每到春节，延安的文艺团体都要组织秧歌队，走上街头，拿出各自的拿手好戏，与群众共庆新年。1943年春节，正是毛泽东《在延安文艺座谈会上的讲话》发表的第二年，延安南门外人山人海，两万多军民聚集在广场上观看鲁艺等单位的演出，王大化、李波合演的《兄妹开荒》大受欢迎。颇有意思的是，在成千上万的观众中，有一位就是毛泽东。那天天气不大好，空中尘土飞扬。李波回忆说，她见毛主席在大风中坐在那里，身上也落了一层黄土，但他并不在意，身边的有人给他一个口罩，马上被他用手扒拉开，只是兴味盎然地看着，不时张嘴哈哈大笑。这一年4月25日，《解放日报》发表社论，充分肯定那次演出是在坚持为工农兵服务方向方面的成功实践。1944年春节，各单位组织的秧歌队就达到27家，上演节目150多个，延安群众文化生活的丰富多彩，由此可见一斑。

群众利益无小事。这句话我最早是从张汉武同志嘴里听到的。这位党中央在延安时的延安市市长，“文革”时从省上下放回延安，担任地区革委会顾问，为了研究解决黄龙山区严重的克山病问题，他不顾年老体弱，多次深入病区，翻山越岭，奔波不息。我没有问过他，但我揣想，他这种急群众所急的作风，或许与他的一次特殊经历有关。1944年的一天，毛主席把张汉武找来，问，听说西川侯家沟的妇女大都生不下孩子，群众很着急，有各种议论，市里知道不知道？张汉武答，是有这么回事，但不知道什么原因。毛主席说，那么多人不生孩子，会不会是水的问题，可以派人去化验一下。张汉武知道，在生产落后的陕北，没有孩子将来就没有劳动力，主席为此操心，看似小事，实是大事。谈话过后，正准备去做调查，中央医院的医生和领导也赶到了。原来，毛主席同张谈毕，又对医院负责人安顿过了。化验的结果，果然是村子里的水含有导致妇女不孕的物质，经过改水处理，问题得以解决。

在陈列厅，我还看到一张便笺，是毛泽东写的，按当时的说法，是一张“条子”。讲解员介绍说，那一年，边区政府工作人员吴吉清的孩子得了重病，找了几位医生都束手无策，毛主席知道后，便写了这张条子给中央医院小儿科主任侯建存，请他“费心医治”。

一张“条子”，几多叩问，引人思索。

七

1948年3月23日，为了迎接中国革命在全国的胜利，毛泽东率中央机关东渡黄河，前往华北。他登上黄河东岸，回望陕北高原，情不自禁地说道：“陕北是个好地方。”

人们明白，毛主席讲这句话的时候，想到的不只是作为中国革命新的立足点和出发点——正是在这个地方，成就了他本人和他的党翻天覆地、前无古人的辉煌业绩，同时他还会想到那些13年来与他同甘共苦，心心相印，正直、善良、坚毅、忠诚的人民，那些高唱《东方红》《绣金匾》，高唱“共产党毛主席天心顺，普天下的老百姓都随了红军”“哪怕人头挂高杆，一心要共产”的人民。

他会想起谢子长和刘志丹。正是这两位群众领袖、民族英雄从大革命时期就开辟的红色根据地，在危急关头迎接了自己的中央，迎接了“那些被通缉的人”。中央到达陕北的半年多前，谢子长已经牺牲，但他深受群众爱戴，被称之为“谢青天”；他一家26人投身革命，9人献出生命的情况，毛泽东一定是知道的。否则不会三次为他题词，并亲自为他的陵园撰写碑文。刘志丹将军在中央红军到来之前曾遭到错误“肃反”的残酷迫害，但他襟怀坦荡，顾全大局，在毛泽东和中央的领导下，为促成西北红军与中央红军兄弟般的团结做出宝贵贡献。刘志丹1936年4月东征牺牲后，毛泽东无比惋惜地说，我到陕北只和刘志丹同志见过一面，就知道他是一个很好的共产党员。他的英勇牺牲出于意外，但他忠心耿耿、为党为国的精神，永远留在党和人民中间，不会磨灭的。周恩来为之题词：上下五千年，英雄万万千，人民的英雄，要数刘志丹。

他会想到吴满有和杨步浩。他知道，有一年过年，劳动英雄吴满有把杀好的一头猪送给中央办公厅，他自己大年初一却在家里吃糠窝窝。而杨步浩，这位从小逃荒要饭的农民，在听到王震说毛主席、朱总司令也要和战士一样，完成规定的生产任务后，心里非常不安，再三申请要求为他们代耕。第二年麦收，他赶着两头毛驴将一石小麦送到杨家岭，毛亲切接见了他，向他表示感谢，鼓励他带领乡亲们努力发展生产，发家致富，支援抗战。杨步浩 40 岁生日那天，毛泽东、朱德特地派人送去贺礼，大红贺幛上写着“与人民同寿”五个大字。我在延安工作时，杨老就住我家隔壁，我多次听他讲过新中国成立后三次去北京“探亲”的情况，讲毛主席如何给他的“盅盅”（小碗）里添饭，说他饭量大，一定要吃饱。那情景，真同回到自己家里一样，听来让人羡慕。不幸的是，在 1977 年 7 月 6 日那场特大洪灾中，杨老一家四口被夺去了生命，令人痛惜。

当然，他更会想到撤离延安前夕，在新市场召开的动员大会上，排山倒海般高呼“保卫延安”“保卫陕甘宁边区”“保卫党中央”“保卫毛主席”的数万军民。会想到转战陕北的日子里，那些为“三支队”（中央代号）连夜通知消息，冒雨带路，蹚水架桥，过后在敌人严刑拷打下不吐一词，从而掩护支队在即使十分危急的情况下——在听到敌人的马叫声，军官的喝骂声时也能安全脱险的老乡们。甚至会想到靖边县小河村那个叫卜兰兰的小女孩，他曾教她识字，认她作干女儿，这个机灵的孩子还亲自动手为他做了一双布鞋，临别时非跟他走不可，哭得十分伤心。是的，他怎能忘记，这些可亲可敬的干部群众，为支援战争、争取全国胜利，曾承担了多大的牺牲！这个只有 200 万人口、20 多万劳力的地方，1947 年到 1948 年，就有两万多名青壮年参军，一万多名参加游击队。在生产受严重破坏的情况下，老百姓节衣缩食，为部队提供公粮 56.8 万石（每石 300 斤），军鞋 30 万双，到 1949 年的两年零五个月中，支前民工 200 多万人次，担架 6.7 万副，牲口 250 万头次，缴送的公草，仅 1948 年的粗略统计，就有 3223 万斤。无怪乎彭德怀感慨：边区的劳动人民，是我看到的政治上最有觉悟，对革命最有认识的人民！

“执大象，天下往”，民为邦本，自古而然。

“慎终如始，则无败事！”

八

日月如梭，岁月不居。岁月深处，有一个民族迅速崛起的精神宝藏，有昭示未来、导引前行的智慧密码。

1949 年 9 月 29 日，为祝贺新中国成立，延安各界给党中央和毛主席发去贺函。毛泽东接到贺函，“十分愉快和感激”，他在复电中称，延安和陕甘宁边区的人民对于全国人民是有伟大贡献的，“并且希望，全国一切革命工作人员永远保持过去十余年间在延安和陕甘宁边区工作人员中所具有的艰苦奋斗的作风”。

1980 年，邓小平在中央工作会议上号召全党：一定要宣传、恢复和发扬延安精神，并且强调“要大声疾呼和以身作则地把这些精神推广到全体人民、全体青少年中间去，使之成为中华人民共和国精神文明的主要支柱”。

20 世纪以来，历届中央领导多次去延安看望老区人民，指出无论过去、现在、未来，延安精神都是我们战胜困难、取得胜利的法宝；任何时候，延安精神都不能丢！

毋忘延安。毋忘老区。毋忘那些着力奋发的红色岁月。

忘记，意味着背叛。

话虽旧，真理不会老去。

二零一一年四月二十六日

（选自《退忧室散记》，作家出版社，2010 年版）

哦，恩施

王巨才

恩施，湖北西南部的土家族苗族自治州，距武汉700公里，毗连巴渝，南极潇湘，水遥山远，静处一隅，像一位村姑，活泼俊俏，野辣清纯。

在恩施采访，你会想到这样的诗句：清水出芙蓉，天然去雕饰。恩施的美，正在自然。

恩施属云贵高原延伸带，山大沟深，林草丰茂，海拔都在千米以上。从飞机上俯瞰，连绵的群山，蜿蜒的河流，团团簇簇的村寨，密密麻麻的楼房，全都掩映在蓬蓬勃勃郁郁葱葱无际无涯满目青翠的林海中，云蒸霞蔚，恍如仙境。古人目之为“悬圃”，恂非虚言。

恩施的河流有二百多条，全都晶莹碧绿，清澈见底。800里清江，更是一路欢腾，横贯全境，“其水清照十丈，夹岸平川旷野，鱼盐所出，产富物丰，草木蒸香”，利物利民，人称母亲河。此外平湖幽潭，处处可见，飞瀑流泉，遍布山野，加之气候湿润，空气清新，让人不论何时到来，都会有天高地远的惊喜，心旷神怡的欣悦。恩施人为此深感自豪，说这里景色好、空气好、水质好，是世间最美、最适合人居的地方。

一方水土养一方人。恩施人心胸博大，情感奔放，“会说话就会唱歌，会走路就会跳舞”。千百年来，以“灯歌会”“女儿会”为代表的文化风习，承载着各族儿女积极乐观的生活态度和向往幸福、自由的精神追求，成为人们极为重视、踊跃参与的节庆活动。

恩施民歌最著名的，当属那首红遍全国的《龙船调》。舞台上，那女孩子“妹娃要过河，哪个来推我嘛”的娇声一唤，小伙子们“我来推你嘛”的起哄回应，把土家青年的快乐多情、诙谐幽默刻画得惟妙惟肖、情趣横生，早为观众铭记于心、耳熟能详。此外，有一首两人对唱的《六碗茶》，表现有小伙子看上一位姑娘，又心虚胆怯羞于表白，于是在找借口上门讨茶喝时，绕来绕去地净问些不着边际的问题，惹得姑娘好气又好笑：“喝茶就喝茶嘛，哪来那多话？”如此含讥带怨地呛白一通，却又以含蓄巧妙的回答，一再去启发、暗示、诱导。此歌唱词简练，曲调明快，易学易唱，是导游们每接一个团队都必须教会客人的曲目。

女儿会大体同白族的“三月三”一样，是恩施土家族“唱歌跳舞做买卖”的传统节日。到时会有成千上万的女子打扮一新，背着背篓，带着山货，从四面八方载歌载舞，相约赴会。到会场，她们会把带来的东西摆在街边，说是招呼生意，两眼却只管不停地朝过往的人群张望、审视，当然也会大方地面对别人的打量和挑逗。这时，就会不断有看似闲逛的男子近前搭讪，言挑语刺间若双方有意，男子便一把抢走背篓的苫布，女人也即装作追要，尾随而去。到了野地，两人又须通过对歌或交谈，了解对方的家境等情况，若情投意合、年轻的，自然当即缔婚，相拥成欢；成年男女，亦可金风玉弄，暂成一夕缱绻，即使撞上亲戚熟人，也不必避讳。这些自然都是出自导游之口，因无缘躬逢，不知是否属实。

恩施的自然景区，无论是逶迤百里的鄂西大峡谷，气象万千的腾龙洞，还是架构宏阔的土司城，在全国都独一无二，鲜可类比。按时下旅游界的说法，都绝对是精品，名牌。我们去过的腾龙洞，在恩施人口最多、面积最大的利川市，以雄、奇、险、幽著称。洞高 70 米，长约百公里，洞穴面积二百多万平方米，足可将全州 400 万人口容纳进来。内有山峰五座，广庭十多处，大小瀑布不可胜计。洞口一条河流，水势湍急，落差 20 米，汹涌咆哮，直扑洞底，名为“卧龙吞江”，气势极为壮观。此洞经中外专家一个多月考察，证明确属中国目前最大溶洞，容积总量居世界第一。

恩施有如此独特的生态环境和文化资源，让所有“到此一游”的人们大开眼界，惊叹不已。近些年来，随着州委、州政府“生态立州，产业兴州、开放活州”战略的实施，旅游业有了长足发展，人气越来越旺，但综合收益毕竟不到 10 亿，这又让不少人包括我们此行的一些朋友引以为憾，以为与资源的品级档次不很相称。

在利川，陪同采访的市委常委、宣传部长周峥嵘同志听到我们的议论，介绍情况时特地就此做了针对性的解释。出人意料的是，周部长的父亲是周叙卿先生，就是《龙船调》最早的整理者和改编者。这首歌 1957 年 3 月参加第二届全国民间音乐舞蹈大赛时就得到领导和专家的好评，但真正使它走出恩施，走向全国，并由宋祖英带进维也纳金色大厅，由我国第二艘载人飞船带到太空，让它唱笑世界，轰动全球的，还是近 20 年的事。周部长以这首歌曲的命运遭逢现身说法，点出：“国运昌，则艺文兴。”事实证明，无论经济的发展还是文化的繁荣，都离不开相应的时代条件。随着国家改革开放的力度加大，步伐加快，恩施今后的路子会越走越宽，后劲也一定会越来越强大。一番深入浅出的分析，入情入理，让大家深受启发。

州政府杨天然州长完全同意周峥嵘的看法。这位土生土长的土家族干部，年纪只有四十多岁，看去温文尔雅，又精明干练。他在座谈会上讲，要说恩施旅游业的发展，也就是最近几年的事。二十多年前，改革刚刚起步，老百姓生活还很贫穷，不要说搞旅游，就是吃饭穿衣，也都是大问题。那时候领导的精力都还集中在如何让群众尽早摆脱贫困，解决温饱问题上。不只基层着急，省里着急，连中央首长也为此寝食难安啊。

他动情地谈起胡耀邦同志 1984 年的恩施之行……

这件事，在《胡耀邦生平大事年表》中只是一句话：4 月 3 日至 13 日，到河南、湖北两省考察工作。满妹的《思念依然无尽》稍有记述，也着笔不多。倒是当时的州委书记田期玉同志有一篇写于 1985 年 9 月的文章，追记了耀邦在恩施的行程，从中可以看出这位领袖人物的性格特点和思想作风，有重要史料价值，兹转引如下：

> 耀邦同志到达自治州的当天，就上五峰山鸟瞰了恩施山城，到州展览馆看了文物和工农业产品展览。四月六日，他听取州委的汇报，并于上午十一时半接见了州直局以上干部和各县（市）委书记、县（市）长。晚上，他挤出一个小时观看了专业剧团和业余剧团的文娱节目。四月七日，他经过宣恩县去来凤，在宣恩县委会及李家河作短暂停留后，中午到达来凤县委会，下午听取来凤、宣恩、鹤峰县委的同志汇报。晚饭后还利用空隙时间去湖南龙山县，同县委同志进行座谈。四月八日，他途经咸丰去利川，在咸丰县委会作短暂停留后，中午在咸丰县黄金洞公社吃午饭，途经利川县红椿沟时，视察了杉木林基地，下午到达利川县委会。并听取了县委负责同志的汇报，当晚住宿于利川县委会。四月九日上午，他在利川接见了州直和利川县的部分高、中级知识分子，然后从利川出发，到恩施市大山顶察看了人工牧场。中午，在牧场吃便饭后，经恩施市郊（未进城），过建始野三河大桥，下午到达巴东县的野三关，在区招待所听取了县委负责同志的汇报，当晚住宿于野三关。四月十日上午八时十二分，他乘车离开了鄂西自治州。胡耀邦同志在鄂西的六个日子里，总行程达一千二百六十八华里，到了六县一市，还深入了三个区（社）、一个林场、一个牧场。

有一个也许并不重要的细节，常常被人提起。耀邦这次视察，同行的有乔石和胡锦涛同志。就像前面点到的，4 月 8 日，他们途经咸丰去利川，中午饭是在黄金洞公社的灶上吃的。饭后结账时，公社的同志无论如何都不肯收，锦涛同志便恳切地对他们讲：中央领导同志到地方考察工作，一定要按规定交纳生活费，你们是贫困山区，革命老区，更应该交。说完，不仅如数交了伙食费，还按财会人员的要求，在三张收据单上分别填了胡耀邦、乔石、胡锦涛的名字。此后，这三张收据便一直被那位聪明的财会所收藏，而事情的经过，很快便在四邻八乡的群众中传扬开来。

耀邦这次到恩施，年纪已近70高龄，但他不避劳累，每到一地，顾不上休息，便要召集干部群众座谈，商讨脱贫致富之策。一路上，他反复强调，要解放思想，实事求是，因地制宜，搞活经济。说“搞四化建设，目标要统一，但具体方法允许不同”，“扩大自留山，有的地区不同意。我看全省不要求统一，要允许参差不齐。你们是自治州，他搞他的，你搞你的嘛”；说“进行山区建设，决不能只有一个耕地概念”，“你们这个地方，要抓好林业，抓好畜牧业，抓好多种经营”，要依靠千家万户搞家庭式工业，千方百计增加农民收入；说要疏通流通渠道，“常年放开，彻底放开”，“要发展专业户，发展集贸市场，而且要保护专业户，保护农民。只有为人民谋利益才是真正的国家观点”；说山区的基本建设，一要抓水电，二要抓交通。“清江的开发，我说应该好好地搞”，“要把清江治理得像德国的莱茵河一样”。“把公路搞好，把河运搞好，人家自然会进来办厂，上海也来了，南京也来了，武汉也来了，人也来了，钱也来了。如果高速公路一搞起来，又有了充足的电，外国人也会来的。”这些激情洋溢的谈话，如同和煦的春风春雨，在恩施人的心里重新唤醒了对美好生活的热望，激发了奋发进取的勇气，鼓荡起开拓创新的风帆。

25年过去，“弹指一挥间”，自治州的各项事业突飞猛进，有了长足的发展，与当初相比，国民生产总值增长了43倍，财政收入增长84倍，城乡居民可支配收入和农民人均纯收入分别增长了20倍和25倍，实现了由封闭向开放，由贫穷到温饱并逐步迈向小康的跨越。胡耀邦同志当年对恩施工作的期望，正在各族人民的团结奋斗中一步步变为现实。

谈到未来发展，杨天然州长说，恩施是全国最年轻的少数民族自治州，成立四个多月，胡耀邦总书记就来视察，指示我们“要把鄂西建设成为一个最先进的自治州”。与这个要求比，应该说，目前差距还很大，但对今后的发展，我们充满信心。他兴奋地分析了恩施面临的新机遇：盼望已久的上海至成都的高速公路，宜昌至四川万州的铁路，今明两年都将穿境贯通，长期制约恩施发展的交通问题将得到解决，利用重庆、武汉、上海等大中城市的辐射作用壮大自己，有了更加可靠的条件。恩施在行政区划上处于中西结合部位，中央对民族地区各方面的照顾以及这些年陆续推出的扶贫攻坚、西部开发、中部崛起、产业转移等政策措施给予的优惠，恩施都有份，按媒体的说法，我们是“三千宠爱在一身”，想不发展都不行，发展慢了也不行。有科学发展观的指引，有400万勤劳智慧的各族儿女，有来自四面八方关怀和支持，恩施一定会在新的历史起点上实现新的突破，新的跨越，一定会以更加结实的步态，迈向文明富裕、幸福和谐的未来。

像一位诗人，年轻的州长陶醉在对光辉前景的憧憬中，神情坚毅，自信。大家也都被深深地感染了、感动了，频频点头，气氛庄重、真诚。回到房间，脑海里继续回旋着州长的讲话，又不断闪现几天来在恩施的所见所闻，浮想联翩，似有所悟，打开笔记，匆匆记下这样两行文字：

一首诗，一首关于领袖与群众，英雄和平民，杰出人物和芸芸众生共同创造历史，开辟未来的史诗。

哦，恩施……

（选自《退忧室散记》，作家出版社，2010年版）

授衔怀仁堂

董保存

毛泽东说："要我穿上大元帅制服，多不舒服呀！"

刘少奇、周恩来、邓小平不当元帅，李先念、谭震林、邓子恢、张鼎丞谢辞大将，罗荣桓、许光达等人请求降衔。

叶剑英说："要是叶挺还在，新四军就可以出两个元帅。"贺龙说："周副主席也该授衔。"

1955年9月27日，是中国军人不能忘记的日子。

这一天，中国人民解放军有了自己的元帅和将军，金光闪闪的徽章使中国军人着实神气起来了。中国大地上随之掀起一阵不小的军人崇拜热潮，男孩子为能有一套军装而兴奋，女青年择偶也有了"一个豆太小（少尉），四个豆太老（大尉），三个豆（上尉）正好"的说法。

四十多年的光阴一闪而过，当时在怀仁堂接受军衔的十大元帅和十员大将都已作古，仍健在的上将也成了凤毛麟角。然而，随着时间的流逝，那次授衔在中国史册上却熠熠生辉……

最近，笔者采访了几位参与我军第一次正式授衔时的老同志。听他们讲起了当时的情境，颇受感染，于是写下了下面的文字……

中央军委正式下发《关于评定军衔工作的指示》，

由罗荣桓负责的总政治部和总干部部全面展开工作……

20世纪50年代中期，我们的国家正处于莺歌燕舞蓬勃发展的时期。抗美援朝战争的胜利，更使我国军民激动不已……在这种背景下，国家的决策层正酝酿着一个大的举措。

1955年的早春，中央军委正式下发了一个引起广泛关注的文件——《关于评定军衔工作的指示》。

1955年2月8日，全国人民代表大会常务委员会通过，毛泽东主席正式签署了《中国人民解放军军官服役条例》，正式规定了中国人民解放军军官的条件、来源、军衔、奖励、权利和义务等问题。同时中央军委决定，要在1955年内全部结束对现役军官的授衔工作。

这一系列文件像一缕春风，吹遍了军内外，并立即引起了强烈反响：

“太好了！我们也可以授衔了。”

“这也是军队正规化的一个重要步骤。”

“评衔可不是一件容易的事情……”

其实，授衔的事在军队和国家的高层酝酿已久。中央军委发出指示的时候，总政治部和总干部部早已开始了这方面的工作。

戴眼镜的罗荣桓同志当时身兼两职——总政治部主任和总干部部部长。他和几位副主任、副部长忙得不可开交。按照权限，授元帅和大将衔的由军委决定；授少将至上将衔的名单分别由总干部部和总政治部提出，报请中央军委批准；授校官的名单由各总部、各军兵种和各大军区提出，报总干部部和总政干部部在全军统一衡量。

对于授中将和上将的两百多人的名单，都是罗荣桓亲自主持讨论的。对少将一级，罗荣桓委托赖传珠、徐立清、肖华和王宗槐负责，遇到难以解决的问题，再由罗荣桓主持会议解决。

这是一项全新的工作。战争年代，我们的军队没有军衔，只是在解放战争初期搞过一次临时授衔。那是为了协调与苏军行动，中央临时决定授予彭真、陈云、叶季壮中将军衔，授予伍修权少将军衔。与苏军的协调工作结束后，又收回了军衔。现在要正式在全军授衔，的确不是一件容易的事情。

世间的一切，人的关系最为复杂。给数以千计的人评军衔谈何容易？要评衔的人当中，多数是红军时期的老同志，也有不少抗日战争时期入伍的，还有少数民族干部和起义将领。同时还要考虑到各个方面军干部的平衡问题……

宋任穷同志当时在总干部部当副部长，他回忆说："我记得那个时候除了处理其他日常工作外，我们大部分时间都用来搞这个平衡工作。在排队平衡过程中，我们认真研究，反复斟酌……"

经过一年多的紧张工作，军委于9月初召开了总结会。罗荣桓主持，彭德怀、刘伯承、贺龙、陈毅、徐向前、聂荣臻、叶剑英等都出席了会议。至此，评衔工作基本就绪。

毛泽东说："要我穿上大元帅制服，多不舒服呀！"

军队要授军衔，最高统帅怎么办？

这一时成为人们关注的热点。那个年代向苏联学习，斯大林可是苏联的大元帅啊！

按照军官服役条例，毛泽东、周恩来、刘少奇等领导人是应该授衔的。在人们的议论中，在初步的方案中，大家一致认为毛泽东应该授大元帅，周恩来、刘少奇、邓小平应该授元帅。

据说，毛泽东听到这个消息后，摇摇手说："我不当那个大元帅！"

此事在高层引起纷纷议论。

一次人大常委会开会，不少民主人士纷纷发言，认为毛泽东等领导同志是人民解放军的缔造者和创建者，指挥过许多重大战役，为军队的建设和发展做出了重大贡献，在全党全军和全国人民中都享有崇高的声誉，应该给他们授衔授勋。尤其是毛主席功劳最大，应该授予大元帅，授三个一级勋章。

那天的会议很有点要形成决议的样子。主持会议的刘少奇知道毛泽东的态度，他说，还是不作结论好。

一位留胡子的民主人士说："我们人大作了决定，他有什么办法。"

刘少奇笑笑说："人大可以作决定，但他是国家主席，要他签署命令才行啊！"

"人大作了决定，国家主席就得签署命令。"

争论来争论去，刘少奇只好说："你们不是经常可以见到毛主席吗？你们当面去说服他，争取他的同意，我们这次先不作决定。”

此后不久，彭德怀、罗荣桓、宋任穷、赖传珠等人去向毛泽东等中央领导同志汇报工作，毛泽东说：“你们搞评衔，是件很大的工作，也是件很不好搞的工作。我这个大元帅就不要了，让我穿上大元帅的制服多不舒服啊！到群众中去讲话多不方便呀！依我看哪，现在在地方工作的同志都不评军衔为好。”

毛泽东的这种态度，在当时确实起到了表率作用，军工厂为他准备的大元帅服，也就只能永远放在博物馆里了。

刘少奇、周恩来、邓小平不当元帅，李先念、谭震林、邓子恢、张鼎丞谢辞大将，罗荣桓、许光达等人请求降衔。

毛泽东的态度明确，刘少奇、周恩来、邓小平又是什么意见呢？

也正是在那次会上，毛泽东对刘少奇说：“你也在部队搞过，你也应该评元帅！”

刘少奇挥了挥手，说：“不要评了，我现在不在军队工作了。”

毛泽东又问周恩来和邓小平，你们的元帅军衔还要不要评啊？

周恩来连连摆手说：“不要评了，不要评了！”

邓小平笑笑说：“当什么元帅哟，早不带兵了。”

毛泽东又看看李先念、邓子恢、张鼎丞等人，很有几分幽默地说：“你们几位的大将军衔还要不要啊？”

李先念操着还浓重的湖北口音说：“我没想过当大将，我也不要评大将。”

张鼎丞和邓子恢也直摆手，不要评了，不要评了。

……

罗荣桓是较早知道他自己要被评为元帅的。那天，他回到家里，当晚就给毛泽东写了一封信。这是一封极诚恳的信，他说，我参加革命时间比较短，对革命的贡献也很小，给我授元帅衔当之有愧，我恳请不要给我元帅军衔……

装甲兵司令许光达是在参加了人民解放军建军 28 周年的国防部招待会后才知道自己要被授大将军衔的。回家以后，他把自己关进了书房。家人都觉得奇怪，大过节的，他是怎么回事？

他当夜给毛泽东和军委的其他同志写了报告，他把自己和有关同志作了比较，然后郑重请求：

给我授大将军衔高了，希望降为上将……

正是在他们的表率作用下，使那些本来想争一争、评高一点的人，不好再讲话了。

自然也还有个别同志自恃功高、资深，觉得应该得到更高的荣誉和奖赏，而组织给自己评的衔低了，甚至公开说自己应该评什么军衔。

还有的人因为评衔闹起了情绪，流下了眼泪。要不，毛泽东怎么会说："男儿有泪不轻弹，只是未到授衔时……"

有那么一位老同志，我们就称他 W 吧。他参加革命时间长，功劳也的确不小，但进城后犯了错误，受到处分。他认为评衔是论功行赏的事情，期望值较高。当他知道只能评为中将的时候，心中很是愤愤不平，便给军委有关领导提意见……

罗荣桓亲自找他谈话，和他谈心，告诉他评为中将是比较公正的，并且严肃指出他的问题。

经过耐心细致的工作，他的思想通了……

叶剑英说："要是叶挺还在，新四军就可以出两个元帅。"

贺龙说："周副主席也该授衔。"

1955 年 9 月 27 日。

下午 4 时一过，一辆接一辆的小汽车驶进了中南海，停在了怀仁堂前的广场上。

彭德怀、贺龙、陈毅、罗荣桓、聂荣臻、徐向前、叶剑英等都身着海蓝色的元帅服，个个精神抖擞地走下车来，就连一向严肃寡言的徐向前，脸上也露出了欣慰的笑容。

中国人民解放军建军已经整整 28 年了。这些老帅们戎马倥偬，征战南北，屡屡立下奇功，才赢来今天这个日子。然而，又有多少同样是金戈铁马，驰骋疆场，有名的无名的英烈，悲壮地、默默无闻地战死沙场。因此，细心的人们会看得出，元帅们此时的心情是沉重的。

"我们的总司令来喽！"是陈毅老总的声音。

只见朱老总健步走进休息室，身着元帅服的朱总司令显得特别魁梧，神采奕奕。

“各位早来了！”

朱老总双手抱拳，向大家致意。见大家站了起来，他忙说：“免礼了！”

陈毅站在朱德面前，上下端详着说：

“老总哎，穿起这行头好漂亮哟！比南昌起义时还年轻嘛！”

大家都笑了起来。

陈毅转过身，用浓重的四川口音问贺龙：

“贺老总，你想没想过今天能当元帅呀？”贺老总摸了摸他独特的一字形的黑髭须，沉思了一下说：

“别说想当元帅，那时连打响的是第一枪也没想过呢！就是一心想把那一枪打好！”

老帅们被贺龙的直率逗得哈哈大笑。

说到“八一”南昌起义，人们自然而然会想到另一位起义的领导人——叶挺。

“要是叶挺还在，你们新四军就会出两个元帅。”一向沉稳的叶剑英不知是有意还是无意，给原来其乐融融的气氛点缀了一束冷色调的光芒，把老帅们又一次拉回到硝烟弥漫的战场。

“叶挺要是还健在，能看到今天该多好啊！他要在，我一定要把元帅的桂冠奉送给叶军长！”

陈毅的语调，充满了深情。

“如果新四军中有两个元帅的话，十大元帅中该是两个叶帅喽！”

诗人的机智不仅表现在诗中，而且是无处不在。陈毅的一句话，又将老帅们的思绪从几十年前拉了回来。

只有彭德怀似乎仍然在沉思。他面带微笑，眼睛却望着窗外很远很远的地方……

“哟，大家都穿上了新衣服。祝贺大家！”

不知何时，周总理已走进了休息室。望着面前几位身穿海蓝色元帅服的老战友，多少感慨系在他的眉宇间。

“我们的周副主席来了。”叶剑英拱手相迎。

“我们的周副主席也应该授衔嘛！”贺老总真诚地说。

周总理身穿灰色中山装，左手习惯性地弯在胸前。给人的印象总是那样随和，谦逊。他笑着摆了摆手，说："我是政府工作人员，是为诸位元帅服务的，当好你们的后勤嘛。"

正说着，会场的铃声响了，那庄严的时刻就要到来了，他们陆续走出休息室。

不穿军服的毛泽东，亲自把元帅军衔命令状送到跟随他南征北战的战友们手中。

那天，好多人在等候毛泽东的到来。

他们要看看毛泽东今天会穿什么样的衣服，他真的不要大元帅的军衔吗？虽然最高层已经作了决定，但更多的人并不知道内情。

毛泽东来了，他仍旧坐着那辆黑色的吉普车，依然穿着那身灰色的中山装，依然是那般慈祥地微笑着和大家招手。

时针指到下午5时整，毛泽东、朱德、刘少奇、周恩来、宋庆龄、李济深、沈钧儒、郭沫若、黄炎培、彭真、李维汉、陈叔同、陈云、彭德怀、邓小平、邓子恢、贺龙、陈毅、乌兰夫、李富春、李先念等党和国家领导人相继出现在主席台上。会场内响起一阵热烈的掌声。

全国人民代表大会常务委员会典礼局局长余心清宣布典礼开始的话音刚落，那气势磅礴的乐章——《中华人民共和国国歌》便在中南海的上空奏响。

会场的气氛庄严而肃穆。

"同志们——"全国人民代表大会常务委员会副委员长兼秘书长彭真宣读了中华人民共和国主席授予中华人民共和国元帅军衔的命令，他的声音高昂而富有激情。十分安静的会场，顿时响起了雷鸣般的掌声，经久不息。

毛泽东主席站起身来，他要亲手将授予中华人民共和国元帅军衔的命令状和一级八一勋章、一级独立自由勋章、一级解放勋章分别授予在中国工农红军时期、抗日战争时期、解放战争时期参加革命的有功人员，在解放战争时期直接领导原国民党军队起义的有功人员，人民解放战争时期的有功人员，以及对和平解放西藏地区的有功人员。——这些人跟随毛泽东浴血奋战，打出了一个红彤彤的新中国。这勋章，是对他们所做贡献的最高奖赏。

第一个走上台来的是朱德元帅。他走到毛泽东面前，端端正正地行了一个军礼，伸出双手接过毛泽东主席授予的一级八一勋章、一级独立自由勋章、一级解放勋章。他的手有些微微的颤抖。毛泽东和朱德握手时，他俩的目光都是那样凝重。从第一次国内革命战争时期的井冈山会师第一次握手至今，他们同舟共济、患难与共，带领中国共产党和军队，打败了日本帝国主义和国民党反动派，建立了新中国。这一次握手来得不易呀！

紧接着走上台的是彭德怀元帅。他今天的表情更加严肃。这位很有个性的元帅在中国革命的长河中，曾经多次出生入死，不是有过这样的诗句吗——“谁敢横刀立马，唯我彭大将军”？他双手接过毛泽东授给他的元帅军衔，还了一个十分正规的军礼。一切尽在不言中，他还需要和毛泽东说什么呢？

贺龙、陈毅、罗荣桓、徐向前、聂荣臻、叶剑英……在如雷的掌声中依次走上台来，从最高统帅手中接过了金光闪闪的勋章。

整个授衔的过程中，毛泽东的表情是严肃的。他那紧抿的嘴唇说明了什么？

授衔、授勋典礼在《胜利进行曲》的军乐声中宣告完成。这时，记者镜头里的老帅们，人人兴高采烈，脸上洋溢着难以言表的激动与欢欣。

秋天的中南海，傍晚很是迷人。太阳的光芒从红彤彤的云朵的间隙放射出来。墨绿色的水面在晚霞的照耀下，似有无数片锦鳞在畅游；岸边垂柳依依，宛若仙境。元帅、将军们金光闪烁的勋章和灿烂的笑脸与这些景物交相辉映，使这个傍晚更加迷人。

这一天的怀仁堂北草坪很特别，草坪上摆了一片木桌，木桌上又摆了丰富的冷餐和水酒。所有参加活动的人，都自拿碗碟，自己动手。穿着海蓝色礼服、佩戴着金色勋章的元帅和将军们、政府高级官员也都如此。

周恩来总理的祝酒辞热烈而激动人心：“为了中国人民的伟大胜利，为中国共产党领导的武装斗争的胜利，为毛主席、为中国人民解放军全体官兵、为元帅们、为将军们和所有荣获勋章的有功人员的健康而干杯！”

在一片欢呼声中，将帅们共同举起了酒杯，将无限的幸福一饮而尽。

穿了军服的元帅和将军们，几乎是排着队，涨着绯红的面孔，端着酒杯，来到了刘少奇、周恩来、邓小平同志身边。

“给少奇同志敬酒！”

“总理和我们干一杯！”

“小平同志，这是我们的心意！”

……

晚宴刚刚结束，舞曲就响了起来。在舒缓的舞曲的伴奏下，将帅们欢快地跳起舞来……

朱德元帅的舞姿仿佛在行军作战，挺胸抬头，节奏准确；刘少奇跳舞则很是标准，有板有眼……

周恩来的舞步是很娴熟的，他不仅跳得好，还忘不了在跳舞时做些“工作”——他看到新闻电影厂的舒世俊刚刚放下摄影机，就说：“来，小舒，你辛苦了，你最喜欢跳的快三步、华尔兹，来一曲。”

在优美的乐曲声中，舒世俊陶醉了。

授衔仪式上只授了八位元帅的军衔，刘伯承和林彪身着元帅服的镜头，是在青岛补拍的。

人们习惯上说是为十大元帅授衔，其实，在怀仁堂参加授衔的只有八位。

当时，刘伯承和林彪因为生病，正在青岛疗养，他们没有回北京来参加授衔。

笔者采访了原中央电视台的新闻部主任、资深摄影记者李华。当时他受命前往青岛拍下了这两位身着元帅服的镜头。

李华是在授衔仪式后第二天接到任务的。他同解放军画报社的柳成行一起出发，坐火车前往青岛。

坐在东行的列车上，李华就开始盘算怎么拍好这两位元帅。他设想，把他们其中的一位安排在海边上，以蓝天、白云、大海作背景；把另一位安排在花丛中……

谁知到了拍摄现场，和李华设想的有很大差距。

他们先到刘伯承的住处。

刘伯承元帅戴一副墨镜，正坐在客厅的藤椅上等着他们。

“你们刚下车，吃饭了没有？”刘帅站起身。

这位以儒将风格著称于世的军事家，对这次授衔的意义看得较淡，他认为，这是我军实现正规化的一个步骤；至于他本人，对授不授元帅军衔倒是无所谓的。

“你们说怎么拍，我就怎么配合，你们当导演，我听从你们指挥。”

“我们怎么敢指挥刘帅？”

“现在就是要听你们的指挥嘛！”

“刘帅，请您从会客室走出来，先向东走，然后再向西，走两个来回。”

“好吧。”刘帅非常痛快地答应着。

镜头顺利地拍完了。为了给剪辑的同志多备些素材，李华还特意多拍了几个特写。

到了林彪的别墅，完全是另一种样子。空荡荡的屋子只有一扇窗子，而且，还用一层白纱和一层厚重的灯芯绒窗帘密遮着。屋里弥漫着一股药味，叫人感到这里像医院。秘书告诉他们，林彪怕风、怕光。

李华问秘书：“能不能请林总到室外去拍？”

秘书说：“那要请示叶主任。”

正说着，叶群出来了。李华告诉她，光线太暗，感光度不够。

“把窗帘拉开一点嘛！”叶群说。

秘书将双层窗帘拉开了一条缝，不行。缝隙再大一点，还是不行。

叶群很明白这次拍摄的意义，看到这种情况，便说：“打开吧，拍照嘛！”

林彪从卧室里走出来，显得很精神，并不像有什么病。

“你们来了。”他说，声音倒是显得很没有力气。

柳成行是军人，赶快立正，敬礼。李华却已经把镜头对准了林彪。

“北京很热吧？”

“比这里热多了。”

“你是总政的，你们肖华主任好些了吗？”林彪问柳成行。

前段时间，肖华的身体也有不适，林彪是知道的。

“听说好多了。”

林彪点点头，叶群上前把他的衣角抻抻，说：“你在屋里走动走动。记者同志好拍嘛！”

林彪很随意，不说行，也不说不行。他从东头走到西头，又站在窗边不动了，那样子像是在沉思。

李华觉得这很能表现林彪这个人物，赶快抓拍下这一组镜头……

从林彪的住处走出来，李华才发现背上的汗水已经把衬衣湿透了。

（原载于《读书文摘》，2005 年第 6 期）

故里桑植帅魂归

贺捷生

又是“八一”，又是人民军队的伟大庆典，南昌起义 82 年后的今天，起义的总指挥贺龙魂归桑植，父亲又回到了他日思夜盼的乡亲们中间，回到了生他养他的那片故土。

他是长征开始那年告别故乡的，如今，他魂归故里，又回到了当年挥师出征的这片土地，回到了他对之寄予了无限情思、浸染着数万英烈鲜血和生命的山山水水之间。

群山苍翠，峰峦叠嶂，巍峨挺拔的湘西天子山今天伸开双臂，拥抱久别的湘西之子——我最亲爱的父亲。

今年恰逢父亲含冤辞世 40 年的日子，经中共中央批准，他的骨灰从北京迁葬故乡——湘西天子山。1935 年的 11 月 19 日，根据当时军委的命令，父亲率领红二、六军团，就是从这里出发开始长征的。那是一个阴雨绵绵的日子，湘西父老以泪作雨为他的子弟兵送行，屈指一算，整整 74 年了。

绵绵阴雨已多日，今天，天子山以少有的晴朗迎接它的久别之子。朗朗晴日下，墓碑背倚着的昆仑峰显得更加壮美，墓前方的御笔峰，平时云雾缠绕，今天清晰得能远远地分辨每一棵松树。倚马而立的贺龙雕像今日似乎更加豪迈，像是与群山并立的又一高峰。一阵山风吹过，飘过一曲动听的桑植民歌——《跟着贺龙去革命》，歌声带着人们回到了那个烽火年代。逶迤山道间，当年，红旗卷起农奴戟，父亲率领的扛着长枪、背着大刀的队伍，像一条又一条盘山的长龙。如今，在当年走过红军的古老山道上，再次飘动着攀山的人流：湘西父老听说贺胡子回来了，大家你搀我扶，争相攀上这座 1200 米的峰巅。当年的老赤卫队员来了，当年的暴动队长来了，当年掩护红军的老房东来了。他们都要来和老总叙叙家常，再喝一杯家乡的老酒！

老红军贺文代在孙辈的扶助下，一步步攀到山顶，一到墓碑前，他挥手扔掉拐杖，啪的一个军礼，其神情庄重、腰板笔挺，在老总面前，他更像一个听命出征的战士。谁能相信，他已经是一个 93 岁的老翁呢！“常哥啊（贺龙字文常），桑植乡亲想您啊！”话未说出口，一语泪长流。墓碑前，一个耄耋老者长跪不起，他是贺龙当年的警卫员王金水。他的诉说，更是感动了所有在场的人：“老总啊，74 年了，您怎么就不回来看看大伙儿呢？湘西的一草一木都在盼着您呀！”

是啊，父亲啊，老总啊，您怎么就不回来看一看呢？战争岁月，北战南征，戎马生活，居无定所，可革命胜利后，您身在高层，都位居元帅了，您难道把乡亲们忘记了吗？您为什么就没想到回湘西看看呢？洪家关村口那座贺龙桥，乡亲们早已修葺一新，盼着您重在上面走一走啊！还有，洪湖乡亲们为迎您回来，70 年前专门修了一座“接龙桥”，乡亲们都想您呀！

肃立碑前，看着墓碑上父亲叼着烟斗的面容，我在想，父亲何曾不想念乡亲们呢？能回故乡看看，是他魂牵梦绕的一桩心事啊！

我的思绪一瞬间回到了 56 年前的一天。那时，父亲已经是西南军区司令员了，我则是刚回到父亲身边的一个中学生。那是一个晚上，偶得闲暇的父亲依然叼着那支著名的烟斗，跟我聊起了家常，给我讲起了往事。他说：“从湘西我率领桑植子弟起事算起，光桑植就牺牲了 6 万多人哪。如果从我投身革命算的话，到 1949 年全国解放为止，跟贺家凡沾亲带故牺牲的英烈不下 2000 人。闲下来我眼一闭，他们一个个好像就在我的眼前。我想他们哪！今天我们胜利了，掌握政权了，他们这些英烈的老婆孩子怎么样了，亲人怎么样了？捷生，找个时间你跟我到老家走一走、看一看。”父亲亲切地摸着我的脑袋，抬头看他时，见父亲双眼泛着晶莹的泪光。那泪光，永远地留在我的记忆里，那是我第一次看到父亲作为带兵的元帅流泪。

说来也巧，时隔不久，打听到我父亲地点的桑植乡亲陆续来了。他们中有烈士的遗孤，有英烈的兄弟，更多的是一些丈夫已经牺牲了的寡妇们。其中有一些居然还不知道她们的丈夫已经牺牲的消息，他们是来向老总贺龙寻找丈夫来了。更多的乡亲是为找当了“大官”的贺龙寻个出路。那时新中国刚刚成立，国家穷，交通闭塞的湘西更穷，烈士家庭缺了男劳力则穷上加穷。当做梦都希望见到乡亲们的父亲，真的接连不断地见到乡亲时，其心情却有说不出的苦涩和沉重。革命胜利了，却还不能让老百姓过上好日子，特别是那些为革命把生命都献出的烈士，他们的亲人还不能摆脱贫困，他感到内疚啊。但是，为乡亲们找工作，对于向来严于责己的父亲实在是勉为其难，在当时的情况下，也确实很难做到。因为在湘西跟着贺龙革命的队伍，不论是烈士遗孤，还是失去了丈夫的寡妇，都以数万人计呀。刚刚建立新政权的国家，百废待兴，哪能承担起这么大的负担啊！父亲能做的，就是请他们住几天，招待吃顿饭，然后从工资中资助他们一点，最后买张车票送他们回家。即使关系特别亲近的亲戚，也不过如此。因为屡屡不断的来访乡亲而造成的开支，已经使父亲入不敷出，甚至影响了一家人的正常生活。

我记得，父亲有个四妹叫贺满姑，是湘西出了名的红军女英雄，她在与敌作战时不幸被俘，国民党以五马分尸的惨烈手段将她杀害。其英雄壮举，成为对一代青年进行革命传统教育的典型事例。关于我有这样一个女英雄姑姑的事，我父亲时常讲起。那一年，贺满姑的儿子即我的表兄来到重庆，他的要求很简单，看舅舅能不能给弄份工作干。他同时还带来了当地政府的口信，说县里要拨款修一下当年被国民党军队焚烧的贺家老屋，目的是好供孩子们参观学习。那一天，父亲的话至今犹在我的耳边，父亲对我的表兄说：“孩子，当农民种地有啥不好，咱是红军的后代，是党的人啊，是党的人，就不能给党添负担。孩子，听舅舅的话，回湖南务农去，这是十分光荣的事。等我退休了，我也一块和你到桑植种地。至于重修老屋嘛，坚决不行。咱洪家关的孩子连所学校都没有，上学都要跑几十里山路，难啊，要办，就办一所学校。”听了父亲的话，表兄二话没说，毅然回到了湘西，此后他终生当着农民。而父亲倡议修建的那所学校，至今都在为洪家关一带的教育发挥重要作用。

不断的来访乡亲，不仅成为父亲经济上的重负，也严重干扰了他繁忙的工作。父亲的一个外甥向楚学，在西南某空军师当师长，看父亲实在难以应付，就说：“舅舅，这样迎来送往的事您就交我办吧，都是湘西乡亲，接待他们我也有责任。”父亲答应了。可没想到，这件事却让父亲终生悔恨不已，那一年，三反五反运动在全国开始，表兄被举报犯了贪污罪。罪状是：用公款为来访老乡报销了两张火车票。在机关批斗大会上，父亲作为领导干部被特别请来参加，坐在主席台上的父亲，看着自己的外甥被押上审判台子，心里如同打翻了五味瓶。后来查来查去，表兄的罪过依然就是两张火车票。可在那个年代，这是大罪，罪当重处。我永远不能忘记那天父亲坐在台上的那个尴尬面容。父亲真的好后悔呀！在西南军区同为领导的刘伯承听说此事，立即指示：向楚学犯贪污罪，虽罪不容赦，但他是战场上能征善战的虎将，眼下抗美援朝前线正需要人，就派他去朝鲜，让他戴罪立功吧。刘帅一句话，为表兄解了围，让他免除了牢狱之灾。然而从那以后，不知为什么，父亲再也没提过回湘西的事。我知道，他对湘西父老的惦念，深深地埋在了心里。

父亲再一次提出回故乡看看，是 1964 年的年末，正是三年自然灾害闹得最凶的年月，当时，毛主席在中共中央政治局会议上提出倡议，动员政治局的委员们都要回家过年，要大家了解、体验一下百姓的疾苦，顺便也可以搞一些农村调查。第二年，毛主席身体力行，自己首先带头回了韶山。然而，那时已经到了长沙的父亲，却在家门口踯躅徘徊，近在咫尺，他最终缺少了再向西走的勇气，只是派同行的荣高棠先去桑植看看，他答应：明年我一定回去。那一刻，父亲想了什么？我只能猜测。我想，父亲肯定想了很多，他的面前，或许会有成千上万的湘西子弟结队走来，其中有 1921 年 8 月 1 日，他最早带到南昌的万余部队，这支部队大多数是湘西子弟，他们都是跟着贺龙闹革命的，那是中国革命的最早武装啊。可是他们中的三千多人却在起义后南下作战中牺牲了。南下作战失利后，贺龙根据中央指示，再次回湘西开创革命根据地，呼啦啦大旗一竖，再次集中了数万人的队伍，创建了红二军团，而这支队伍中，多数是他带出去的湘西子弟。而他们中的许多人都先后牺牲在祖国解放的各个战场上，已经长眠在祖国的山山水水间。我想，父亲此刻一定想到了他们，想到了那些失去丈夫的妻子，想到了那些失去儿子的父母，还有那些失去父母的儿子，他们这些亲人朝思夜盼，都盼着贺龙能给他们带来久别的亲人啊！父亲见到他们该咋说呢！

第二年，湘西的父老期待着，贺老总应该兑现他一年前的许诺了。然而正待启程，“文革”爆发了，此后，遭受不白之冤的父亲在经受了长达数年的牢狱之苦后，于1969年含冤离去，到湘西那片土地上走一走、看一看，最终成了他生前未竟的遗愿。

帅魂归桑植，情牵万人心。如今，在中国人民解放军建军82周年的日子，父亲辞世40年后，他终于又回到了层峦叠嶂的群山间，终于又回到了湘西父老们中间，回到了他魂牵梦绕的这方土地。他又可以像当年一样，听乡亲们动情地歌唱那美妙无比的桑植民歌，他又可以和乡亲们一起，品味着浓郁的湘西老酒，讲述古老优美的湘西故事。只是今天的湘西，变化地覆天翻，改革开放30多年来，人民已摆脱贫困，生活蒸蒸日上。父亲再也不用为乡亲的吃饭穿衣操心犯愁了。在桑植的山里走一走，看一看，到处是漂亮的服装，崭新的楼舍，还有湘西百姓甜蜜而自信的笑容，然而，也有唯一不变的，那就是精神——人民对党信赖和对国家无比热爱和忠诚的精神，它从父亲及其老一辈革命家率领的红军队伍一路传来，像接力棒一样，一代代传承，直到永远。亲爱的父亲，你当为故乡感到欣慰和高兴。

（选自《2009中国散文年选》，花城出版社，2010年版）

时常想起方志敏

梁晓声

是的，时常想起方志敏，想起他的《可爱的中国》——他在狱中写的《可爱的中国》。

我在小学五年级时知道了方志敏这个名字，语文课本中有他的《囚歌》，并且配有他的一幅照片——修长的身材，消瘦的脸，头发很厚，两颊有胡茬，目光镇定而又坚贞，脚和手都戴着镣铐……那是典型的志士囚的形象。

后来，长大了的我发现，画家们所画的苏武、文天祥、屈原，基本都是那么一种形象。徐悲鸿的《八百壮士》，个个都有那样的脸和那样的目光。赵丹所饰演的《在烈火中永生》中的许云峰，更是像极了照片上的方志敏。少年时期的我，还收藏过一幅俄罗斯画家的油画《拒绝忏悔》，画中就义前的俄国革命者，也有那样的脸和那样的目光。

任何与人发生既长久又密切之关系的事情，几乎全可使人形成独特气质。革命尤其如此。依我想来，在 18 世纪和 19 世纪的俄国和法国，也许只有民主主义革命者的眼里，才具有镇定又坚贞的目光。除了他们，另外还有什么别种男人的眼里，会有那样的目光呢？它男人的、精神的告白：

威武不能屈，
富贵不能淫，
贫贱不能移，
……

即：

生命诚可贵，
爱情价更高，
若为真理故，
两者皆可抛。

曾有翻译家予以纠正，指出裴氏原诗中是“若为自由故”；正如有翻译家指出，俄罗斯民歌中“你看那匹可怜的老马”一句，其实应为“你看那可怜的姑娘”。究竟是否真的都是错误，我至今也不清楚。但对于裴氏的诗，即使确是错译，我也还是宁愿将错就错，更接受那错了的译句。尽管，“真理”二字太空洞了，不像自由那么容易理解。但所谓“真理”，却肯定是包含着自由的。无自由，毋宁死，那么真理也便没了意义。

为人进出的门紧锁着，
为狗爬出的洞敞开着，
一个声音高叫着，
爬出来吧，给你自由！
我渴望自由，
但我深深地知道——
人的身躯怎能从狗洞子里爬出？
……

读这样的诗，于是不需要老师解释“浩然正气”一词了……

记得语文老师还讲了这样一则关于方志敏的故事：他被俘时，国民党的两名士兵看出他是共产党的大官，希望从他身上搜出金银珠宝，却仅得两枚大洋。不甘心，逼问他将金银珠宝藏在哪儿了。方志敏冷笑道："不要异想天开，革命者不是为了金银珠宝才革命的，我的军饷并不比我的士兵们多……"

语文课堂一片肃然。

上中学以后，从校图书馆借了一册《可爱的中国》：字大，书薄，算上编者写的方志敏生平才5万多字。

方志敏在《可爱的中国》中，将我们的中国比作儿女众多的母亲，将侵华的帝国主义列强比做恶魔。

> 恶魔们用它们的刀，在母亲的身体上砍出伤口。把各式各样粗粗细细的管子，从那些伤口插到母亲的身体里，争先恐后地贪婪地吸吮母亲的乳汁、血液和膏脂……它们还不肯罢休，还要生生地砍下母亲的手臂和腿足，打算将母亲彻底肢解……同胞们，我们母亲的儿女们，救救我们的母亲呀！……

如果有谁今天仍保留有《可爱的中国》这篇文章并且重读的话，那么一定会从中看到以上一段文字的。我不敢说烙印在我13岁时的头脑里的记忆一定句句准确，岁月总是会冲淡许多记忆的，哪怕是很深刻的记忆。但是我敢发誓，那段文字肯定不是我的头脑臆生出来的……

而我现在之所以时常想起方志敏，乃因有人仍在我们祖国母亲的身体上弄出许多或深或浅或大或小的伤口来，仍把各式各样粗粗细细的管子从那些伤口插到母亲的身体里，仍偷偷摸摸甚至明目张胆地，贪婪地吸吮母亲的乳汁、血液和膏脂……

那些家伙，已不再是帝国主义列强分子。他们是我们中国人。和我们一样，他们也是我们祖国母亲的儿孙们。和我们不一样的是，他们对我们的祖国母亲毫无亲情可言，只拿她当成自己财富链上的"阿里巴巴的山洞"。他们对自己的同胞，像以前的外国资本家雇用的监工对我们的同胞一样凶恶……

我们祖国的有些地方，被他们弄得千疮百孔。为了钱，对于我们的祖国母亲，对于自己的同胞，他们是什么可恶之事都干得出来的。

比如一起起的“黑煤矿”“黑砖窑”事件……

比如某些“豆腐渣工程”造成的伤亡惨剧……

比如一处处环境破坏、环境污染给国家给百姓造成的严重危害……

他们可是我们中国人之中的人啊！

夫复何言？夫复何言！

每当我想起方志敏时，我的心也会像当年的方志敏在狱中写《可爱的中国》时那么猛烈地疼一下。

我当然不在狱中。我是改革开放的既得利益者。我也明白——相比于中国改革开放的伟大成果，那些负面现象绝不是中国发展过程的主流现象。

但，我的心还是会疼一下。有时疼得很猛烈，有时也不仅仅微疼一下，还有时连微疼也不疼——我的心。

比如报载，某市（只不过一个地级小市），因颁发了公款只许吃不许喝（酒）的公务员纪律，一年就节省了4300余万元的行政费用……这还只不过是不许喝（恐怕也只不过是不许名正言顺地用公款喝罢了）。

比如报载，区区一个县，居然有26位之多的副县长！

比如报载，满打满算12个公务员的县一级单位，却要盖2000余平方米的大办公楼……

比如报载，某县局以上干部，人人在县城以外都拥有300平方米以上的豪华别墅，而那个县还是经济次发达省份的贫困县……

近日，《人民日报》载有一篇文章是《增强“信息透明”的承受力》。学习之后，我的心，将更不容易再有什么疼的感觉了。但，还是禁不住偶尔想起方志敏……

（选自《三平方米的金融海啸》，中国物资出版社，2010年版）

清名

梁晓声

倘非子诚的缘故，我断不会识得徐阿婆的。

子诚是我的学生，然细说么，也不过算是罢。有段时期，我在北京语言大学开“写作与欣赏”课，别的大学的学子，也有来听的，子诚便是其中的一个。他爱写散文，偶作诗，每请我看。而我，也每在课上点评之。由是，关系近好。

子诚的家，在西南某山区的茶村，小。他已于去年本科毕业，当了京郊一名“村官”。今年清明后，他有几天假，约我去他的老家玩。我总听他说那里风光旖旎，禁不住动员，成行。斯时茶村，远近山廓，美轮多姿。树、竹、茶拢，浑然而不失层次，绿如滴翠。

翌日傍晚，我见到了徐阿婆。那会儿茶农们都背着竹篓或拎着塑料袋子前往茶站交茶。大叶茶装在竹篓，一元一斤；芽茶装在塑料袋里，二十元一斤。一路皆五六十岁男女，络绎不绝。七十岁以上长者约半数，中年男子或妇女，委实不多。尽管勤劳地采茶，好手一年是可以挣下五六千元的，但年轻人还是更愿到大城市去打工。

子诚与一老妪驻足交谈。我见那老妪，一米六七左右的个子，腰板挺直，满头白发，不矜而庄。老妪离后，我问子诚她的岁数。

“八十三了。”

“八十三还采茶?！”我不禁向那老妪背影望去，敬意油然而生。

子诚告诉我——新中国成立前，老人家是出了名的美人儿。及嫁龄，镇上乃至县里的富户争娶，或为儿子，或欲纳妾；皆拒，嫁给了镇上一名小学教师。后来，丈夫因为成分问题，回村务农。然知识化了的男人，比不上普通农民那么能耐得住山村的寂寞生活，每年清明前，换长衫游走于各村“说春”。当年当地，农村人都是文盲，连黄历也看不懂的。她丈夫有超强记忆，一部黄历倒背如流。“说春”就是按照黄历的记载，预告一些节气与所谓凶吉日的关系而已。但一般告诉，则不能算是“说春”。“说春人”之“说春”，基本上是以唱代说。不仅要记忆好，还要嗓子好。她的丈夫嗓子也好。还有另一本事，便是脱口成章。“说”得兴浓，别人随意指点什么，竟能就什么唱出一套套合辙押韵的掌故来，百指而难不倒，像是现今的“RAP 歌手”。于是，使人们开心之余，自己也获得一碗小米。在人们，那是享受了娱乐的回报。在他自己，是一种个人价值体现的满足。所谓与人乐乐，其乐无穷。不久农村开展“破除迷信”运动，原本皆大开心之事，遂成罪过。丈夫进了学习班，“说春人娘子”一急之下，将他们的家卖到了仅剩自己穿着的一身衣服的地步，买了两袋小米，用竹篓一袋袋背着，挨家挨户一碗碗地还。乡亲们过意不去，都批评她未免太过认真。她却说:“我丈夫是‘学知人’，我是‘学知人’的妻子。对我们，清名重要。若失清名，家便也没什么要紧了。理解我的，就请都将小米收回了吧！”……

工作组长了解到那一情况，愕然，继而肃然。对其丈夫劝说了几句，亲自送回家，并对当年那位阿婆好言安抚……

我问:“现在她家状况如何？为什么还让八十三岁的老人家采茶卖茶呢？”

子诚说:“阿婆得子晚，六十几岁时，三十几岁的独生儿子病故了。媳妇改嫁，带着孙子远走高飞，早已断了音讯。从那以后，她一直一个人过活。七八年前，将名下分的一亩多茶地也退给村里了……”

“这么大岁数，又是孤身一人，连地都没了，可怎么活呢？”

“县里有政策，要求县镇两级领导班子的干部，每人认养一位老村的鳏寡孤独高龄老人，保障后者的一般生活需求，同时两级政府给予一定补贴……”

我不禁感慨：“多好的举措……”

不料子诚却说：“办法是很好，多数干部也算做得比较负责。只是，阿婆的命太不好，偏偏承担保障她生活责任的县里的一位副县长，明面是爱民的典范，背地里贪污受贿，酒色财赌黑，五毒俱全，原来不是个东西，三年前被判了重刑……”

我一时失语，良久才问出一句话是：“黑指什么？”

“就是黑恶势力呀。”

我又失语，不想再问什么，只默默听子诚在说：“阿婆知道后，觉得竟连自己的名誉也受了玷污，一下子病倒了。病好后，她开始替茶地多的人家采茶，一天采了多少斤，按当日茶价的五五分成。老人家眼力不济了，手指也没了准头，根本采不了芽茶了，只能采大叶茶了，早出晚归，平均下来，一天也就只能挣到五六元钱而已。她一心想要用自己挣的钱，把那副县长助济她的钱给退还清了……”

“可……这……难道就没有人认为应该告诉老人家，她完全不必那样做吗？……”方才仿佛被割掉了舌的我，终于又能说出话来。而且，说得激动。

“许多人都这么劝过的，可老人家她听不进去啊。”子诚的话，却说得异常平静。

不待我再说什么，问什么，子诚的一句话，使我顿时又失语了。他说：“今年年初，老人家患了癌症。”

我，极愕。

“几乎村里所有人都知道了。她自己也知道了。不过，她装作自己一点儿也不知道的样子，就着自己腌的咸菜，每日喝三四碗糙米粥，仍然早出晚归地采大叶茶。有人说，那是因为她岁数大脏器都老化了，所以不觉得多么疼了……他们的说法有道理么？……”

“我……不太清楚……”我的确不太清楚。

我心愀然。进而，怆然。那天晚上，我要求子诚转告老人家，有人愿意替她退还尚未“还”清的一千二三百元钱。

子诚说：“转告也是白转告……”

我恼了，训道：“明天，你必须那么对她说！”

第二天，还是傍晚时，我站在村道旁，望着子诚和老人家说话。才一两分钟后，他二人的谈话便结束了。老人背着竹篓，尽量，不，是竭力挺直身板，从我眼前默默走过。

子诚也沮丧地走到了我跟前，嗫嚅道：“我就料到根本没用的嘛……”

“我要听的是她的原话！”

“她说，谢了。还说，人的一生，好比流水。可以干，不可以浊……”

我不仅失语，竟至于，羞愧了。

以后几日的傍晚，我一再看见徐阿婆往返于送茶路上，背着编补过的竹篓，竭力挺直单薄的身板。然而其步态，是那么的蹒跚，使我联想到衰老又顽强的朝圣者，去向我所不晓的什么圣地。有一天傍晚下雨，她戴顶破了边沿的草帽，用塑料罩住竹篓，却任雨淋湿衣服……

那曾经的草根族群中的美女；那八十三岁的，身患癌症的，竭力挺直身板的茶村老妪，又使我联想到古代的，镇定地赴往生命末端的独行侠……

似乎，我听到了那老妪的心音：清名、清名……

反反复复，二字而已。

……

不久前，子诚从他当“村官”的那个村子打来电话，告诉我徐阿婆死了。

“她，那个……我的意思是……明白我在问什么吗？……”我这个一向要求学生对人说话起码表意明白的教师，那一时刻语无伦次。

“听家里人说，她死前几天才还清那笔钱……老人家认真到极点，还央求村支部为她从县里请去了一名公证员……现在，有关方面都因为那一笔钱而尴尬……”

我不复能说出话来，也不知自己什么时候放下电话的。想到我和子诚口中，都分明地说过“还”这个字，顿觉对那看重自己清名的老人家，无疑已构成了人格的侮辱。

清名、清名……

这不实惠反而累人自讨苦吃的“东西”呀，难怪今人都避得远远的，唯恐沾上了它！

我之羞惭：因我亦如此……

二零零九年八月二日于北京

（选自《三平方米的金融海啸》，中国物资出版社，2010 年版）

仰望昆仑

王宗仁

那是一个51年前的早已陈旧的故事，但是它仍然闪烁着滴滴春雨，告诉你站在大地上应该怎样做人。

那一年神州大地发热发烫可谓达到顶极，可是青藏高原却出奇的清冷，甚至寂寞。西宁以西很难见到一棵树，只有厚道的黄土。

这一天，1958年10月19日中午，提前降临的当年第一场雪在三天前悄悄地覆盖了昆仑山。进山的路和出城的路都隐藏得那么深。这阵子彭老总正乘车从格尔木出发前往昆仑山，他透过车窗玻璃看着外面的景色。司机知道彭老总的心思，有意放慢了车速，让他多看，看够。戈壁、雪峰、芨芨草、火柴盒似的道班房，还有凹陷的一个又一个苦咸苦咸的海子，像压缩饼干一样蜷在荒原深处……他看着看着好像在深思什么，一朵云升起，飘来了他的感叹：

“纳赤台快到了吧！你们知道那个地方的故事吗？”

陪同他的兰州军区司令员张达志中将也许一时没有弄明白这句话的意思，只是望了望彭老总，没有吭声。另一位陪同的人——青藏公路管理局局长慕生忠接过问话回答道：

“有个传说，那是当年文成公主梳妆打扮自己的地方，才落下了纳赤台这么个地名。还有传说，纳赤台的那个不冻泉是公主思乡的眼泪聚成的。这些都是民间的传说，无据可查。”

彭老总说：“所以嘛，我要去纳赤台看看那个皇帝的千金待过的地方，要不她会说我彭德怀不近人情！”他放声一笑，又说：“当然，我还要去看几个兵，这是我此次柴达木之行计划中的事！”

直到这时，大家似乎才明白彭老总坚持要进昆仑山的真正目的了。头天当他提出要去纳赤台看看时，大家再三劝他取消这个安排。同志们的理由不外乎那个地方海拔高，空气稀薄，路也不好走，他又这么大年纪了，还是不去较为稳妥。他却说：“到纳赤台去看那几个兵，是我在北京出发前就决定了的事，怎么能随便改变！”到底是几个什么样的兵，这样牵动国防部长的心？他没细说，大家也不便问，只好依了他。

汽车继续飞驰着，一片褶褶皱皱的岩石影子跳上了挡风玻璃，进入昆仑山了。彭老总又一次把目光从荒野收回来，说：

“纳赤台有个硼砂厂，硼砂厂有几个从山东退伍的海军战士，我要去看他们！”

在人世间纯粹的声音里往往有太多的秘密。国防部长千里迢迢去看望几个兵，这情够深，这意也够浓了！

原来头年春天，纳赤台硼砂厂几个退伍兵给国防部和彭德怀直接写信，反映了他们工作和生活上一些不尽人意的事情。因为是带着情绪写的，难免发几句牢骚。他们说昆仑山这个地方太艰苦，常年积雪，四季刮风，地冻三尺。住房简陋透风露雪，缺柴少煤饭生菜冷。还说他们的工资不高，付出的多得到的少。不能说他们说的这些没有道理，心里不痛快不讲几句怪话憋得慌，怨气吐净了身上会轻松。其实这些兵们心里很明白，来到昆仑山创业不吃些苦不受点罪，怎么建得起事业！信发出了，他们该干什么还照样干好，偷懒耍奸那叫熊样，与战士不沾边。昆仑山日出日落，不冻泉月辉月晕。生活依旧向前走着，创业的日子平平淡淡又蛮富有挑战。

兵的声音绝对不属于哀求。也许正因为这样，它必然有回声。几个退伍兵做梦也没有想到，他们发牢骚的信真的会让彭德怀元帅看到，而且他竟然牢牢地记住了这几个脱下军装的兵。他是国防部长呀，他们是普普通通的兵，退伍兵！

阳光破云而出，雪停。雪后的青藏高原真的好宁静，雪山冰河戈壁都在倾听阳光的诉说。不算近的山坳里有几排矮矮的泥草小屋，远看像紧紧地贴在地面上。屋顶一缕轻轻摇晃的细烟，像摇着手送别什么，又像招着手迎接客人。那就是硼砂厂。彭老总踏碎地上的积雪急步前往。路上，他俯身抓起一把沙土，在手心里揉揉，沙土从指缝间落下，随风而去，他身上也附落了些许沙土。他说："这里果然干燥得很嘛，风头也是蛮厉害。一棵草都没看得到，难怪初来乍到的战士生活不习惯。"

走进硼砂厂你就会看到昆仑山刚从冻伤岁月中脱胎出来的痕迹。院子的角落里残留着大概好几年不化的冻雪，上面落着点点沙土。那些远瞧的泥草房屋其实是一顶顶帐篷房，但你不能不佩服主人就地取材对它的苦心装扮，按着长长短短的顺序压在帐篷顶上的那些沙漠植被，确实使它显得得体、结实又保暖。紧挨着山根用石棉瓦搭起来的那个四面透风的大房子就是生产车间了。因为它不显山不露水地蹲在较低的地势上，你站在稍远处就看不到它的存在。硼砂厂处处都呈现着创业初期的简陋和匆忙。不时有工人与彭老总擦肩而过，他们竟然不望彭老总一眼。也许是没有留意这个陌生人，或者留意了绝对没有想到这个人会是国防部长。天下相貌酷似的人多得是，国防部长来昆仑山？八抬大轿怕也抬不动！工人们继续来来往往地从彭老总身边走过。从这些匆忙的脚步和不时扬起的谈笑声中，彭老总能感受到创业者压不垮的精神，他很高兴地看着这个新崛起的昆仑硼砂厂。

几个工人晒着太阳正在午休，彭老总上前和他们聊天。这时大家已经知道站在他们面前的是什么人了，高兴之中免不了有几分拘束，都站起来欢迎首长，拍着手。

"不要站起来，坐下歇晌嘛，本来你们就坐着休息的嘛！不要看我来了就影响大家休息。"彭老总说的，完全是家常话，很暖心。果然有人坐下了。彭老总也在一条木凳上就坐，继续拉家常。

"你是哪里人，来到高原多长时间了？父母支持你来这里吗？"他指着正在卷着纸烟准备吹喇叭筒的小青年问。

小青年摁灭喇叭筒，回答道：“报告首长，我是甘肃民勤人，刚来半年，娘是铁杆支持我，爹是坚决反对。没办法我只得背着爹偷偷跟招工的慕政委的人上了高原！”

“你娘是女中豪杰，支持儿子建设大西北，有功之臣。不过你爹的态度也可以理解，他会慢慢明白儿子做的没有错！”

他又问身边另一个工人：“你呢，家里人支持你的行动吗？”

这个工人先主动通报自己姓名，他也是甘肃民勤人，“我爸我妈都支持我来高原。家里太穷，咱爹说，儿呀，出去挣些钱早些回来过日子！”

大家都笑了，彭老总边笑边鼓掌。为这个工人，也为那个知情达理很朴实的父亲。

这时彭老总站起来，顺手捧起一把白花花的硼砂，鼓励大家说：“这个东西可真是个宝贝疙瘩，稀有矿藏！我们要搞尖端科学离不开它。你们是在生产像金子一样重要的宝贝，责任重大！”同志们异口同声地回敬彭老总一句话：“我们一定按首长的指示办，多多生产出合格的硼砂！”

他走进了车间，一片忙碌紧张的景象。这时走来一位穿着褪了色的军装的中年人，站定，恭恭敬敬地给彭老总行了个军礼，喊了一声：“首长您好！”彭老总眼睛一亮，愣住了：“是你呀！你什么时候到了这里？”原来这是一位转业军官，几年前在北京举行的抗美援朝庆功会上见过彭老总，还给军委领导汇报过自己的战斗事迹。彭老总竟然过目不忘记住了他。

转业军官很激动，在首长面前一时不知说些什么才好，想了想才说“首长，我给您汇报吧。”彭老总忙说：“别提什么汇报，我是无意间在这里看到了你，也算是来看望你这位朋友吧。”转业军官这才说：“我们是按照你的命令集体转业来青藏高原的，支援大西北建设。有的到了拉萨，有的到了格尔木，我和另外三个战友分到了昆仑。”

“好嘛，你们在朝鲜战场是英雄，来到昆仑山创业也会成为好样的。现在大西北建设急需要人，你们肩上挑着很重的担子的！”

“请首长放心，我会安心在昆仑山工作，为国家生产更多的硼砂。”

“好同志，我真没有想到会在昆仑山见到你。对啦，你是这个硼砂厂的领导人吧，我正好有事要找你。”

接着彭老总指名道姓地问起了那几个给他写信的同志：“他们的思想疙瘩解开了没有？我刚才看到了，眼下这里的条件是差了点，可是你们用双手改造它，还怕它不变吗？会越变越好的。”

转业军官忙解释说：“他们都很年轻，心血来潮就写了那封信，我们是事后才知道的。我还批评了他们，现在他们都能安心在这里工作。”

彭老总说：“不要批评的，他们反映的情况还是真实的嘛。要教育他们用劳动来改变艰苦的环境，先苦后甜。艰苦的环境才能锻炼人。你们领导要给大家做出榜样，大家爱你们了，也就爱昆仑山了！”

这时，窗户底下有个小同志探头探脑地朝屋里张望。转业军官对彭老总说：“他就是给你写信的其中一个小战士。”小同志也许是听到屋里有人提及自己，头一缩正想跑开，没料被转业军官喊住，招呼进了屋。

彭老总伸手要和他相握，他还有些胆怯，吐了吐舌头，直往人堆里钻。彭老总笑了，说：

“怎么，害怕我？怕我还给我写信。”

小同志说：“您不批评我，我就不害怕。”

彭老总哈哈大笑：“小家伙，讲条件了，不批评你！我怎么会批评你呢，你能给我彭德怀提意见，我还要感激你的！”

“首长，我们不是给您提意见，我们只是给首长反映了一些实际问题。”

“你这个小同志，不敢承认提意见，是怕我报复你吧。反映情况就是提意见嘛，让我们改进工作我还能不欢迎！”

彭老总像拉家常似的和小同志聊天，小同志的拘束渐渐消散。

“你在信上把这里形容得很可怕嘛，连气都喘不过来，是吗？”

小同志很不好意思地回答：“那是刚进山时的情形，现在已经习惯了。我扛起一包硼砂跑步装卸，没一点问题。”

“那很好嘛，你在成长，你在进步！”彭老总指着堆积在满车间白亮亮的硼砂说，“国家建设需要这种贵重的矿藏，你们现在吃点苦甚至受些罪值得！你知道《白蛇传》里那个白娘子到昆仑山来盗灵芝草的故事吗？说不定你们这个车间就是当年长灵芝草的地方。你们的工作干出了成绩，大家都来取经，那个白蛇精保不准会被你们吸引来取经呢。哈哈！”

临别前，彭老总再次对那个小同志说："我是国防部长，你是退伍军人，咱们都是兵，革命战士。我能理解你们，生活嘛，总不可能事事称心如意，谁能没牢骚，谁能没怪话？说出来比憋在心里好，发泄一下就轻松了。我很理解你们的心情。今后有什么想不通的事还可以给我写信。晚上加个班写封信，往邮筒一塞，连邮票都不用贴。军人嘛，免费寄信。但是，我希望你们不要丢掉军队的光荣传统！"

雪峰裸露在冬日的旷野里，风带着零碎的银子在骆驼草尖疾走。太阳真红！

出了硼砂厂，来到昆仑泉边，那里早就围满了好多人等候见彭老总。他抱起一个五六岁的女孩，问她叫什么名字。还没等女孩回答，他就把她高高地举过头顶，欣喜万分地说："我看你就叫社会主义吧！"

昆仑山保留着对彭大将军的爱，如同保留一瓢水对大海的渴望。他乘坐的汽车慢慢远去时，阳光突然把天空照得格外亮丽。从寒冷到温暖的台阶从来都不漫长。

彭老总离开纳赤台返回格尔木，已经是后半晌了。太阳不近不远地悬挂在西天的一朵白云下，温柔而绵长。

也许是硼砂厂那几个兵写信的事仍压在他的心底，人间的冷暖总是搓来揉去地盘绕在脑海里吧！他想到了常驻格尔木部队的生活。他们的日子过得艰苦吗，有多苦呢？

回到下榻的望柳庄，喧闹的格尔木突然静了下来，他反倒不习惯，对随同的工作人员说，格尔木不是有个兵站吗？咱们去看看部队。大家说，首长跑了一天，好好休息休息，看部队的事早有安排，明天去。他一边端起茶缸喝水一边说："大白天不干个事蛮难受的，还是看部队去吧！"所有的兵都在他这个国防部长的怀抱里，让哪个受委屈他都于心不忍。

彭老总亲切向兵走去，带着生机勃勃的光彩。他来到了兵站，它确切的名称：格尔木物资转运兵站。

转运站与兵站，两个本该承担不同任务的建制单位合而为一，这是那个年代在青藏线上普遍的现象。转运站，接收、起运从内地运往西藏的各种各样的物资，军用的、地方的，一律接收。然后从这里再装车运到西藏各地，西南边防。中转站，当时青海没有火车，所有进藏物资都是从兰新铁路线上甘肃境内的一个叫峡东的火车站运进格尔木；兵站是接待南来北往的汽车兵，解决他们的食宿问题。汽车兵送给它不少锦旗，上面多写着“雪线温暖之家”。

格尔木物资转运站是解放军总后勤部青藏办事处管辖。彭老总视察时办事处主任宋西侯大校陪同。慕生忠将军也在场，他是彭老总的老部下，当年修青藏公路全仗着彭老总的鼎力支持，要不这条路不知还要推迟多少年才能修起。

他们踏着一路笑声走进了货场。

这是刚从荒漠上开辟出来的不算小的一个场地，偶尔还可见长在地上的沙荆那残枝破叶在风中摇曳。乍一看，那远处积雪的昆仑山好像它的围墙。场上很不规则地堆积着大大小小的山一样的货物。箱子码的垛，麻袋码的垛，还有叫不上名字的机械伸着铁臂高傲地挺立在莽野上。所有货堆沉默无语，却似乎在轻轻地呼吸着。彭老总好有兴趣地穿行在货堆之间，听宋西侯介绍情况。

西藏刚和平解放不久，处处还残留着在凛凛寒风中冻伤未愈的伤疤。整个西藏没有任何企业，连一根火柴也要从内地运去。这个转运站就是保障西藏供应的后方基地。彭老总说，西藏封闭的时间是太久了，太需要有一条和内地联系的通道。现在青藏公路修起来了，落后状况会很快有所改变！宋西侯讲到了青藏办事处这支部队。它所属的汽车团和兵站大都是从朝鲜战场上直接开赴青藏高原的，部队分散在甘、青、藏三个省区的三千多公里的数十个点上，高度分散，流动性大。彭老总说：“你们这个办事处管了三个省区，了不得呀，我看你就叫‘镇西侯’吧！哈哈！”慕生忠忙替宋西侯回答：“我们是按照党中央的要求，在这里为支援西藏服务，为巩固西南边防服务！”慕生忠是修青藏公路的总指挥，又是青藏办事处的第一任党委书记，论功行赏，头等功臣非他莫属。但他不敢封侯。

彭老总说：“咱们去看看战士们住的地方，看看他们的食堂。在高原上，吃饭睡觉，是两件头等大事！”

一排低低的木板房，悄没声地站在货场一侧。宿舍，它本来就在眼前，却为什么那么遥远？原来货场和房子中间隔着一条小水沟，为了用水方便，兵们把格尔木河的水引进兵站。奔波急流的河水，到了小沟里显得有些疲惫，流速也慢下来。水却变清了。

彭老总踩着一根圆木颤颤地过了小沟。“这就叫独木桥，这里是没法修阳关道呀！”他站在对面这样感叹。

走进小房时，板棚上不时地落着沙土，掉在了彭老总的衣服上。他仰头望望，问：“战士们住在这样的房子里不冷吗？”

兵站的一位干部如实回答：“是冷呀！这房子既不挡风也不遮沙，三面透风。每天早上睡起来，被面上落一层霜！”

“是霜还是沙？”彭老总看了看自己衣袖上的沙土，问。

“有沙也有霜，都冻在一堆了！”兵站的干部回答，他笑了，大概觉得自己的回答很笨拙吧！

噢！噢！是冷，那能不冷吗！彭老总自言自语着。

兵站的干部继续说：“艰苦确实是艰苦了些，不过大家很少有抱怨。因为我们都知道当前给西藏运输的任务很紧急，还腾不出手为自己整吃的住的。以后会慢慢好起来，困难是暂时的。我们的干部和战士住一样的房吃一样的饭，所以大家的情绪很高涨。”

慕生忠给彭老总解释说：“格尔木这个地方是很重要的交通要道，南去拉萨，北上敦煌，东通西宁、兰州，西至芒崖、新疆，它是必经之地。不久就会建设成一个西部很繁荣的城市，我已经给她起名为格尔木花园城。今天我们吃些苦，甚至受些罪，都值！”

彭老总听着直点头：“情人眼里出西施，格尔木就是你慕生忠的西施，难得你有这份格尔木情结。好嘛好嘛！”他回转头来对兵站的干部说：

“你们干部做得很好！第一，大家明白了道理，就甘愿吃苦。第二，干部和战士共甘苦，大家就不会有怨言了。我们靠这两条就能把天大的困难战胜一大半，剩下的那一点困难就不攻自破，自然消亡的。但是还要给群众尽力解决实际问题，入冬前一定要做好防寒准备工作，让战士暖暖和和过冬。老百姓把娃娃送来当兵，如果让战士挨冻，他们的老爹老妈会骂我们的！”

说着，他又抬头望了望房顶，仍有沙土簌簌落下。“这个掉沙土的问题就应该马上解决！”

这天，彭老总在兵站和战士们共进晚餐。面条、米饭倒是都有，且精米白面，乃专为他所做。只是菜很简单——不能不简单：一盘温热了的罐头肉，当然是特别加餐。却没有一叶青菜，只能用一盘咸萝卜代替。

彭老总吃得蛮香。他沉默地吃着，若有所思。整个吃一顿饭的时间一直这么沉默着。不知是他回想到了长征路上，还是想起了朝鲜的战地生活？那样的年代里，不仅仅是彭老总，恐怕是所有的苦斗者都会有过这样的奢想：什么时候能在听不见枪声没有追击的日子里，找个小店喝碗老酒，一碟花生米，会余味无穷。可是，今天在高原上创业的同志们，他们会不会还有这样的奢想呢？

这晚，彭老总执意要和战士们一起睡在大屋里的通铺上。了得！首先是慕生忠发毛了："首长，您住在这野天野地里，我可担当不起。那只能我给您站岗了！"

"你给我站岗，那还得找人给你站岗，谁呢？只能是'镇西侯'了！"彭老总开起了玩笑。

"望柳庄（当时格尔木唯一的招待所）那边早就给您安排好了，您还是过去住吧！"慕生忠说。

"您睡在这里，我们担心把您冻病，大家都睡不着，您也就休息不好。"兵站的同志也劝他。

彭老总嘿嘿一笑："看把你们急的，我又没说不去望柳庄嘛！我看咱们来个平均主义，今晚住兵站，明晚住望柳庄。这样总可以吧！"

彭老总的倔强是出了名的，谁也别想拧过他。这晚他住在兵站专门给他收拾的一间小屋里，紧挨着战士们的宿舍。他已经让步了，总算没住通铺。

半夜里，他起来查看了兵站的几个哨兵，这又是大家没有想到的事。

寒风覆盖了整个格尔木的夜晚，夜霜越落越厚，奇冷。彭老总发现哨兵们都没有穿皮大衣，他很惊讶！

"你怎么不穿皮大衣？"他问哨兵。

"报告首长，我们没有皮大衣！"哨兵回答。

"你们为什么没有皮大衣？"

"因为上级有规定，以这条格尔木河为界，河西才算高寒地带，发皮大衣、毛皮鞋。我们住在河东，没有过线，所以不算高寒区，只发棉大衣！”

“噢，这条格尔木河把你们隔成了两家人！它太无情了！”

彭老总记住了河东河西这件事。一条河把一个地隔成了两个世界，他要弄个明白。

第二天，他就让人对这个规定做了调查，也对河东河西的情况摸了底。他把问题提出来，让有关部门的同志解释。他们说：“河西海拔地势比河东高，天气冷。所以归入高寒带，享受高寒带的御寒物品。”彭老总问了：“那么你们知道吗？这个兵站的地势高，比河西有的地方还冷，你们掌握这个情况吗？”对方无言以对。

彭老总说：“我们干工作切忌木匠的斧子一面砍。特殊情况什么时候都会有的。问题还是要深入实际弄清情况。”

他当场就给军需部门作了指示：“按实际情况发给这个部队御寒物品。”

格尔木河东地区的指战员，在生活上至今享受着高寒地带部队应该享受的一切。因为他们本来就生活在高寒地带，当然更因为彭老总到格尔木看望了他们的哨所！

慕生忠在彭老总离开格尔木后，很动情地讲过这样一番话：“彭老总这官当的够大了吧！可他的眼睛总是能看到最基层战士的吃穿住行。他对这个世界的感情好像都集中在兵的身上了！”

1958年的这个冬天，昆仑山上的雪下的好像比哪一年都要大要猛，整个格尔木都在雪中陷入沉睡。军营被白雪霸占了所有的气势。这样的雪夜，有个哨兵怦然心动，搬了一块石头到屋外，靠格尔木河近一些。他坐在石头上望着大雪茫茫的昆仑山。望什么呢？他说望星星，找那些最亮的星星。别人不解了，雪夜哪会有星星？哨兵说：“我就不信雪能把最亮的星星遮住。我爷爷告诉过我，下雪的时候天上最亮的星星才显身呢！天上星，地上灯，一颗亮亮的星星就是人间的一盏灯！”

也许就是哨兵找亮星的这个雪夜，一同住在望柳庄的慕生忠对自己最敬佩的首长彭德怀讲了那句后来青藏线人都知道的话：“我这一生就献给青藏线了！我连坟地都看好了，死后就埋在昆仑山上！”

彭老总听了嘿嘿一笑："我说你这个慕生忠真是，好好活着干吧，什么死呀坟呀的！"

几个月后，中国的庐山就发生了那场国人都震惊的批判活动。从此彭老总从人们的视线中消失，慕生忠也受牵连离开了青藏线。

那个哨兵仍然坐在石头上望着昆仑山，寻找最亮的星星……

（选自《2009中国散文年选》，花城出版社，2010年版）

洪学智与父老乡亲

沈俊峰

2006年11月27日，新华社播发了开国上将洪学智因病逝世的消息。这则消息，让世人震惊和悲痛，更让洪学智家乡的人民震惊和悲痛，那种痛，是失去亲人后的撕心裂肺的哀痛。

洪学智的老家是被誉为新中国十大将军县之一的安徽省金寨县。这是一个英雄的县、奉献的县！革命战争年代，金寨县贡献出了10万儿女。1955年，金寨籍被授予少将以上军衔的将军就有59位。

作为从大别山金寨县走出来的农民儿子的杰出代表，洪学智的一生充满传奇色彩，有着不同寻常的人生经历和许许多多的感人故事。其中他在新中国成立后七次回到故乡的经历，以及他和家乡父老乡亲们的赤诚交往与不解情缘，就一直作为口碑在世间流传，堪称佳话。

一

1953年7月，在南京军事学院学习的洪学智终于有了空闲，回到了阔别25年的家乡。

洪学智要回乡探亲的喜讯传到故乡金寨县双河区后，乡亲们纷纷奔走相告。金寨县、区、乡（按：新中国成立初期，我国农村实行“小乡制”，在县、乡之间设立了“区”）各级领导为了保证洪学智的安全，准备将他的食宿安排在区委机关，并从县公安局警备大队抽调一个班具体负责保卫工作。

洪学智轻车简从，只带了警卫员漆风格一个人回到家乡。

当时金寨县的交通非常落后，汽车只能开到县城金家寨。洪学智下车后，在县有关领导的陪同下步行三十多华里，来到当时双河区委所在地龙凤湾。区委书记滕乃忠及家乡的亲朋故旧早就在那里迎接了。

洪学智在区委会议室稍事休息，就和地方领导同志及亲友们热情地攀谈起来。谈话中，滕乃忠提出：“家乡刚解放，社会治安情况还比较复杂。为了首长的安全，请您在区委机关食宿。”洪学智听了诙谐地说：“我这次是请假回来探亲的，如果食宿都不在自己家里，那还叫什么探亲呢？探亲嘛，就是要住到家里去。”最后，洪学智住在了长冲生产队他的堂弟洪学成家里。

洪学智将军回乡的消息传开后，家乡的亲朋故旧纷纷围了上来。有些年纪大的老人听说打不死的洪学智回来了，激动得热泪盈眶，争先恐后地要上前与他见面。但是，陪同的地方干部和警卫人员担心将军的安全，就极力阻拦，不让更多的群众靠近。洪学智见状，对警卫人员说：“你们不要这样嘛，来看望我的都是我的乡亲，他们是不会伤害我的。我离家这么多年，乡亲们想来看看我，这是人之常情嘛，不要再阻拦他们了。”接着，洪学智又热情地对乡亲们说：“来来来，大家靠近一些，我要和乡亲们合个影。”在区委工作人员的安排下，洪学智站在中间，周围站着他的很多亲友。警卫员漆风格拿起相机，拍下了一张珍贵的照片。

合影之后，洪学智顾不上旅途劳累，不停地向乡亲们问寒问暖。

“现在冬天你们还垫凉席子吗，有没有棉衣、棉被？”

“平时能不能吃饱饭，有没有油、盐？”

“过年过节时能吃到肉吗？”

乡亲们纷纷回答：“现在解放了，家家户户都分到了田地，生活比以前好多了。”

洪学智听了很高兴，鼓励大家要努力生产，厉行节约，搞好生产自救。洪学智说："新中国刚成立不久，大家目前的生活肯定还有些困难，但是你们一定要相信，在共产党的领导下，大家的生活一定会越来越好的。"

两天后，洪学智发现一些武装哨兵在家门口出现，大为不解，就问堂弟洪学成。洪学成在将军的追问下，只好实话相告：为了保证他的安全，县里的领导特地抽调了一个班来警备。洪学智听后很生气，他找来区委负责同志，对他们说："我这次只是回乡探亲，县里派了这么多人来保护我，不是增加财政负担吗？再说，我走到哪里，哨兵就跟到哪里，也不方便我和乡亲们交往，完全没有这个必要！"他让区委同志转告县里，一定要把派来的武装人员全部撤走。

这样，洪学智就在家乡无拘无束地探亲访友。在亲友家吃粗茶淡饭，尤其爱吃家乡的土特产，如鸭蛋干子、小河鱼、挂面、葛粉、蕨菜、花花菜、苦菜等。

警卫员小漆发现洪学智很喜欢吃野菜，便担心起来，因为在北京时首长都是严格按照保健医生的要求生活的，现在这样无拘无束地什么都吃，怕会影响身体。于是，他便提醒道："首长，您吃野生食物一定要注意卫生，防止食物中毒啊。您的身体吃坏了，我可无法向组织交代啊。"洪学智听后哈哈大笑："小漆啊，你没有生长在大别山，可能不知道我们这里的情况。我吃的这些东西，不仅不会中毒，在灾荒年代，它还救过我们穷人的性命呢。现在我是回乡探亲嘛，你就不要再用北京的那些规矩来要求我了。要不然，我就不能很好地和乡亲们接近，乡亲们也不敢认我洪学智啦。俗话说：美不美，家乡水；亲不亲，故乡人啊。"

警卫员小漆听了将军的话，感触很深。此后，他就不再提那些要求了，每天陪同首长自由自在地探亲访友。

那次，洪学智回乡共住了二十多天，休假期满，他依依不舍地离开了故乡，返回北京。

二

在洪学智的七次返乡中，有四次是在1978年以后。这期间社会环境和生活条件都发生了很大变化，而洪学智每次回到家乡，仍然是轻车简从，拒绝当地政府的任何接待。据曾经接待过洪学智的原安徽六安地委秘书长张洪祥回忆，洪学智每次回家乡，都下榻在金寨县政府招待所。“那个时候，我们金寨县的接待条件可能是全省最差的，我们曾经多次提出来要给他换个地方住，但他坚决不同意。”有几次，为了住宿问题，洪学智差点和张洪祥“吵”了起来。“我是金寨人，我来金寨就是回老家了，就是家里人了，回家还要搞排场吗？说不过去嘛！”洪学智说。这样“吵”了几次，张洪祥他们也就“悉听尊便”了。

张洪祥于1978年起担任金寨县革命委员会主任，1979年到1983年担任县委副书记、书记，此后，调任六安地委（今六安市）秘书长岗位工作了11年。“在整个六安，我算是和洪老接触最多的人，也是给他添‘麻烦’最多的人。这下他走了，我再也‘麻烦’不到他了。”张洪祥听到洪学智逝世的消息后，老将军的形象不断浮现在他的眼前，“今晚，怕是不能睡了。”当年在接受记者采访时，张洪祥这样说：“他走了，我泪流满面……”他记得自己说这话时，声音都在不停地颤抖。

1983年6月，张洪祥来北京参加全国人大会议。会议期间，他前往洪学智家拜访这位特殊的“老乡”。敲门时，张洪祥心里忐忑不安，不住地打鼓。像他这样的“七品芝麻官”去拜访高级领导干部，会不会碰钉子呢？洪学智见到家乡来人时，非常热情和客气，一点官架子都没有。他用浓浓的家乡口音忙着招呼大家坐下，还催着警卫员赶紧上茶水。等到大家都坐下后，洪学智开始询问家乡的情况，他一遍遍地问老百姓过得怎么样，家乡的生产有没有搞上去，对家乡的情况特别重视。张洪祥老老实实地告诉洪学智，家乡的经济状况不太好，老百姓的日子过得很艰难。洪学智听后心情很沉重，他说今后要再回家乡看看，也要尽力帮助乡亲们。

张洪祥说，从那之后，他和洪学智的交往多了，几乎每年都要去洪学智家，少则两次，最多的去了八次。有时是请他办事，有时则是去看望他。开始张洪祥还有点紧张，见面之后便释然了，因为洪学智非常平易近人。他工作再忙，也会挤出时间接见。洪学智的性格是，能办的事，不啰唆，马上就办，不能办的，他就解释，为什么不能办。

洪学智有一个原则，所办的事一定都是为公的，对人民有好处的。若是为私事，他一概拒绝，他会说："我不好为你办。"让自己去想办法。因为彼此太熟悉、太了解了，所以有时张洪祥一进门，洪学智就开起了玩笑："这次有什么任务交给我办啊……"

张洪祥认为，虽然少小离家，但洪学智内心深处那份"家乡情结"却异常浓厚。比如说每次去北京到洪学智家探望时，总是带些长江毛鱼、六安瓜片、大别山野菜等六安地区的特产，因为洪学智有言在先，给他送"礼"必须是家乡的"东西"，你送给他的东西再好再值钱，如果没贴上"大别山"的商标，他也是不会让你迈进家门的。

这么多年来，洪学智究竟给家乡办过多少事情，张洪祥已经记不清了。有一次，张洪祥感激地对洪学智说："洪老，您老人家说的话真管用，您为家乡办了这么多好事情，我们真得好好谢谢您啊！"洪学智幽默地说："哪里的话啊，你是'父母官'嘛，洪学智还得听你的哟！"

但是，对于家乡的有些事找他，洪学智不仅不支持办，还批评。张洪祥清楚地记得，原先的皖西宾馆已经多年失修，破破烂烂。为此，他于2002年9月的一天，带着宾馆经理，找到了洪学智，希望洪老能给些支持。洪老毫不客气地说："老张，这样的事还来找我？我能办吗？国家规定不准搞楼堂馆所，你还要搞，就是有钱也不给。"

2010年4月13日上午，张洪祥在他的市关工委主任的办公室里向笔者讲述这段往事时，仍然面有愧疚之色，可见当年洪学智批评话语的威力。

洪学智心里牵挂的是家乡的人民，对于自己的亲属没有给予任何特殊照顾。金寨县人大常委会副主任洪崇英是洪学智将军的远房亲戚。据她说，洪学智最不喜欢家里的人找他办私事。洪学智对她说："我是在战争年代走出去的，虽然曾经担任过一定的职务，但我不是神，希望家乡的亲友凡事都要靠自己，我不可能给他们安排什么。"洪学智的亲外甥，至今仍在金寨县南溪镇农村务农。每次返乡时，洪学智都坚持由自己来承担亲友看望自己时的花销，决不让县里花钱。

三

洪学智年事愈高，恋乡爱乡之情愈浓。

2002 年 5 月，已经 90 岁高龄的洪学智回到金寨。他无限深情地说："人到老年倍思乡啊，我这次回来沿途所见，山更绿了，水更清了，路更宽了。金寨这几年变化很大，取得了很大成绩，我很高兴。"

洪学智一生都以出生在金寨这片红色的土地上而骄傲。2004年9月，金寨县建好红军广场，县领导想邀请他再回家乡看看。将军听了立刻表示"愿意"。身边的保健医生和秘书为他的身体状况着想，不同意他远行。他只好说："等天气暖和一点的时候，我再回去吧。"哪知道老将军最终却没能再回去了。

2002 年，为了宣传金寨籍的老红军、老战士，激发干部群众热爱家乡、建设家乡的热情，县有关部门计划编写、出版一本《解放军金寨县将军传》。洪学智是金寨县最具知名度的老将军，县里认真地组织人员为他撰写了"洪学智篇"。文章写好后，送给洪学智审阅，没想到洪学智看过后竟然非常生气，他说："这哪是在给洪学智写传呢？这是在吹捧洪学智啊！"第一稿没有通过，县里又组织人员写了第二稿，考虑到第一稿中很多实事求是的内容，都被洪老给删掉了，便在文章的末尾增加了他关心家乡经济建设发展的一段文字。这次洪学智看了，虽没再发脾气，但却建议将这一段文字也给删掉。他说："你们不要这样写行不行呢？你们这样一写，好像我洪大麻子（当年彭德怀元帅给洪学智起的'绰号'）心里只想着自己的老家，不关心其他地方似的，我啊，还是得避避嫌哦。"因为当时洪学智已经患病，他便交代由秘书邢奇宝少将再作修改。

后来，邢奇宝将这段原本详细的文字改得模糊了一些，并在洪学智本人没有签字认可的情况下，以"洪学智办公室"的名义，将定稿传回县里。由于洪学智较真的一审、二审，《解放军金寨县将军传》这本书因此被拖延，出版时间也不得不推迟。

洪学智对家乡的各级领导干部要求严格，无论是家乡干部进京看望他，还是老将军回到家乡，他总是谆谆告诫，殷殷教诲。他常常一往情深地说，金寨为中国革命和社会主义建设做出过巨大贡献和牺牲，在老区工作条件虽然艰苦，但十分光荣，而且责任重大。他特别要求家乡党政领导干部一定要身体力行，艰苦奋斗，干什么事情都要以群众满意不满意、拥护不拥护、赞成不赞成作为出发点，使群众得到更多的实惠，使各项事业有更大的发展。

多年来，洪学智的生活一直很简朴，一身衣服、一双素面布鞋一穿就是几年；一日三餐也是简单清淡，从不浪费饭菜。老伴张文还自己纳鞋底，做布鞋。洪学智夫妇身体力行，潜移默化地影响着身边的年轻人。

（摘编自《中国作家》纪实版，2013 年第 8 期）

魂归井冈

江　子

一

1928年4月，湖南宜章县女共产党员曾志，跟随着朱德、陈毅率领的湘南起义部队向井冈山转移。

那一年曾志只有十七岁。十七岁，那是一个想象力可以无限放大的年龄，是一个女人一生中最光彩照人的美好年华。而曾志在十七岁时已经书写了骄傲的传奇：她是衡阳省立第三女子师范学校的女毕业生，是已经有两年党龄的共产党员，是湖南衡阳农运讲习所经过严酷的军训硕果仅存的女学员，是写下《就义诗》的烈士夏明翰的弟弟夏明震的遗孀，是参加过八一起义的蔡协民的新婚妻子，是已经担任过衡阳地委组织部干事、郴州中心县委秘书长、郴州第七师党委办公室秘书等职位的成熟的革命战士……

曾志走在这一支队伍之中。她随部队从郴州走到资兴，又到达炎陵县的水口镇。部队在水口经过休整，一改一路上的拖拖拉拉，显得步履整齐，精神焕发。前面井冈山的星火闪耀，革命的前途突然显得平坦、明亮而宽阔。战士们的情绪高昂了起来。风吹动着曾志的头发，曾志放眼遥望，连绵起伏的井冈山已依稀可见。仿佛铁被磁铁吸引，飞蛾受火光鼓舞，曾志向井冈山奔去。

革命的激情喷薄于胸，曾志此刻似乎忘记了，她除了是一名钢铁战士，还是一名有孕在身的女人。

二

年轻时的曾志长得太漂亮了。从至今仍挂在小井红军医院旧址墙壁上的一张照片来看，即使用现在的审美标准来度量，曾志依然是一名极品的美人。

眉如蚕蛾唇如樱桃，乌发如云肌肤胜雪，衬衫衣领挺括，时尚外衣领口的花边和袖口呼应。眼神如雾如电，既显得柔情似水，又似乎有些桀骜不驯。面对镜头，她的身体轻松自然同时风情万种。她是哪所大学的校花，还是梨园或演艺界的名角？

就是这样的一名天生尤物，毅然决然地把自己嫁给了革命。

——红色美人曾志一到井冈山就全力投入到工作中去。

她与战士们一起建设小井医院。她和男同志一起抬木头。“男同志力气大，他们抬头，我们抬尾，因此重量都压在他们身上。”“小井那里也同样热气腾腾。有的人锯板子，有的人搭架子……大家紧张而欢快地工作着。小井红军医院就这样很快地建好了。”（选自曾志《井冈山的艰苦斗争》）

她参加了保卫黄洋界的战斗。“我们连夜到山上砍竹子，将竹子削成两头尖尖的竹钉，在火上烤一下，再放到马尿里泡一泡。……我们在敌人上山必经的地方插满了竹钉。”“我们没有枪，虽然不是直接参加作战，但我们参加了削竹钉、送信、送饭等间接的战斗。”（同上）

她去后方总医院担任了党支部书记的工作。“我到医院不久就筹备过新年。为了让伤员高高兴兴地过年，我们组织了演戏、唱山歌等娱乐活动。”“我扮演了一个很厉害的老太婆，虐待媳妇，待人凶狠，最后没有得到好下场，逗得大家哈哈大笑。”（同上）

……

仅凭以上的引文，我们完全可以认为，1928年的井冈山，是怀着理想和信仰的革命者们的美好家园。他们一起劳动，一起歌唱，其热烈与欢快，好像井冈山不是杀气腾腾你死我活的战场，而是一个刺激、快意的派对现场。

而曾志的产期越来越近了。

三

1928年11月，曾志的肚子开始疼痛。足足痛了三天三夜，她产下一名男婴。

那绝对不是与战士们一起抬木头、削竹钉，战场送饭，扮演虐待媳妇的老太婆一样的感受。那其实是生与死的残酷考验。很多年后，曾志回忆起自己在1928年11月的生育往事，依然心有余悸：

> 后方留守处没有人会接生，只好由原宜章农民协会委员长杨子达的爱人来帮忙。她在广东学过几天护士，但她对接生也是一窍不通的。照理生完孩子人很虚弱应该让产妇休息，但她不是这样，而是按着我的肚子使劲地揉，结果肚子里的血水像流水一样“哗哗”地流出来。我昏死了过去。
>
> 多亏了毛大嫂，找来中药房的医生。先用勺子撬开我的嘴，用缠着头发的筷子伸到嗓子里搅，用头发刺激喉咙，让我苏醒了过来。然后再用姜汤和乌鸡白凤丸一点点地喂我，使我恢复过来。但由于下面流血不止，半个小时以后，我又昏死过去。她们又用老办法让我恢复过来，这样反复折腾了好几次，到第二天才平静下来。
>
> 十一月的井冈山，北风呼啸，天气十分寒冷，毛大嫂他们为了让我尽量少受风寒，早早地为我用杉树皮搭了一个棚子，用竹子编了一面墙、一扇门和一张床，在床边搭了一张案板，又做了一张凳子。
>
> 我躺在这用竹墙和竹门围起来的小角落里，听到屋外北风飕飕呼号，心中感到一阵阵的温暖。
>
> 孩子生下来后，我的身体十分虚弱。……不久我又得了“奶疮”（乳腺炎），疼痛难忍，高烧不退。后来用中药“天星

子”敷在乳房上，拔了脓头，高烧才退去。

有一次我在高烧中，没有奶水，孩子饿得直哭，我勉强爬起来，泡点白糖水喂孩子。结果孩子喝了后哭得更凶，脸色发青。我一尝，原来白糖水泡成了盐水。那时孩子生下不到一周，喝盐水会把肠胃烧坏，好在喝得不多，后来再重泡了点糖水喂下，总算停止了哭泣。

可是接踵而来的是“产褥热”，持续高烧不退。后来吃了一位中医开的凉药，高烧是压了下来，但身体愈加虚弱，动则冷汗淋漓，双腿麻木沉重，不能下床行走。

幸亏邓允庭主任略通医道，开了几贴温补调理的方剂，才慢慢地好转。

——选自曾志《一个革命的幸存者》

产后大出血。奶疮和产褥热造成的长期高烧不退。育儿经验等于零。育儿条件太差（11 月的井冈山寒风如刀，吃用简陋，无法满足基本的坐月子所需）。这些就是曾志生产所受的全部苦难。她病了二十多天，几次死里逃生……

残酷的战争环境使井冈山变为糟糕透顶的产房。条件的艰苦有时是用革命乐观主义精神所克服不了的。曾志用子宫验证了井冈山革命时期的艰难。闯过了生死大关之后，曾志立即面对一种残酷的选择：是继续当一名冲锋的战士，还是当一名乱世的母亲？

坚定的革命者曾志痛苦地选择了前者。孩子只能送人。当有人从她的手里接过了她还来不及取名的孩子，她的眼泪不由地簌簌流了下来。

经过了 1928 年 11 月的曾志从此有了一个新的身份：一名下落不明的孩子的母亲。

四

1929 年 1 月，曾志随着队伍，告别了井冈山。

她先后转战赣南、福建、湖北、延安、沈阳、广州、北京。她做过地下工作，为重新寻求与党组织的联系，二十个月的时间孤身一人辗转在汕头、宜章、广州、上海等地打杂做工，历经千辛万苦。她走过两万五千里长征，身体里收藏了夹金山的风雪，草地上的饥饿记忆。在延安整风时，她曾被诬陷为“怕死鬼”受到审查，却始终抱定实事求是的态度，不讲一句假话，直到甄别平反。她担任过几个县的县委书记，厦门、福州中心市委秘书长，中央妇委秘书长，广州市委书记，中央组织部副部长等职，成为中国共产党的高级女干部。

她的婚姻在之后的日子里又一次发生变故：1933 年初，根据组织安排和工作需要，曾志与陶铸假扮成夫妻在福州从事地下工作。后来，他们假戏真做，成了终生的生活伴侣。而她的第二任丈夫蔡协民，于 1934 年 4 月，在离开厦门前往中央苏区的路上，因叛徒出卖而遭逮捕，经受多次刑讯，坚贞不屈，被敌人杀害。

走出了井冈山的曾志从此山高水长。由南向北，她革命的足迹踏遍了几乎大半个中国。她循着理想从湖南宜章县这样的一个小县城出发，经过九死一生一步步地走向她心中的圣坛。她的人生成了一部传奇，和她年轻时候的美一样让人惊心动魄的传奇。

天空高远，大地辽阔。这名原本叫作曾昭学的女子，改名曾志后果然志气高远志在四方。

然而，只有曾志知道，不管她走到哪里，她的心都从来没有走出过井冈山。井冈山云山雾罩，井冈山海拔超绝。曾志即使走过千里万里，依然恍若身在此山中。她经常在梦里梦见一双孩子的眼睛望着她，孩子的背后是井冈山。在梦里，她无法看清孩子的轮廓。

她知道，那是她遗落在井冈山的孩子，连名字都没有的孩子，她的生死未卜的孩子。

面对井冈山，曾志不仅是一名传奇的钢铁战士，还是一名柔情似水的母亲。

五

新中国成立后，曾志多次托人到井冈山寻找她的骨肉至亲。她告诉别人，她当年托孤的战友叫石礼保。她说石礼保是井冈山大井人。她说石礼保当年是王佐三十二团的副连长。她不停地向相关的人打听：

石礼保还在不？石礼保有没有一个二十来岁的儿子？

此时的曾志远不像是传说中一往无前无所畏惧的英雄女性铿锵玫瑰，而完全是一个絮絮叨叨放心不下的凡俗小妇人。

井冈山的相关情况最终传到了曾志的耳中：当年的副连长石礼保已经牺牲，他儿子石来发在乡下种田。石来发二十来岁，符合她要找的人的特征。当曾志听到这个消息，历经生死劫数早已波澜不惊的她不由得兴奋地站起来——几乎是喊起来："那是我的儿子啊！"她的眼泪忍不住夺眶而出！

1952 年，曾志终于在广州见到了她的儿子石来发。石来发这个苦命的人，一出生就被送走，八岁时养父养母双亡，然后是他的外婆带着他乞讨度日，相依为命。新中国成立后，外婆去世了，石来发分了田，讨了媳妇，成了井冈山大井村拿公分的农民。

很难想象那是怎样百感交集的相见。他们一个是叱咤风云的传奇女英雄，一个是默默无闻的井冈山大井村年轻农民。他们从没见过面却是母亲和儿子。他们身份悬殊却都是从乱世中走出的幸存者。他们原本相隔千里却拥有共同的一座山——井冈山。多少劫后余生的惶恐，多少造化弄人的哀伤，多少失散多年却突然相逢的喜悦，一起涌上母子俩的心头！

石来发从此改名蔡石红。蔡协民的蔡，石礼保的石，井冈山红土地的红。

蔡石红依然回到了井冈山，继续当农民。他没有因为母亲是共产党的高官就捞到一点好处。

他的母亲曾志是从井冈山走出的共产党人。她的操守，有与井冈山的海拔一样的高度。她说："毛主席的儿子都去朝鲜打仗，你为什么不能安心在井冈山务农呢？"

六

几十年过去了，蔡石红一直是井冈山的种田人。由于地方烈士优惠政策，他的小儿子和大儿媳于 1987 年参加了工作，大儿子（蔡接班）也凭一身过硬的驾驶技术，当上了司机，成了井冈山垦殖场的职工。

大孙子蔡军于1993年当了兵，成了新一代从井冈山走出的军人。

蔡石红一家没有给曾志抹黑。他们用不竭的努力证明了，他们是英雄的后代，他们是薪火相传的井冈山人。

1987年，井冈山革命根据地创建六十周年之际，曾志终于在阔别井冈山五十九年之后作为特邀贵宾回到了井冈山。她一路访问当年战斗过的地方，不禁思绪万千。

她来到儿子蔡石红家宴席的首席坐定。她的儿子、媳妇、孙子孙媳等一干人分坐左右。他们纷纷喊她母亲、婆婆、太婆。他们交杯把盏，闲话桑麻……曾志在井冈山的家在六十年后终于团圆。嘘，无关人等，请离开这团聚的现场，不要打搅他们，让他们尽享这来之不易的天伦之乐！

七

1998年6月，曾志因病医治无效，在北京去世。这个经历了太多风雨、创造过太多传奇的巾帼战士，终于走完了她的八十七年的人生历程。

这个毕生的革命者，以她的最后的死完成了她最后的革命。她在《生命熄灭的交代》中写道："死后不开追悼会；不举行遗体告别仪式；不在家设灵堂；京外家里人不要来京奔丧；北京的任何战友都不要通告打扰；遗体送医院解剖，有用的留下，没用的火化；骨灰一部分埋在井冈山一棵树下当肥料，另一部分埋在白云山有手印的那块大石头下。决不要搞什么仪式，静悄悄的，三个月后再发讣告，只发消息，不要写生平，我想这样做才是真正做到节约不铺张。人死了，本人什么都不知道，亲友战友们来悼念，对后人安慰也不大，倒是增加了一些悲哀的忙碌，让我死后做一名彻底的丧事改革者！"

在这篇相当于遗嘱的文章里，我读到了一个真正的革命者的襟抱。我知道了什么才真正叫作坦荡如砥和无牵无挂。

这也是我读到的最光明耀目的遗嘱。

留言中出现了"井冈山"。她说要把她的部分骨灰埋在井冈山。她一生的足迹踏过千山万水，却最终选择了井冈山（还有白云山）作为她最后的归宿。

1998 年 6 月 30 日，曾志在北京家人的护送下来到了井冈山。等待已久的蔡石红，见到母亲的骨灰便扑通一声跪倒在地，失声痛哭。他小的时候母亲没能给他关爱，现在，她要常年陪护着他。

依照曾志的遗愿，孩子们把曾志的骨灰撒在小井红军医院烈士墓旁的一处僻静山坡上，并种上一株柏树。他们在一块三角形的墓碑上刻上“魂归井冈”。

小井红军医院旁边的烈士墓埋葬了被国民党枪杀的一百三十余名重伤红军战士。1929 年 1 月，国民党兵花重金收买了一名猎人，从小路绕过黄洋界进入小井村，一百三十多名红军伤病员战士全部被俘，倒在机枪扫射之下。他们最小的只有十四岁。

他们都是曾志的战友。而现在，她回来了，从此与他们朝夕相处，陪他们一起疗伤。所不同的是，他们依然是当年的年纪，而她有八十七岁。

八

什么是信念，什么是信仰；什么是苦行，什么是皈依；什么是分合离散，什么是恩仇义理；什么是慈悲，什么是爱？从这个故事里，应该都知道了吧！

有必要说出的是，我讲的这个故事里的主角，不是曾志，而是罗霄山脉中段，那座叫井冈山的山。

（选自《苍山如海——井冈山往事》，江西高校出版社，2012 年版）

审计厅长笔下的官员贪腐

阎　纲

张成起，作家，原河北省审计厅厅长。五年前的石家庄，研讨他的散文集《世纪梦语》，刚一见面他就问：“你是阎纲同志？可我不认识你。”我说：“你是张厅长？我也不认识你！”他指着一旁的梅洁和铁凝说：“得感谢她俩，把你给请来了。”我说：“我是冲着《解读李真之死》来的。”今年出版的《岁月留痕》，是他的第三本散文集。

张成起其人、其文，特点都很突出：憎恶与钟爱、严厉与宽容、清醒与怯懦、庄重与松弛、讽刺与幽默兼而有之，以阳刚之气为盛。

张成起闪光的作品是两部分：回看骨肉、直面官德，尤其是“直面官德”。《解读李真之死》摇人心旌，它问天：“李真一案牵扯到县处级以上干部数十名，哪一个是在‘三讲’中讲到的？”然后叹曰：“反腐成绩的辉煌冲淡不了腐败存在的悲哀。”《解读李真之死》之后是《我与程维高的是是非非》，冲撞大人物时敢于把自己摆进去，剧烈而微妙的心理矛盾真切感人，最后写道：“程维高老了，他的党籍没有了，儿子因经济犯罪潜逃加拿大，女儿也因经济犯罪判了缓刑。想到他凄凉的晚年，缺少和企盼的，也许仅仅是一声真诚的问候。”这篇作品在《中国作家》发表后，大报小报转载，张成起正在人民大会堂参加“两会”，我将这一消息通报给他，河北省的人大代表（包括省长在内）闻讯向他表示祝贺。文学“潜入”官场反腐倡廉，人心大快，作为官员作家的张成起备受鼓舞。

《一次婉拒的采访》可以看作《我与程维高的是是非非》的姊妹篇。张成起之所以拒绝采访，因为他坚决否认自己是“燕赵的一条汉子”，说：“就是借我一十八个虎胆，我也不想、也不敢以卵击石，去和省委书记作对，更何况我面对的这个人顺我者昌、逆我者亡、颐指气使、刚愎自用。”再后来，读到他的《杞人的嗟叹》，那锋芒、胆识，密集的信息量和人性化的交心，痛快淋漓，荡气回肠。退休后的张成起没有变！

《杞人的嗟叹》敢于晒官德、晒吏制、晒干部政策选举制，竟然写道：“（那里的）‘风清气正’只不过是皇帝的一件新衣而已。”“请吃请喝外加‘不成敬意’的‘意思意思’，又花去多少人民币？”张成起身在官场，敢言大官，不为官者讳、权者讳。一个农民的儿子，三十年三级政权的一把手，生民苦未息，常叹生民苦，面对父老乡亲、弱势人群，他能视而不见、官官相卫、心安理得？

张成起的作品属于执政者的“官员写作”，他的长处恰恰是一般“官员写作”的短处；张成起写作的热点、难点、看点，正是一般“高官作家”唯恐避让不及的敏感部位。我国有些高级官员，想当作家的不少，但作品一接触到社会矛盾、民间疾苦，笔下就筛糠了，所以古人说：“今之为官者讳言诗，盖言诗每不利于官也。”可是，跑官的作家不少，附庸风雅的官员更多。官员的作品开会，与会者常誉之曰“政声文采两风流”。说过头了吧？他们的政绩如何，要直接接受民意的检验，他们的文采、风骨又如何呢？这可不是拿了人家红包的文学圈儿里的人说了算数的。

毛泽东认为：屈原如果再做官，他的文章就没有了。还对王芳说：“中国状元写不出好东西，好的东西是那些不得志的人、穷秀才写出来的。”鲁迅早就说过：“……状元宰相的文章是不足信的。”

我很厌恶大官的官样文章，高高在上，话语霸权，报喜不报忧，今天飞纽约，明天过巴黎，警车开道，灯红酒绿，表示自己有权有势漂洋过海见过大世面。张成起不然，一身正气，满纸真诚，而且自律甚严，敢于把私心小算盘全都抖擞出来。他心想，我要是答应李真，可以“双赢双利”，但你出卖良心，代价太大。他没有胆量硬碰一位省委书记，但是他更没有胆量在罪恶的面前闭上眼睛，这样，他和读者之间的距离一下子就拉近了。胆、识、情三位一体，对于真正“想当作家的官”来说，容易吗？

当我读到《走进电网高墙》的手稿时，我好像更认识张成起了。作品很刺激，不久，《报告文学》发表了。《走进电网高墙》的提讯，就是一个清官和贪犯的“牢中对”，阅尽官场沉浮，点破为官之道，参透生命的价值，双双亮出真心，彼此受到教育，从而感人肺腑。张成起对“潜规则”的忧虑，对“不利己”的无奈，对有人变成“能人”伸手就被捉的“想不通”，法律的、政治的、道德的以及人性的多层面的挖掘和解读，使反腐败的信心与反腐败的忧虑五味杂陈，读者同他一起陷入无尽的反思——张成起“道德底线”的主题深化了！

张成起之所以敢于犯颜直谏，盖缘于清正廉洁的人格力量，身上干净，腰杆就直。能给老百姓办成的事他没有一件不尽心去办。烟、酒、茶是他的所好，你拉票请客，我也不犯傻，敢请就敢吃，至于投不投你的票，那是我的事。他没有为升迁求过任何人，没有送过一瓶酒、一盒烟，从未到在任的领导家中登门拜访过；自己主持研究提拔的干部数以百计，从未收过一分钱的好处；人所尽知，厅长的三个弟弟一个妹妹一直在乡下务农。2005 年，我路过石家庄，张成起作退休前的述职报告，他最后一次拍胸口说：“三十年来，没有占过老百姓一分钱的便宜！”“心畅日月，天地共鉴！”

审计也是廉政的晴雨表，什么人领导审计工作也是国家吏治的晴雨表。政声人去后，退休了，省人大常委中竟然出现十三人投票挽留张成起继任的怪事，闻所未闻。

张成起的三部作品，是一个由县级、市级到省厅级一把手执政历史的回顾，是一位现代中国清官的自画像，是一个农民的儿子刻骨铭心的记忆。五年前座谈他的《世纪梦语》，有“审计风暴”之誉的李金华题赠张成起两句话：“从政为文皆有致，仕途文心两相宜。”张成起铁肩担道义，挂冠不归隐，“还是有话要说”，于是，昨夜的风、昨夜的雨，风风雨雨，经年官场现形，茫茫宦海沉浮，父老乡亲的恩泽、妻子儿女的牵挂，一起涌上笔端，述往事、思来者，公而忘家，忧国忧民。

张成起总是表白新作《岁月留痕》乃赋闲之作，无趣盘点从政账，惯听茶肆论短长，懒问魏晋之兴替，落得个自在清闲，好像今昔止可谈风月，不宜及公事，难道他今后真的“莫谈国事”吗？但笔锋一转，又表白说：人不找事事找人，该说的还得说，“秉烛三更笔泣血”“并非闲话”——欲擒故纵，张氏曲笔。

二零一零年春

（选自《爱到深处是不忍》，长春出版社，2012 年版）

他们曾经是红军

李江树

我们面前摆着一百多幅照片。照片上都是些春秋已高的老者。六七十年前，他们是战士，他们经历过一次次冲锋、杀戮、跋涉和迁徙。后来，他们或是在与敌人遭遇时被打散，或是受伤，或是因病掉队，与战友们失去了联系。他们形单影只，萍踪浪迹，在村头寨尾，在野岭荒山间东藏西躲。他们逃过了军阀和民团搜捕，侥幸地回到了故里或托迹在某一处偏远的异乡。他们隐姓埋名，安顿和生存下来。他们在心底牢记着这样几条:“永不叛党。密藏证件。等全国解放，成立了联合政府，党和国家再把你们接回来养起来。”他们把遣散证明书、党组织的介绍信和残废证密藏在米缸里、墙板的夹壁层里、牲畜槽下被填埋起来的酒瓮里。然后，他们便日出而作，日落而息，娶妻生子，春播秋种，看上去与那些牵牛的、耪地的、打肩担的、收苞谷的农民并无二致。然而事实上，他们只要在困厄中走入了那个时代，他们就已经参与进了那狂飙般的历史进程。河沙中淘洗并被冶炼出来的金子再也不会混杂到河沙里，他们也永远不是先前那些普通的农民了。战争对人类的影响是巨大的。第一次世界大战有 15 亿人卷入，800 万人死于战争。第二次世界大战有 20 亿人卷入，欧洲 5000 万人死亡，亚洲3000万人死亡。中国第二次国内革命战争时期，自1929年至1934年，仅江西就有35万人参加了红军，其中的兴国县，22万人口有11万人参军，8万人赴前线作战，2万3千余人战死和牺牲在长征途中。河南新县，1924年至1948年间，有5万余人战死，3千余人星散乡间。1930年红军西征撤离河南信阳，国民党对信阳进行血洗，新县有891个村庄被毁灭，25000人被杀。商城县南部成了无人区。光山县439个村庄被全部烧光，208户被杀绝。

苦难、灾变、浩劫、战争，这一切一切都会随时间的推移而渐远渐渺。一个人的沧桑史对一个人就是他的全部历史，而对于一个大的时代，所有“掉队者”的艰难世路和多舛的历程早已淹没在兵燹、战乱、涝害、干旱、虫患、饥馑和国难等一次次飞灾横祸之中。但是，以“人类”的名号，应该让那些宝贵的东西薪火永传。历史学家、小说家、艺术家不但要把社会变故中的一个个重大事件记录在案，还有责任在后来的涓埃之微和丝丝缕缕中寻索和打捞具有人类学价值的个体遭际和“心”的历程。

新中国成立后，“掉队者”被定名为“红军流散人员”，这其中包括河西走廊失散人员、正规军失散人员、游击队赤卫队失散人员、地方行政失散人员。这些人每月领取35元的政府津贴，他们在清贫而又平稳的生活中度着余生。而他们昔时的战友、下级或上级，很多人早已是部长、省长或将军了。当年，他们共同践行着一个约定：为了消灭一种制度，为了实现一个理想。今天，他们的生活有了巨大的差异。然而，天风海雨，云落云起，这些红军流散人员在共和国诞生的前夜，已经做出了自己的贡献。在我们用图片记录这些流散者的同时，我们就已经认定，他们的身形是不会被一抔抔黄土所掩埋，历史会对他们勒铭以记。

“斜阳照墟落，穷巷牛羊归。”在山乡，在村庄，我们怀着钦敬的心情，扣动着一位位红军流散者的门扉。

——有一位在大革命时期曾任苏维埃政府的区委书记。当年，他打着绑腿，穿着洗得干干净净的灰布军装，站在祠堂前的桌子上，手臂忽上忽下，给乡亲们说“扩红”，说“平债分田”。年轻，精干，满腔热情，姑娘们向他投去倾慕的眼神。

——有一位是列宁小学的校长。他把着手教穷孩子们写“田、土、屋、衣”。每天，学校窗隔扇后面都冲出孩子们的吼唱：“什么是黑的？土中的乌金，富人的贪心。什么是红的？清晨的日，工农的血。什么是黄的？穷人的脸和身，富人的谷和金。”

——有一位是西路军某部的连长。在甘肃与青海的交界处被马步芳的部队堵截，负伤被俘。后逃脱，辗转于甘肃、宁夏，打长工 29 年。其间几次想回家乡，可听说自己走后反动派杀了他全家。直到 1954 年他才回到了河南老家。

我们走了 60 里山路，在野峪岭的半山腰见到了这位老人。开始时他还平静地回忆着在最后一次战斗中向山下的突围，讲着讲着，混浊的老泪忽然就沿鼻沟、嘴角冲下来。当晚，他给我们说了另外一件事情：1935 年 10 月，他随部队下六盘山，经毛井村，再沿马坊川、罗山川到耿湾。晚饭后早早就歇息了。可第二天凌晨，部队中的 300 余人全都于睡眠中死亡！那一天，全体将士都处于震惊和悲愤之中，可死因和凶手却一直无从查找。50 年后才由甘肃一位叫王学印一位叫王森林的水文地质工程师揭开疑案：当地的沟水泉水中含有“氰化钠”，摄取过量会因中枢神经阻断而“无任何痛苦和知觉地死去”。老人哀痛地说着 300 余具尸体铺陈于沟底的惨状。那其中有他的三个同乡。

老人堂屋的墙上挂着十大元帅像。老人那个连的一位班长 20 世纪 50 年代被授予少将军衔。“少将”与老人并没有湖海相忘，隔上两三年他就来看望一次他当年的“连长”。老人也从未觉得自己的屋里冷灶清锅，酒冷茶凉。无论是“做官”还是“种田”都不过是一种活法。老人依四时的流转割稻播谷，耙地莳秧。每到交秋，都托人给少将捎上些土产。少将又进野峪岭了，远的天边一片金橘色。他俩在向晚的凉意中相对无语。少将接过老人给他装好的烟袋，吸着，吸着，淡淡的烟气和浑然不觉的日子一同飘飞了。

少将是 1984 年春去世的，那一年老人依然健朗。他步行 60 里出山，乘长途车再转乘火车去省城向少将作别。

野峪岭不通电。晚上，我们帮着老人搓黄草。老人在闪跳的油灯前伛偻着腰。岁月的犁铧和被马家军的刀划出的印痕把他的脸弄得烂糟糟的。头发差不多掉光了，颅骨向外突起。黝黑的面颊布着深棕的老斑。像是有点怕光，我们与他说话时他眯细了眼并把膀子稍向侧转，这一来，灯心上闪跳着的昏黄的光就从侧后方涌入了他从眉骨到脑门的那道深紫色疤痕里。

应当为这老人雕一尊像：略去细部，只用凿子抠出凹凸不平的额头和那双永不停歇的手。

第二天我们起身时老人已哄着羊群从长满碱草的河湾洼地回来了。早饭后他坐在门边吧嗒着烟，观着黛色的远山。他神情淡泊、悠然、娴静。走在下山的道上我们就想着，在这老人的背景上，没有高悬的日轮和挺拔的杉树，人生壮怀激烈的时辰和忧郁的时辰都是短暂的，老人和他那已做了部长、省长或将军的战友们一样，无论身处怎样一种境况，他们只能在平和、满足和不息的劳作中才寻到了内心安宁和福祉的源泉。这样想着，我们自己的心也忽然就平稳了。

（选自《与史同在》，华夏出版社，2011 年版）

第二辑

忧思常在

有感于《总司令换房子》

柯　岩

2006年朱德元帅诞辰120周年之际，四川仪陇县金城山岩石上，镌刻出一个巨大的“德”字，字高、字宽各为20多米，面积达460平方米。高耸于悬壁之上的“德”真可谓是德高望重。

抗日战争时期，朱总司令一次率领部队在太行山一个小山村宿营，警卫员给他号了一间正房。朱总命令立即换房。面对警卫员的不解，朱总说：“当地民俗：正房是长辈住的，而我们是人民子弟兵呀！”

不了解历史的人，特别是今天讲究享受的人们，很可能以为他未免矫情，一个总司令，又不是小官，住间正房怎么了？别说正房也只不过是间破瓦屋，就是宾馆，下了五星级，还认为你小看人哩！

殊不知，恰恰因为永远把自己定位于公仆，从不敢僭越，才如鱼得水似的得到了人民忘死舍生的支持，赶走了日本鬼子，打赢了三大战役，建立了新中国；而今天，恰恰是因为有些干部作风很坏，伤了人民的心，才流传出各种各样的顺口溜和讽刺故事。

我曾经有过一次刻骨铭心的经历：那是几年前，我正在阜外住院等待手术，因为多年的职业习惯，总喜欢往群众里扎堆儿。一次晚饭后散步，看见许多工人正坐在院里条凳上高谈阔论，就凑了过去，没想到其中一个青年瞪着我高声叫道："别说了，没看见来了干部吗？"多年来，我一直和劳动人民关系很好，从没受过这个，不觉一愣，但毕竟做过多年的群众工作，就笑了一笑说："说得这么热闹？多一个听众不更好吗？"那青年工人仍怀着敌意盯着我，冷冷地说道："我们正骂共产党呢，你爱听吗？"就是当头一棒迎面打来，也不会比这更令我难过了，但所有在场的人也都斜着眼看我，居然没一个人帮我解围，这也是我完全没想到的。只得实话实说道："我当然不爱听，这对于我，甚至是很痛苦的事。但是这些年许多干部作风不好，再不听听你们的意见，让你们出出气，党还怎么联系群众呢？"

我的回答大概是他没想到的，他又盯着我看了一会儿，慢慢说道："嗯，你——还行。你退了吧？"我赶紧说："退了，退了。"他这才往一边挪了挪屁股，给我腾出了一块地方，让我坐下之后又说："可说好了啊，我们不打听你是谁，你也不许去病房找我和查我们的姓名，能做到吗？"我郑重地回答说："我保证。"所有的人都松了口气。

那天我们谈得是何等的好啊！其实他们并不是骂共产党，他们只是骂那些贪官污吏，骂官僚主义，骂对群众漠不关心、高高在上……我从他们那里听到了多少老一代工人的困惑和心灵痛苦，又得知了多少下岗工人的辛酸和生活困境啊！当时，我们都落了泪。最后他说："我给您讲个贼的故事吧！不知您听没听说过。有那么一个市，有那么一个贼去偷他们市长，可进去一看，到处都是钱，打开保险柜，里边花花绿绿的。什么美金呀、英镑呀、法郎呀、马克呀、比索呀，简直是比银行还银行！吓得这贼直要尿裤子，一进洗手间，更了不得了！满屋子，金碧辉煌，所有的水龙头、把手都是真金的。这贼只叫得一声妈，扭头就跑，一直跑到派出所还哆哆嗦嗦地说不清话呢：'……我自首，我投案，可我是个小贼……我可没敢偷他，我可不敢偷他，赶明儿他一犯事儿，我还不得跟着掉脑袋！'您说这干部都这样，还有老百姓的活路吗？"

我说："干部哪能都这样？"看着他拧起了眉头，我赶紧说："我也给你讲个贼的故事，好吗？有这么一个管了多半辈子人事的干部，有一天，他们家也来了贼，你想这管人事的干部，升降调转都得打他那儿过，他家可该富得流油吧？”这青年应声道：“那是！”我说：“可这贼在他家找了一溜够，最后只找到一个还看得起眼的小半导体，贼一生气，给他留了个条儿，上写道：你真傻，你真笨！……害我白跑一趟……落款署名黑蜘蛛。”

年轻人不信，道：“真的？”

我说：“真的。”

他问：“您这是从哪儿听说的？”

我说：“这事就发生在我们大院里，是居委会召集我们全院开会传达的，叫我们大家要小心门户，提高警惕……”

他沉默了片刻，又和同伴交换了一下眼色，才迟迟疑疑地问：“这人是哪一级的干部？”

“部级干部。”

“是退下来的老干部吧？”

我又是只能实话实说，道：“是。”

他这才点了头。

之后，我们又在院子里见过几次，但再也没机会深谈了。我是多么想能再和他倾心交谈啊！可我允诺过不去找他的，我只能躺在病床上独自咀嚼苦果。那些天，多少革命前辈和红小鬼的英雄形象，他们的慷慨悲歌，他们的衣单被薄，他们信仰的光辉，他们的喜、怒、哀、乐……白天伴着我的泪水，夜里伴着梦里的硝烟炮火，监狱牢房……当然，也伴着这些年流行的顺口溜和各种传说，互相缠绕，时空交错……

忽然一天，护士长进来说：“有一个人来找你，说是你的朋友，可又不知道你的名字。”我说：“那你怎么知道是找我的？”护士长掩口笑道：“他说，找你们那儿的小老太太。我们这儿现在又只有你这么一个女同志——”我立即知道是他了，嗖地坐起来说：“快请他进来！”

护士长说：“他不肯呀，他说叫你出去。”

我下床趿了鞋就往外跑，护士长在后边一迭连声叫道：“慢着，慢着——”

病区门旁站着的果然是他，已经脱下了病号服。哦，他好了，要走了，我心里十分不舍；可他居然肯来和我告别，我心里一下子又好温暖！正笑着想说些祝贺他出院之类的话呢，没想他却不笑，皱着眉十分严肃地对我说："我马上要走了，昨天夜里翻来覆去睡不着，想想事儿都处理完了呀……这才明白是为了你——"他又改口称我为你了。

"我？！"

"你。你跟我们说了瞎话，你还没退呢，要不不能还让你住这个病区。"他又那样定定地直看进我的眼里，并不要我解释，又急急地往下说道："我就是来告诉你，没退你可赶快退了。要不然再来一次'文化大革命'，你可就活不出来了——"

我的心猛烈地跳了起来，一把拉住他说："怎么会？别、别，千万可别——"

"你以为我们还会像我爹妈他们那样死保你们吗？"

看着他眼里冷冷的光，我死死拉着他不放手，也急急地说："你对我说的是掏心窝子的话。我也对你说掏心窝子的话。咱们国家这么大，可千万不能乱哪！再说你不是不想让我挨斗不想让我死吗？其实，比我好的干部多着呢——咱们不争论，先不争论——我知道你们恨透了贪官污吏，可一乱起来，七斗八斗，肯定会误伤好人，再说贪官污吏也不是打打斗斗就会认罪的；他们招儿多了去了，要靠揭发、检举、证据、法律……何况，社会大乱，最后受害最深的还是老百姓。你还年轻，不信回去问问老人，读读历史——"

他的眼光犹疑起来："你容我想想……"

"好好想想。"我说，"还请你回去也告诉你那些伙伴们，咱们是社会主义国家呀！一定要以法治国——"可他已经不再听我说的是什么了，挣开我的手，急急地转身走了。

望着他的背影，泪水像断线的珍珠一样扑簌簌地落了下来。我们有这多么好的人民啊！他们嫉恶如仇，心地又那样善良，我和他萍水相逢，只不过和他说了几句知心话，他就居然能为我的生死安危睡不着觉。我们这些自称公仆的人，有什么权利不尊重他们，不好好地为他们服务呢？要是我们再不关心他们的疾苦，高高在上，甚至老要占他们的"上房"——我们可成了什么人呢？！

总司令呀，总司令！你们曾留给了我们多少不占“上房”的故事啊！可这些年怎么就老有人借口“观念更新”“与时俱进”，明里暗里地搅和着不许讲呢？！这到底是为了什么和为了谁呀？！

（选自《与史同在》，华夏出版社，2011 年版）

又到甲申

袁 鹰

岁月不居，春秋代序，2004年农历进入甲申年。

甲申，又到甲申！

由十个天干和十二个地支交汇成六十个干支纪年中，甲申本是其中普普通通的一年。但是，由于17世纪中的一个甲申，即明朝崇祯十七年（1644）那一年，出了一件大事：李自成率领的农民起义军，由山西经居庸关杀奔北京，摧毁了腐朽的明王朝，逼着崇祯皇帝朱由检在皇宫后面的煤山麓自缢身亡。但是他只坐了短短四十天皇帝宝座，便被吴三桂领来的清军打败，将刚刚夺到手的北京城拱手让人，带着部队再回关陕，第二年在湖北通山覆亡。一场轰轰烈烈的农民起义倏然失败，后人记住这场悲剧，也就记住了这个甲申年。

1944年，李自成失败之后三百年，历史学家、文学家郭沫若撰写了一篇力作《甲申三百年祭》，为闯王唱一曲深沉悲壮的挽歌，总结他失败的缘由。李自成的起义部队经过十六七年艰苦奋斗之后，到崇祯十七年春天突然势如破竹，不到两个月便打到北京。“在过短的时期之内获得了过大的成功，这却使自成以下如牛金星、刘宗敏之流，似乎都沉沦进了过分的陶醉里去了。进了北京以后，自成便进了皇宫。

丞相牛金星所忙的是筹备登基大典，招揽门生，开科选举。将军刘宗敏所忙的是拶挟降官，搜刮赃款，严刑杀人。纷纷然，昏昏然，大家都像以为天下就已太平了一样。近在肘腋的大敌，他们似乎全不在意。山海关仅仅派了几千兵去镇守，而几十万的士兵却囤积在京城里面享受。”（郭沫若:《甲申三百年祭》）总之，不过是刚刚打进北京城，大局还远远未定，虎视眈眈的强敌就在山海关外，胜利者就已经昏昏然、纷纷然冲昏头脑了。李自成坐上龙位，脱离了曾经热烈欢呼“吃他娘，穿他娘，开了大门迎闯王，闯王来了不纳粮”支持他、拥护他的黎民百姓，最后只能迅速失败。从来是失民心者失天下，何况他还未曾得到天下。《甲申三百年祭》最先发表于中国共产党在重庆出版的《新华日报》，后来延安和各解放区以及大后方将它印成单行本，在知识界和广大群众中广泛流传。毛泽东1944年4月写的《学习和时局》中曾经提到：“近日我们印了郭沫若论李自成的文章，也是叫同志们引为警戒，不要重犯胜利时骄傲的错误。”一个月后，他在一次有关整风的报告中又提出：“无论遇到何种有利形势与实际胜利，无论自己如何功在党国，德高望重，必须保持清醒与学习的态度，千万不可冲昏头脑，忘乎所以，重蹈李自成的覆辙。”

这些话都说得非常正确和深刻。脱离了黎民百姓，丧失了民心，再强大的力量也必然迅速失败，走向自己的反面。李闯王之后二百年，又有一次太平军的兴起和覆灭。他们的悲剧，值得一代代后世人沉重地思索，以史为鉴，永远引为警戒。

《甲申三百年祭》发表和出版下一年，即1945年7月，重庆的黄炎培、冷遹、褚辅成、章伯钧、左舜生、傅斯年等六位国民参政员应中共中央和毛泽东主席邀请访问延安，目的是商谈中国局势，想推动国共两党和平谈判。当时欧洲战场的反法西斯战争已经结束，苏联红军直捣柏林，希特勒的纳粹德国彻底覆亡，日本帝国主义军队在亚洲和太平洋战场节节败退，日暮途穷。中国人民取得抗日战争的胜利指日可待。这样的关键时刻，中国共产党处在全国人民瞩目的地位。7月4日，黄炎培在窑洞里同毛泽东作了一次长谈，畅叙心曲。

黄炎培坦率地说：“我生六十多年，耳闻不说，所亲眼看到的，真所谓‘其兴也勃焉，其亡者忽焉’。一人，一家，一团体，一地方，乃至一国，不少单位都没能跳出这个周期律的支配力。大凡初时聚精会神，没有一事不用心，没有一人不卖力，也许那时艰难困苦，只有从万死中觅取一生。继而环境渐渐好转了，精神也渐渐放下了。中共诸君从过去到现在，我略略了解了的，就是希望找出一条新路，来跳出这个周期律的支配。”

对这严肃且有点沉甸甸的话题，毛泽东当时严肃地认真地回答："我们已经找到了新路，我们能跳出这个周期律。这条新路，就是民主。只有让人民来监督政府，政府才不敢松懈，只有人人起来负责，才不会人亡政息。”

黄炎培听到如此明白也非常正确的回答，感到十分欣慰，就接着说："这话是对的，只有把大政方针决之于公众，个人功业欲才不会发生；只有把每个地方的事，公之于每个地方的人，才能使得地地得人，人人得事。把民主来打破这周期律，怕是有效的。”（转引自钟沛璋著《〈窑洞对〉追思》）

黄老先生的话没有错。当然，民主的范围很广，方面很多。但是，就根本而言，真正做到“大政方针决之于公众”，由民众管理和决定国家大事，不是停留在口头上、文件上、形式上，而是实实在在进入宪法，形成制度，成为党的工作、政府工作和老百姓日常生活中活生生的东西，成为共产党从中央到基层、从最高领导人到普通党员的自觉言行，就能产生无穷无尽的力量，就能团结人民，无往而不胜。对打破那个“其兴也勃焉，其亡也忽焉”可怕的周期律，任何地方都是有效的。延安时代，限于战争剧烈的历史条件，民主问题毕竟还只能是在窑洞里作理论的探讨和原则的阐述，还不能付诸实践，即使在抗日根据地，也只能是初步地在小范围实施。比如边区参议会和政府实行“三三制”，请爱国民主人士和开明士绅参加参议会和政府；又比如选举村乡干部时由老百姓直接用票选或者豆选，按自己的意愿选举村长乡长，虽是小事，但已经让老百姓真正感到自从盘古开天地头一回当家做主、扬眉吐气了。

说到民主，不由得使人心绪如潮。窑洞里的对谈者，不知是否想起三十年前五四运动前最早提出请“德先生”（民主）、“赛先生”（科学）救中国的陈独秀。这位被毛泽东尊称为“五四运动的总司令”，后来参与创建中国共产党并且担任从第一届到第五届党的总书记，最后又离开了党的一代伟人，这位最早举起民主与科学大旗在古老的神州大地上呼唤黎明向黑暗搏击的战士，终其一生都为民主奋斗。直到晚年，被囚禁南京狱中和出狱后流落长江边的小城江津孤苦度日之时，仍念念不忘为民主呼喊。他一再说：“科学与民主是人类进步的两大主要动力。”“人类社会之进步，虽不幸而有一时的曲折，甚至于一时的倒退，然而只要不过于近视的人，便不能否认历史的大流，终于沿人权民主运动的总方向而进的。”“民主主义是自人类发生政治组织以至消灭政治之间，各时代（希腊、罗马、近代的至将来）多数阶级的人民反抗少数特权的旗帜。”延安窑洞对谈之日，这位倡导民主奋斗终生的巨星三年前已经在江津黯然陨落。他的深刻睿智的思想永远成为现代先进分子的精神财富。

然而，两千多年来封建专制主义统治盘根错节，封建思想意识根深蒂固，一百多年来帝国主义侵略欺凌造成灾难深重的中国，“五四”时代高高举起的民主科学大旗，尽管立即在知识界思想界引起热烈反响，却总是在风雨飘摇中，如同漫漫长夜中的爝火，明明灭灭，光焰微弱。二十世纪四十年代中，反法西斯战争胜利后，全世界民主自由的浪潮汹涌澎湃，势不可挡。有一首歌唱民主的歌曲，在上海、北京、南京等大中城市青年学生、青年工人和知识分子中特别流行，歌词是：“民主是哪样？民主是哪样？民主是一杆枪，争到手来，和平幸福才能有保障。有了保障，有了保障挺得起腰，挺起腰来，挺起腰来除强暴……民主是哪样？民主是哪样？民主是一个宝，争到手来，子孙世代才能吃得饱……”不需要讲太多深奥的道理，“一杆枪”“一个宝”，便将民主维护作为公民自由和生活的权利形象地说清楚了。

1944 年甲申的五年以后，1949 年，又一个北国春寒料峭的三月，一支车队由太行山麓名叫西柏坡的山村出发，沿着三百年前李自成兵马由北京城败退南逃的大路，方向相反，由南向北直奔北京。车队里坐着中国共产党的领导人毛泽东和他的战友们。这一天，中共中央和中国人民解放军总部，由西柏坡迁往当时还叫北平的古都。

中国共产党刚刚举行过具有历史意义的七届二中全会，刚刚取得歼灭蒋家王朝军事主力的辽沈、平津、淮海三大战役的辉煌战果，一切民主党派和爱国人士都站到共产党一边，衷心拥护，老解放区、新解放区、尚未解放地区的人民群众都盼着待着共产党取得全国胜利。然而，中共领袖们并没有在胜利面前踌躇满志，头脑发热，他们保持着冷静的清醒。毛泽东在中共七届二中全会上，语重心长地将已取得的胜利比作“一出长剧的一个短小的序幕”，是“万里长征的第一步”。他告诫全党：以后的路程更远，更伟大，更艰苦。他说：“务必使同志们继续地保持谦虚、谨慎、不骄、不躁的作风，务必使同志们继续地保持艰苦奋斗的作风。”

这就是后来常被提起的“两个务必”，也被认作保证党不变色，不断进取的强大精神力量。据史料载：去北京的路上，毛泽东透过车窗，望着那条黄埃散漫的大道，对身旁的周恩来说：我们是进京赶考啊！不知能不能考及格？

他说的并不是随口而出的幽默。明清以来，凡是从中原、湖广、江浙地区进京赶考的士子，大都走这条路，长途跋涉，车马劳顿，过卢沟桥，入广安门，到京师宣武门南大小胡同里找个会馆住下，准备参加数年一次的殿试。考中金榜，便踏上仕途，若是有幸登上三甲，更能名扬天下，光宗耀祖。那些名落孙山的人，只得背一肩行李，垂头丧气返回故乡，继续寒窗苦读生涯，准备下一轮角逐。这条寒风裹挟着沙土的长途上，充满了胜利与失败，骄傲与沮丧，光荣与耻辱。中共领袖自然都深谙这一点的，所以他们都有着战战兢兢的沉重感，所以周恩来回答：我们备课了，我们应当都能考试及格，不要退回来。

他们都会明白，这次进京的“殿试”，是性质与规模完全不同于过去任何一次的殿试。考官是谁？不是皇帝，也不是皇帝钦点的有什么阁大学士身份的主考官，而是中国人民。人民，只有人民，才是创造历史的动力。人民，也只有人民，才是考核政党成败，审查官员优劣的最高裁判。若是退回来，那就绝不是名落孙山的士子，也不是遭到罢黜的官吏，而只能是三百年前那位到达胜利顶峰却又倏然一败涂地的李闯王！他们也会想到五年前曾经向全党郑重推荐过的《甲申三百年祭》那本著作。在进京赶考的路上，自然会增加一份沉重和警惕。

那一年正是伟大的五四运动三十周年。但是，在“钟山风雨起苍黄，百万雄师过大江”的胜利鼓号声中，“民主”和“科学”的声音自然显得很微弱，以后似乎也不曾再响亮过。在被称为“新中国的建国大纲和建国方略”的《论人民民主专政》那篇具有划时代意义的著作中，虽然也明确写到“对于人民内部，则实行民主制度，人民有言论集会结社等项的自由权。选举权，只给人民，不给反动派。”而通篇强调的却是专政：“中国人民在几十年中积累起来的一切经验，都叫我们实行人民民主专政，或日人民民主独裁，总之是一样。”民主和专政从本质上讲本是完全对立、水火不容的东西。专政和独裁是一个字眼，英文都叫 Dictator。民主专政，实质上就是专政。那些言论集会结社等项自由权和选举权，说得很清楚，那是“给”的，不是人民本来就天经地义应该有的。既然是“给”的，可以给也可以不给，由“给”的人决定。到后来，民主渐渐地只成为一种工作方法、工作作风，人们称赞某人“作风民主”，是说他有事同别人商量，倾听不同意见，不独断专行，其实同民主的含义完全是两回事。再到后来，就干脆将民主连同自由、平等、博爱等等一起奉送给资产阶级，剩下的只有“无产阶级专政”了。陈独秀晚年针对苏联政治的蜕化作过精辟的分析：“无产阶级政党若因反对资产阶级及资本主义，遂并民主主义而亦反对之，即令各国所谓‘无产阶级革命’出现了，而没有民主制做官僚制之消毒素，也只是世界上出现了一些斯大林式的官僚政权，残暴、贪污、虚伪、欺骗、腐化、堕落，决不能创造什么社会主义。所谓‘无产阶级独裁’，根本没有这样东西，即党的独裁，结果也只能是领袖独裁。任何独裁都和残暴、蒙蔽、欺骗、贪污、腐化的官僚政治是不能分离的。”到了这地步，就像后来几十年的苏联那样，还有什么民主可言呢？

今年是 1644 年以后第六个甲申年，恰恰又到了五四运动八十五周年。德先生和赛先生两位老人在中国大地上磕磕碰碰、步履蹒跚，披荆斩棘，走得何其艰难，代价又何其沉重！一代又一代“五四”的继承者们，继承前辈未竟大业，奔走呼号，呼唤民主政治；慷慨陈词，揭示千百年来封建专制主义的深重危害和深远影响，以至提出“回归五四，重新启蒙”。振聋发聩，发人深思。重新启蒙，启民主之蒙，对我们大踏步走向新世纪的中华民族，对作为执政党的中国共产党，从领导人到我们这些普通共产党员，都实在太重要了。随便举一个常见的例子：任何党政干部，本来都是人民的儿子，人民的公仆，宗旨只有一条：为人民服务。这是几十年来人人耳熟能详的。但是很长时间来，地方负责人却常被称作“父母官”，对这个封建社会遗留下来的贬义称呼，许多人不以为耻，反以为荣，至少是习以为常，听到类似“有这样的父母官是我们的福气”的谀辞，觉得顺耳又称心，最多自谦一句“那是我应该做的”，而没有认识到已经完全颠倒了父母和子女、主人和公仆的关系。不尊重民意，不关心民情，漠视民生疾苦，还口口声声“代表人民”，这样的人，还不该从头学习“什么是民主”的基本课吗？至于那种肆意践踏人权，骑在老百姓头上作威作福、胡作非为的人，已经堕落成背叛父母的逆子，只有绳之以党纪国法，根本不是什么民主的问题了。

青山遮不住，毕竟东流去。尽管民主重新启蒙的路途还很漫长修远，但是毕竟已经走到今天，多么不容易！一批又一批有志有为、有胆有识之士前赴后继，不避艰险，风雨苍黄，九死无悔。他们那种一心为国为民、不计个人安危荣辱的赤胆忠心，那种“苟利国家生死以，岂因祸福避趋之”的执着精神，使人感奋不已，也从中吸取像愚公移山那样坚持不懈、一往无前的精神力量。2003 年 3 月 18 日，第十届全国人民代表大会选出新的国家领导人，新任中共中央总书记胡锦涛同志当选为中华人民共和国主席，他在第一次讲话中，就郑重宣告四句誓言：一、发扬民主，依法办事；二、忠于祖国，一心为民；三、继往开来，与时俱进；四、严于律己，廉洁奉公。将“发扬民主”列为第一条，过去哪一任最高领导人就职宣言中都未曾有过，显示出作为党和国家最高领导人的决心和信心，使人深深感到同老百姓真正想到一起去了。瞻望前途，也就有理由相信明天肯定要比今天好，比昨天更好。

世界潮流，浩浩荡荡，顺之者昌，逆之者亡，那是不以任何人的主观意志为转移的。

二零零四年新春

（原载于《随笔》，2004 年第 3 期）

经济、文化强大不是原谅腐败的理由

二月河

王岐山在我眼里是英雄

问：王岐山给你的印象是怎样的？

二月河：他在我眼里是反腐英雄。我们没太多私人交往，但他在反腐倡廉这方面给人民留下的印象是不可磨灭的。从他身上，我看到了中央反腐倡廉的决心和意志；从历史到现实的宏观角度上，我看到了反腐斗争的长期性、复杂性和艰巨性。这可以说是压在我们这一代人和下一代人身上很重的问题。这样的事情，不是两三年、两三个人就能做到的，需要整个社会的共同努力。

他也是个坦率的人。我在“两会”上说，第一次见王书记时，不知道后来王书记的官会做得这么大。全场一下子笑了，王岐山同志也打趣地问我：“没想到我做那么大？在你二月河笔下，我这个官又算什么呢？”

问：你第一次见王岐山是什么时候？

二月河：是他在海南省当省委书记的时候。当时他专门和我联系，向我询问海南省政治、经济、文化的发展。他很儒雅，历史知识丰富，很重视文化工作，给我留下很深刻的印象。

第二次见面是在中共中央十七届六中全会上，我是列席代表。那天在走廊上遇到刘源（刘少奇之子），正握手寒暄，王岐山同志从旁边过来，刘源就拉上我，要把我介绍给他。王岐山同志说："我们很熟悉，不用介绍了。"

第三次就是这次"两会"。他们通知我发言，说王岐山同志来，问我发言的题目，我说当然是谈反腐倡廉。他们问我有没有讲话稿，我说我从来没有拿过讲话稿。历史上的事情、反腐败的事情，还有对社会问题的认识，都是我平常思索的东西，拿出来探讨，不需要准备。所以我就直接到会上讲了，向王岐山同志提了一些我个人对反腐败问题的看法。

反腐是件很累的事情

问：你对王岐山提到了雍正的反腐，雍正有哪些手段值得今天借鉴？

二月河：雍正有四个重要的改革措施，都是和反腐相关的。第一个是摊丁入亩。过去不管是有地的还是要饭的，都要按人头向国家缴纳公共设施资源的使用费。但赤贫阶层没有钱可以上交，于是雍正把这种税摊到地上，你有多少亩地就交多少，没有地就不交。

第二个是官绅一体纳粮。过去当了官就不用纳税，一些平民为了避税，就用口头契约的方式把自己家的地算进官员的地里去。结果往往到了官员的第二代、第三代，就不承认口头契约，形成恶性土地兼并。雍正取消了官员的免税特权，实行官绅一体纳粮。

第三个是火耗归公。过去从地方运送银子到中央，是从县到市到省再到京城，一级一级汇总。基层考虑到银子在路上搬来卸去，会有损耗，出发时就多装一点。运送银子的人返回后，把车缝、船缝扫一扫，两三年下来，收集的碎银子就能炼出十万两，官员管这个叫"火耗"。有了它，官员都不需要去贪污。所谓"三年清知府，十万雪花银"就是从这里来的。雍正发现了这个问题，他认为国家已经给各级政府发放了路费，便推行"火耗归公"的改革。

第四个是密折制度。这不是告密，而是官员之间互相监督。什么都可以向雍正汇报，但不入档案。如果很多人都反映某个人不好，雍正就采取行政手段，隐去汇报者的名字，拿着这些材料质问当事人，当事人必须如实交代，不说就交到部里，公事公办。这实际上是中央选择了一些地方干部，与之保持密切沟通，从而对整个干部队伍的情况有充分了解。这对于今天是有意义的。现在有些干部能“带病”提拔，就是因为之前没有了解。如果设置一个手机短信小组，把号码提供给有限的一部分监督人员，供大家反映官员的情况，这种反映不负刑事责任，也不作为档案入库，只作为参考，就能让中央及时了解问题，不至于酿成“带病”提拔之类的错误。

但是，这些措施都是很累人的。摊丁入亩，需要花大量的精力统计人口和土地；官绅一体纳粮，需要清查官员的土地财产；火耗归公，要一级一级计算耗费掉的银两到底有多少；密折制度，要一本一本去看，看完再一个一个去质问、去核实、去分析。这都是非常累的工作，反腐就是一件很累的事情。

问：雍正这些反腐措施起到了什么作用？

二月河：正面的作用，当然是遏制了腐败，整肃了吏治。但负面作用，尤其是对他自己的负面作用也有。他的密折制度是在整谁呢？放到现在来说，就是各省的省委书记、各市的市委书记，等等。这个改革一出，把天下所有的一把手都得罪了。我们今天有报纸、有杂志，通过媒体报道，人们知道为什么要这样做，做了之后对谁好、对谁不好，一目了然。而在那个时代，话语权掌握在官员手上，他们本身是知识分子，还可以养一批知识分子。这些人挨整之后，就组织人写东西，说雍正不是个好东西。而在雍正的反腐工作中受益的赤贫阶层，可能连字也不会写。所以雍正的反腐曾经长期得不到正面评价。

问：又累，又没有好名声，反腐看起来就是一项费力又不讨好的工作。

二月河：对，但这项工作对国家至关重要。雍正这个人的性格也许不好，他寡趣、刻薄、说话尖利，让人很难跟他愉快地共事，但他对国家是鞠躬尽瘁的。吏治需要以身作则，雍正首先做到了勤政。现在发现的雍正手稿已经有两千万字了。你们试试，不说用毛笔，就是用签字笔，十三年写两千万字是一个什么样的概念？我写书十三年，只写了五百多万字。雍正还要召开会议，视察工作，进行国务活动。他实际上是个工作狂。同时，他也做到了廉政，自己没有小辫子给人抓，生活起居、衣食住行非常简单。所以说，反腐者自身的表率作用很重要。

问：和历史上相比，我国当前的腐败问题有什么特点？

二月河：我们现在面临的这种腐败，在中国历史上是空前的。我想，这里面有一个原因，就是“文化杂交”。这几十年来，我们的民族文化在兴盛，在和平地“杂交”，我们拥有“文化杂交”的优势，但“杂交”有时候也会出现劣质品种。封建文化的残余依然存在，旧式官场的那一套仍然风行；西方文化的负面内容也进来了，个人主义和利己主义思想开始滋生。彼此结合，产生了腐朽的新品种——所有文化的负面因素他都吸收了，当然会变成腐败分子。

我们现在的反腐力度，在中国历史上也是空前的。十八大之前打下来的“老虎”就有陈希同、陈良宇、胡长清等，十八大以后揪出的贪官无论从人数还是级别上，都呈现出更大的力度。历史上，乾隆前期有“六大案”，后期有“七大案”，但是涉及国家级干部、省部级干部的，寥寥无几。有的高级别官员贪污了，乾隆爱惜他的才华，就把他放了。而今天，我们绝不会因为他是“能吏”就原谅他贪污，足见当前反腐力度之强。

问：但是反腐的形势依然严峻，不断有“老虎”出现。

二月河：现在腐败分子的反抗力度，在中国历史上同样是空前的。我看到过资料，说成克杰在临终的时候，跟看守所的人员一一握手，感谢他们为他服务；胡长清在死刑书上签字时，脸上平静得像刚睡醒一样。贪官死到临头还有这样的心理素质，史上少见。现在，国家在“拍蝇打虎”，底下的不少贪官就闻风而动，有的紧急处理房产，有的悄悄转移财产，各出花招，试图逃避。

究竟怎么处理这些腐败的“新品种”？我想，除了严峻刑罚之外，还需要别的措施。从长远看，需要有整个社会反特权意识的觉醒和身体力行。我了解到，现在小学生都懂得竞选班干部的好处，可以管理别人，可以从老师那里享受不同待遇，于是他们小小年纪就知道贿选，买冰淇淋、买小玩具送给同学。更小一点的幼儿园孩子，都会和阿姨说“我爸在某某公司工作，你需要什么和我讲”，都知道利益交换了。这些现象非常危险。当特权意识渗透到孩子身上时，下一代、再下一代能不出贪官吗？

问：你连续用了三个“空前”形容现在的反腐局势。这种局面是中国独有的吗？

二月河：不是。腐败问题跟意识形态没有关系，跟人性有关系。很多腐败分子被双规了写检查，就说“我是放羊出身、放牛出身。党把我培养成一个高级干部，但是我放松了世界观的改造，受拜金主义的影响，成了人民的罪人”。放羊的、放牛的就不贪钱吗？还有些人说西方国家怎么清廉，可实际上西方国家照样有腐败。封建社会有腐败，资本主义社会有腐败，社会主义社会一样有腐败。归根到底，腐败问题是全人类共有的问题。

问：你觉得西方制度在腐败治理方面是否值得借鉴？

二月河：近代以来，有人尝试用“西药”治理贪腐顽疾，但是我不认为西方制度能约束中国政治文化。中国有中国的特点，不可能照搬西方。相应的制度，还得靠我们自己来建立。

我跟王岐山同志说过一个例子：满洲人入关的时候八万五千人，加上吴三桂在山海关的三万五千驻军，一共不过十二万。而汉族方面，仅李自成的铁骑部队就有一百多万，加上南明唐王逃到福建称帝时手中的二百多万人马，以及散落全国的汉族武装力量，总数能超过四百万。可最后，十二万人打败了四百万人。与满人相比，汉人的制度不先进吗？当然先进。只能说，如果你腐败，先进制度下的四百万人也是一堆臭肉；不腐败，落后制度下的十二万人也能变成一把剁肉的刀。

经济、文化强大不是原谅腐败的理由

问：从历史上看，特别严厉的反腐手段会不会引发政局动荡？

二月河：不会。历史上，反腐从未停止过，但我从未发现哪一个朝代或团体因为反腐而亡。当然，这里面应该有节有度。要考虑到大多数人的承受度。你得正确处理不同性质、不同类型的矛盾，不能把人吓死，或激化了矛盾。即使是内部矛盾，处理不好也可能会激化，和社会主调不协调。这一点，还是要由主政者把握。

问：但现在，已经有“官不聊生”的抱怨，有人要求社会对官员宽容一点。

二月河：对官员的宽容恰恰正是腐败滋生的重要原因！我们看看宋代，那是对官员最宽容的年代。赵匡胤通过非法途径当了皇帝，想得到官员的欢心，一方面杯酒释兵权，一方面又安抚讨好大家，许以高度的文化享受和物质享受，让官员安心地在下面做事，这就惯出了官员享乐的毛病。而且，宋代还有个非常糟糕的国策，叫“誓不杀大臣”，实际上是给官员腐败提供了肆无忌惮的温床。

如此行事，结果显而易见：西夏、契丹、辽、金，谁想来打一下就打一下，宋朝根本无力抵抗；宋朝对契丹人称臣，皇帝对外自称干儿子；宋徽宗、宋钦宗被金兵抓去当了俘虏；抵抗金兵的岳飞因为莫须有的罪名被杀……一系列的腐败，最终断送了整个国家，甚至对后世的局面造成深远的影响。

问：但宋代有繁华的经济、灿烂的文化。这就带来另一个问题，到底腐败对一个国家综合国力的影响有多大，是否会起到决定作用？

二月河：经济水平高也好，文化程度高也好，都不代表你强大。整个社会都腐败，经济再好、文化再好又能怎样？宋代是经济大国、文化大国，是世界历史上文化程度最高的朝代之一，但也是政治腐败、社会生活腐朽的朝代之一。今天，无论从哪个角度看，都不能说宋代的中国是个强国吧？

现在，很多人在跟我交流反腐问题时，都会把经济文化和治理腐败混在一起说。但我认为，对经济实力不能迷信，对文化实力也不能迷信。不能因为宋代有了宋词，就原谅这个政权的腐败。就像不能因为唐代有了唐诗，就忽视它的藩镇割据问题一样。难道安禄山造反也是合理的？对政治的腐败，不能拿经济的繁荣、文化的灿烂这些事去抵消。一个政权如果不能维护国家完整，不能维护民族团结，不能下狠心治理腐败问题，其他方面再强大，都不能成为一个强大的国家。因为腐败就像是社会的糖尿病，它是一个富贵病，隐蔽性很强，不会直接导致社会死亡，但是在不知不觉中会成为社会的一大顽疾，使国家变得极其脆弱，最后很容易引起并发症，不堪一击，无从抢救。如果不把腐败的血糖降下来，不管你是什么制度，不管你有多高的GDP，多大的文化体量，都会轰然倒塌，彻底完蛋。

问：那你觉得治理贪腐的根本方式是什么？

二月河：我们的反腐制度，不仅要包括监管和刑罚，还要包括思想意识的净化。腐败，说到底还是人的问题。

贞观年间，一年才处决犯人二十九个，何等之少，但腐败照样得到抑制。现在，我们一个省每年因贪污处分的人都不止这个数。从这个角度看，不能迷信严刑，不能迷信重典。治理腐败的关键环节之一是思想的力量。目前，中国的社会教育、学校教育、家庭教育都严重缺失，传统文化中对权力的迷信、对权威的崇拜却根深蒂固，做事首先想到的是行贿受贿、旁门左道。

我有一次去马来西亚，当地首富的秘书告诉我，老板用人的第一条是看孝顺不孝顺，不孝顺不用。我们现在提拔官员考量过这些吗？学校老师在教育学生时不会提到这些，官员、企业家在教育部下时也不会讲这些。现在的大学教育都是讲怎样出人头地、一步一步升迁，却没有最基本的人生教育，这会让人们不择手段地谋求权力。

（选自《二月河说反腐》，人民出版社，2015年版）

一位法官的自白

梁晓声

我说："从一位退休了的老法官口中说出支持，在我这个作家听来，意义非同一般。"

他说："我的态度——我是指生病以后的我，当然跟你一致，跟老百姓一致啰。司法改革这种事，自上而下比自下而上给力多了。好比推磨，谁的双手在磨柄上，谁才能使磨转得快。搭不上手的人，只能在旁边干着急。"

确切地说，他是一位三年前退休了的法官，一位文学爱好者。20 世纪 80 年代写诗；20 世纪 90 年代写散文；2000 年后开始写小说；出过几部作品集，多为自费。

在他的散文年代，我收到了他的一部分打印稿，二十余篇。他在附信中强调他是一位省会城市的法官；强调写作是他业余最主要的爱好；强调寄给我的稿件是他即将正式出版的第一部散文集的一部分——希望我能为之作序。

他的希望是以请求的文字表达的。

那年的我就已为各种年龄各种职业的人写过不少序了。他们十之八九是业余作者，却还没有法官请我写过序——至今他仍是唯一请我写序的法官。

身为法官而爱好文学写作，我认为我太有义务予以鼓励了。而且认为，爱好文学写作，有助于法官更人性化地依法判案，从而成为好法官。我的想法其实毫无根据，但当年的我确乎就是那么天真地想的。

一位法官笔下能写些什么内容什么风格的散文呢？

我怀着挺大的好奇心认真地读了他的每一篇散文。那些散文写到了亲情、友情、乡情；没有一篇涉及爱情，连别人的爱情也未涉及。亦有数篇是写景的，咏物的，唯美而不染人间烟火。总之，那些散文像许多业余作者的散文一样，篇篇皆是写一己情愫或情绪、情调的——大学里喜欢写散文的女学子，十之八九便是那么一种写法。

然而他的文笔不错。字里行间流淌的自我感动，分明是真情呈现。从他的散文中我拼出了他当年的人生图形——小我两岁，农家子弟，恢复高考的次年考上了省里的大学，毕业后法院招书记员，于是穿上了法院制服，三年后成了法官。当年中国缺法官，学中文的大学生成为法官不是什么稀奇事。

我虔诚地为他的第一部散文集写了序……

在他的小说年代，我又收到了他的中短篇小说稿，再次请我作序。那也是他正式出版的第一部小说集。这次他的请求，像是老朋友之间的请求了。

他的小说中有爱情了，而且写得颇大胆。当然，一看就是完全虚构的。也有各种欲望强烈的形形色色的他者了，但没有是法官的人物。

我也为他的小说集作了序。

这一次他在附信中留下了他家的电话。

我困惑地打电话问他——为什么笔下从没写到是法官的人物们的喜怒哀乐呢？散文属非虚构类文体，他不愿写不便写我理解。但小说是虚构类，是创作。他有生活，他熟悉是法官的人们，如果能写好一个是法官的人物多好啊！中国的小说作品中，特别缺乏法官人物。

他在电话中说：不好写，太不好写了！万一同事们对号入座怎么办？万一领导问罪下来怎么办呢？我不能因为爱好写作就因小失大，自己砸自己的饭碗啊！……

听了他的话，换位思考，我也理解了。

他家的电话是自动存码的，于是他有了我家的电话号码。以后连续三四年，每逢春节，他都打电话拜年。后来，他的姓名在我头脑中渐无记忆了。

不久前的一日，我忽然接到他的电话，说他人已在北京了，极想见我，语调很是亲近。

我试探地问："你还在原单位工作吗？……"

他说："我已经从法院退休了，被一家律师事务所聘去了，不必接案子。毕竟是老法官了呀，类似顾问的角色……"

我这才想起他是谁。

那几日北京雾霾严重。我说天气这么恶劣，你对北京又不熟，别折腾自己了吧。

他说他是来北京看病的，见我是他长久的心愿。

我问什么病？

他说是胰腺癌。

我说那你更不要来了呀，你的心愿我心领了。

他坚持想要见我一面。说北京有朋友，会开车送他。说特意给我带了一点儿地方特产，不送给我，不知拿那些东西怎么办才好……

我被感动了。

这是没法不被感动的。

像所有的癌症患者一样，他的脸很消瘦。头发刚染过不久，黑得失真。他在我家的木椅上坐得笔直，我想那是职业生涯中养成的习惯。我自认为阅人无数，他使我觉得是一个坦诚和实在的人——

他指着两个礼品盒说："过期十几天了。是让儿子买的，估计买时没仔细看。那我也得拎来，没有物证，心意无凭呀。还是朋友发现的，吃的东西最要讲认真二字，变质了就扔哈，反正一盒才百八十元。"

他说自己身体一向蛮好的，是到了律师事务所之后，在一次答谢体检中才查出癌症的。

我问什么是答谢体检？

他说在一桩医患纠纷的官司中，他们律师事务所为医院打赢了官司，院长一高兴，就批示为他们全所律师在本医院进行了一次相当全面的免费体检。

“你看，事情竟成了这样！所里待我不薄，每月一万元给我开着，我还兼着一家私企的法律顾问，我在我们那儿是令人羡慕的。现在，我幸福指数很高的晚年发生了恶性突变……”

他的苦笑令我心生怜悯。

为了避免和他谈他的病，我转移话题，问他当年是一名中文学子，而且当年中文学子毕业后找工作挺容易，为什么会应聘去到法院当书记员？

他说当年谈好的，最长三年后就会转为法官。当然，转前要进修。

我张张嘴，将到了唇边的话咽回去了。

他问：“你想问我后不后悔是吧？”

我点头。

他说：“从没后悔过。如果我当年去到了什么出版社、杂志社，那现在才会后悔莫及。”

我说：“的确，现在出版社、杂志社的日子都不好过，你当年很有远见。”

他说：“倒也不是有远见，是与当年许多中文学子们的想法不同。我是农家子弟，我们农村人，最不待见搞文的了。省里的这个工作组那个工作组下到农村去考察、调研，也有主管文化和新闻出版的干部带队的时候，那下边的接待可就随便多了。但如果工作组里有公检法的人，还不必是带队的，接待可就大不一样了，哪一级也不敢怠慢。只那一身制服，先就使人敬畏三分。没敬也必有畏。当年我到了法院，第一次回农村探家，全村人一听说我在法院工作了，没有不夸我出息了的。我成为法官以后，虽然只不过是区法院的法官，再探家可就很有点儿衣锦还乡的意味了，村里的、镇里的干部，主动来认识我。调到中级人民法院后，当法官的时间长了，有点儿老资格了，人脉广了，每次回家，县里的干部也得拿我当成人物，有的还派司机将车开到我家门口供我调遣呢！自从我成了法官，我家在当地就再没受过一次窝囊气。就拿拆迁这件事来说吧，开发商亲自登我家门，嘱咐说你家可千万别跟着闹。你家一跟着闹，事情就复杂了。只要你家人不卷进去闹，一切单说，好说，肯定亏待不了你家的。我弟要在县城里摆个固定菜摊，我在省城几通电话打到县里，事情就搞定了。即使我退休以后，不论在省城还是在家乡，初次见面的人一听我说是从法院退休的，差不多都立刻来一句‘以后请多关照’。当然，我接触的人民多、官少。是官的，也是些小官。‘法官’二字在民间太有含金量了。退休的老法官，含金量仍在。你可能不太了解，‘公检法’三字，是指三方面机构，但在法律常识蒙昧的地区，特别是农村，‘公检法’就是一家人。许多农村人根本不明白检察院是干什么的，却往往有这么一种错误理解——法官等于是穿法官服的公安人员似的，只要法院通知抓谁，那公安局是肯定照办的。我成了法官，我的小家、我农村的大家庭，都受益多多。我怎么会后悔呢？我一生最庆幸的就是这件事了！”

我说：“只要法院通知抓谁，放谁，公安局肯定照办，连我也是这么想的呀。”

他说：“连你都是这么想的，证明中国人太缺乏司法常识了。法院的案件分民事与刑事两大类嘛。涉及刑事犯罪，法院与公安部门是相沟通、配合的关系。但这并不等于谁听谁的关系。有时公安部门将犯罪嫌疑人的罪证书通过检察院送到法院，要求判刑或重判，法院看后认为证据不足，是可以驳回的嘛。有时法院审过一桩案子，要求公安配合抓人，如果公安方面认为性质不够是刑事的而仍是民事的，那也可以说明公安方面的看法嘛。这些关系太专业了，因人因事而异，不是几句话说得清楚的，我可不在你家里给你上普法课，换个话题，换个话题！……”

我以请求的口吻说：“我能和一位退休的老法官面对面请教些问题的机会太少了，这是第一次。你来都来了，就满足我的愿望，给我补补课吧。”

他笑了。不再是苦笑，笑得蛮灿烂。那灿烂的笑出现在他消瘦的脸上，像黑白电影闪回了几秒钟的彩色片断。

我问他当的是民庭法官还是刑庭法官？

他说当的基本是民庭法官。有一个时期转到了刑庭，才一年多就强烈要求回到民庭了。

我问为什么？

他矜持地笑，不想回答的样子。

我说：“这也不是不便回答的问题呀。”

他说：“还真挺不便回答的。不过呢，我都这样了，跟你实话实说也无妨。当民庭法官，好处多一些，收了关照钱，犯错误的概率也小。错也错不到哪儿去。刑庭法官就不同了，每有公安与检察院两方面介入，法官想起到关照作用很难的。非要关照的话，一旦东窗事发，那可就是大错误了。所以刑庭法官要比民庭法官谨慎得多。”

“民庭都是些一个巴掌拍不响的案子，审了一辈子就不烦？”

“怎么不烦啊？有时候太烦了！但即使是民事纠纷，闹到了法庭上，谁都想把官司打赢了。一个巴掌拍不响，那也有谁先举起巴掌的责任区分吧？各打五十大板只不过是种说法，打你四十五，打他五十五，意味着你赢了。心理上的赢也是赢啊。就算事实上他占的理多几分，但判决书的用词只要稍微往有利于你那边关照一下，他多占的那几分理就似有似无了。一般老百姓之间的官司，给法官塞钱的其实不多。他们在法律上争的往往是一口气。身为法官，关照哪一方点儿，也无非就是人情关照。比如本来你该道歉的事，我判个双方互相道歉，你心里最清楚那就是在面子上关照你了。哪怕你是卖鱼卖肉的，过后不送几条鱼儿斤肉给我，那你太不懂事了吧？人情关照起码会得到感激。别人对法官的感激之心，某些时候对法官也是有用的啊。

但如果一般老百姓和官员的、老板的、名人的三亲六戚，或者直接和他们本人打起了官司，那么是官员的是老板的是名人的，如果想要获得法官的关照，暗地里必得意思意思吧？大点儿的官儿不太会直接和老百姓打起官司来，和老百姓打起官司来的经常是他们的三亲六戚。他们也不太会塞钱给法官，那双方都会不好意思。但他们如果托人捎话甚至亲自给法官打电话，面子总是要给的呀。给了大点儿的官儿面子，对方欠了你人情，那人情是有含金量的吧？如果是老板或老板们的三亲六戚被老百姓告上了法庭，不出点儿血的话，法官又干吗非予以关照呢？法官对惹上官司的老板们，一般是外冷内热的。为什么呢？因为即使他们被判刑了，出狱后可能还是老板，还是有钱人。关照他们是划得来的。如果是名人，尤其文艺界名人被老百姓告上了法庭，那几乎是每一位法官都乐于审的。那对于我们是很快乐的事。这样的事其实也不多，但主审法官确实会有快感。这时名人就要加倍小心了，如果给法官的印象不好，即使有理，往往也会被法官审得很屈辱。所以名人为了那点儿面子，往往也会托人过话‘人情后补’。即使有这四个字在先，法官肯不肯关照，那也两说。确实有那类法官，会给官员面子，也愿意给有钱人面子，就是偏不给名人面子，还要通过名人官司自己也出名。名人惹上了官司碰上了那样的法官，那就只能怨自己倒霉了。”

“可是，法官关照一方，官司的另一方服吗？”

“那就看法官水平了呀。比如吧，张三李四是邻居，张三一向总欺负李四，哪天把李四惹火了，发狠打伤了张三，张三成了原告，还托上了关系，表达了物质性的‘意思’。这种情况下，收了好处的法官往往会这么判，当庭告知李四，我现在审的就是你打了张三。你打了没有呢？确实打了。打人犯法，我要依法判你伤害罪。至于张三一向欺负你，那是另案。另案等你把张三告上法庭再说吧。法官将一桩案子分成两部分来判，是种智慧，并不犯错，而且判起来还简单顺利。如果李四也‘意思’到了，那么法官会暗中关照李四，你可以反诉。如果李四既没有意思到，又缺乏法律常识，那么法官都不提醒你有反诉的权利。当然，这都是从前的内幕，现在有律师这一行，以上做法基本行不通了。你别急，我知道你想说什么，想说我们法官吃了原告吃被告是吧？这确实是难以否认的现象，但也确实主要是从前的现象。现在，特别是在大城市，基本上不太可能了。一方面是由于判案透明度加强了，另一方面是由于律师这一行太发达了，把从前我们法官的油水截流了。但是中国的法律留给法官的判决空间至今还是蛮大的，死缓和死刑这是多大的差别？十年刑期和五六年刑期差别也不小啊！海里的章鱼有种本事，也可以说太能耐了！十七八公斤的章鱼，那得多大个儿呀，但是它能从直径一寸多点儿的洞口钻入钻出。中国的法官们犯事，往往正是因为对自己类似章鱼的能耐太自信了！”

“现在，中央加大推行司法改革的力度，对法官们会造成压力吗？”

“太会了呀！不瞒你说，不少法官都想脱下法官服去当律师了。有人三心二意的，在乎的基本就剩一条了，当法官毕竟捧的是金边铁饭碗。铁饭碗就不能不在乎了，何况还镶道金边呢！你看现在，又是责任制，又要出台什么引咎辞职、罢免制的，今后法官这只金边铁饭碗肯定不好捧了。还想徇私枉法的话，风险系数高了呀，等到事情曝光，不但碗掉了，人也栽了，那不就完了？”

我忍不住也直人快语地说：“听你这话的意思，好像还挺怀旧嘛！”

“哈哈哈哈……”

他放声大笑。

一个患了癌症的人居然能那么响亮地笑，使我着实吃了一惊。

他笑罢，表情极其庄重地说：“我不是怀旧，我是庆幸。司法改革力度加大了，步伐加快了，我不也退休了嘛！再怎么改，一点儿也不关我的事儿了呀！咱俩都聊到这份上了，我干脆再坦率一点儿说，我当年判过的一些案子，也是经不起拿到阳光底下晒的呀！所幸都成往事了，而且咱也不是个贪人，从没狮子张大口过。收过钱物那是不假。每次收钱不多，答谢我一位民事法官的东西，那也不会贵重到哪儿去。某天我走人了，我的三亲六戚说不定也有惹上官司的时候。人不惹官司，官司还惹人呢！这是对谁都很有可能发生的事。那时我也没法在另一个世界罩着他们了呀！所以呢，司法改革既然对老百姓有益，今后对我的三亲六戚也有益，他们也都是普通百姓嘛！”

我说：“那么，你很支持啰？”

他问：“我说支持，有什么意义吗？”

我说：“从一位退休了的老法官口中说出支持，在我这个作家听来，意义非同一般。”

他说：“我的态度——我是指生病以后的我，当然跟你一致，跟老百姓一致啰。司法改革这种事，自上而下比自下而上有力多了。好比推磨，谁的双手在磨柄上，谁才能使磨转得快。搭不上手的人，只能在旁边干着急。”

我说：“你比喻得挺形象。”

“毕竟咱也是文学写作爱好者呀！”他孩子般地笑了。

那时他的样子很可爱。

他又问："知道我为什么跟你说了这么多做过法官的人不该说的话吗？"

我反问："为什么？"

他真诚地说："一、因为我拎来的礼品过期了，我要挽回尴尬。二、因为我看出了你希望我跟你说说。三、你当年问我，为什么不写写司法界的事，我一直希望有机会当面告诉你，那些事的确不该是我来写的。现在我了此愿了。"

我也真诚地说："在北京有了什么困难，只要是我力所能及……"

他打断地说："停。点到为止，我谢了。可以肯定地告诉你，我麻烦不到你。怎么说我也是在省会城市当了三十多年法官的人，在北京那还是交下了几位朋友的，他们都欠我人情，也都愿意还我人情。"

我一时不知说什么好了。

他说："你是作家，我登门拜访，咱们总得聊聊文学嘛！你对诺贝尔文学奖究竟怎么看？"

于是我们便聊起了文学……

我不但将他送出了家门，而且将他送到了街上，送到了车前。我很想看清一直在车里耐心等他的人，是他怎样的一位朋友，却没看清。他一坐入"宝马"车里，车立刻开走了……

二零一三年十二月十五日

（原载于《光明日报》，2014 年 1 月 10 日）

贪官猛于癌

——一个脑癌患者痊愈之后的心声

蒋亢祖

官员若涉嫌贪污，即不免声名狼藉，臭不可闻。贪官与癌症风马牛不相及，两者之间能有什么干系？若不是生拉硬扯，牵强附会，怕不是你自己和癌症有什么瓜葛吧？

是的，在我做完开颅手术还没出院的时候，一个朋友去看我，见面先问，跟你说话用不用忌讳？我说你知道什么叫彻底的唯物主义者？我天地鬼神都不信，只相信科学。你有什么就直说，不必绕来绕去。告诉你：我、就、是、一、个、脑、癌、患、者！

但是今天，我已经是一个彻底击败了癌魔的胜利者，是一个100%的健康人。我现在站出来把贪官和癌魔扯在一起，是为了挽救千千万万至今还在生死线上挣扎的癌症病人。

我在一个特大型国有企业担任中层领导职务，2003年体检时我被查出患有脑癌，当时绝大多数人都认为我死定了。有位上级找我说，咱们都是唯物论者，现在你倒下了，可是你负责的工作不能停，请你推荐一名同志做你的副手，你“走了”以后接替你主持工作。我嘴上说，是应该配备一个副职，我推荐某某同志，心里却在想：莫非你们以为我还真会就此撒手人寰？想着想着，嘴上就说出来了："你放心，我的休假从没使用过，这回请个假，到医院做完手术，歇几天就回来上班。这一摊子工作还是归我管，什么事也耽误不了！"

观念决定思路，思路决定出路。想好了我不死，还要活着回来继续工作，我就想方设法寻找不死的办法，我便不会死。这就是我后来在文章里说过的，"命运就是你所相信的东西。你相信什么，就会去争取什么，你去争取了，就会得到它。"

我问自己：癌症为什么多年来被称为"不治之症"？一般是按如下逻辑推理的——"因为过去没有真正有效的根治方法"。现在大敌当前，你要想不死，就必须找到有效的战术和兵器。克敌制胜的出路在哪里？往回看肯定没有，只能向前看，只能出现在日新月异的科技进步、医学创新里。于是，我就去向医生讨教。又运用信息时代网络的巨大优势，上网查找最新、最前沿的抗癌疗法，不断与医生沟通交流，强烈要求用我做创新尝试。几经周折，天遂了人愿。

做完手术，歇了几天，还在化疗期间，我就回来上了班。不仅原来管的事情我还都管着，还给自己另外加了一桩苦差事：一边忍受着化疗带来的晕眩呕吐，一边就在计算机键盘上日夜兼程地干起来——我要把自己战胜癌症的经历告诉天下所有需要的人，告诉天下所有不愿意被癌症夺去生命的人，告诉他们奇迹是如何创造的。耳边忍受着妻子喋喋不休的怨怼，文字在显示屏上溪水一样蹦跳着奔涌而出，题目叫作《地狱入口的记忆》，45000 字，初稿一个月，修改几个月，终于大功告成。

拙作在《北京文学》2006 年第 2 期面世，几乎与此同时，《北京青年报》、《南方日报》、《深圳晚报》、山东人民广播电台开始连载、连播，《新华文摘》2006 年第 7 期也作了转载，还进入了《2006 年中国报告文学精选》，在"中国当代文学最新作品排行榜"排名第三。在我手术中尝试使用的所谓"试验性"的抗癌新技术"光动力示踪与治疗"，引起了众多医生、患者及家属们的广泛关注。许多朋友来信来电，称赞我"勇敢"，说我是"和平年代的英雄"。其实我心里明镜一般：我这些事和"英雄"不沾边儿，因为医生给我使用的"光动力示踪和治疗"

技术，并无风险，实际上是稳操胜券的。

我是一个做事十分严谨的人，属于“冷静理智，洞若观火，多谋寡断，魄力不足”的那一种。我力请医生在我的头部使用这种国内使用还不多的先进技术，当然，事先经过了充分的调研和分析。我在手术前后上网查阅了大量关于“光动力示踪和治疗”的资料，仔细观察了欧美许多病例中治疗前后的彩色图片。有关研究表明，白种人患皮肤癌的概率比我们黄种人高许多倍，我看到数例白种人面颊、手臂、脊背上生皮肤癌的照片，好端端的肌体上长出溃烂得如同烂菜花一般、馒头大小、纵横开裂的癌肿，看起来丑陋无比，令人作呕。若采用过去常规的手术方法剜除，先不说能否根治，至少会留下巨大的疤痕。而采用“光动力治疗”，经过两三次激光照射以后，病人恢复两个月、三个月、半年，随时光推移病灶逐渐萎缩，待彻底痊愈后居然连一点小小的疤痕都没有，一切完好如初，肤若凝脂！

我国著名相声演员李文华因喉癌手术后失声，不能再登台演出的事近乎妇孺皆知。而我2003年手术以前上网查找抗癌病例时看到，广州有一位年近六旬即将退休的黄老师，打算退休之后继续发挥余热，有一所职工大学决定聘他前往任教。不料这时他被诊断为喉癌，肿瘤长在声带附近，如果不做手术，发展下去性命堪忧，但是只要一动手术刀，他的声带就会和相声演员李文华一样不能正常发声了。他当了一辈子教师，不能正常发声，且莫说讲课，以后的岁月如何打发呢？广州南方医院的医生对他进行了“光动力治疗”的尝试——我在网上看到了患者咽喉癌肿在治疗前和激光照射后一周、两周、两个月、三个月至彻底痊愈后的彩色照片，咽喉里面的癌肿非常明显地一步步萎缩、消失了。消灭了肿瘤，而他的咽喉和声带没有受到任何触动，他讲话的功能丝毫没有受到影响，从而逃避了李文华遭遇的那种厄运。如果依靠传统的手术方法，这种效果是绝对达不到的。

正是因为我掌握了种种关于“光动力示踪和治疗”的可靠信息，我才会在手术前坚持提出必须使用“导航”与“光动力示踪和治疗”两种先进科技手段给我进行名为“试验性”而实际上十拿九稳的手术，我才相信唐铠医生跟我说的——“光动力示踪和治疗”的效果真是令人震惊！经出院以后的继续研究，我仍对手术的效果坚信不疑，也正因此，我才在拙作《地狱入口的记忆》里写下“三至五年足够现代肿瘤治疗学取得更为重大的发展。有人说，光动力疗法治疗肿瘤的价值可以比拟为20世纪20年代发明青霉素治疗大叶性肺炎。这还仅仅是诸多克敌制胜的最新疗法中的一种。人类彻底战胜癌症的总攻号角已经吹响……”这样的句子。

不过，癌症真的就像你蒋亢祖说的，能如此轻而易举地开始被攻克了？我们凭什么相信你？

我的一个亲戚告诉我，有一天他收听广播电台的《健康之友》节目：家住×区×街×楼×单元×号的老年患者×大妈正给电台里做嘉宾主持的医生打电话，说：“×主任呀，我服了您的药，身体越来越棒，脸色红扑扑的，人像年轻了十几岁，久治不愈的症状完全消失啦！我们全家人都对您表示衷心的感谢……”我这亲戚一听，不对呀？这地址就是他家隔壁单元，那个×大妈一直病歪歪的，面若土灰，半年前就已经去世啦！你蒋亢祖该不也是谁花钱雇的托儿，在这儿“忽悠”人吧？于是便有读者来信给《北京文学》杂志提问：“我是安徽合肥一位身患重病的读者，因疾病缠身一直很悲观。读了贵刊2006年第2期蒋亢祖的报告文学《地狱入口的记忆》，深为作者坦然面对病魔并与之抗争的精神所感动，我由此也树立起战胜疾病的信心。我想知道蒋亢祖同志现在的身体状况如何，是什么力量和原因促使他拿起笔来写作这篇报告文学的？”

于是我在《北京文学》2006年第5期扉页的“热线”坦然答曰：“谢谢您对我的关心，也祝愿您尽早康复。我的身体甚好，出院两个月，我就坚持8小时上班了。我因工作需要经常出差给记者、通讯员讲课。出院两年多，我徒步登过庐山、延安宝塔山、张家界、泰山；为学员授课可以连续讲话三四个小时。生命珍贵无比。我是一个新闻编辑兼业余作家——人类灵魂的工程师。在地狱入口与死神对话，理应比别人感悟更多。这些感悟和亲历可以帮助病友珍爱生命，树立信心。为了鼓舞千千万万与我同病相怜的朋友，促使我在化疗期间克服困难，创作并修改完成了这篇报告文学。”

我的手术成功以后，本以为这样一种救人性命、造福社会的创新疗法会很快推广开来。借一次到北京天坛医院复查的机会，我问唐铠医生关于“光动力示踪和治疗”的开展情况。唐铠医生介绍说：“您出院以后，有条件的患者都强烈要求使用这种疗法，我们也做了几例，包括高度恶性的胶质母细胞瘤，效果都很好。但是后来停下来不做了。一是价格比较昂贵，二是在国家药监局（SFDA）一直审批不下来。”我想：价格昂贵也要具体分析，说来，常规手术（3.5 万元）之后，额外又增加“光动力示踪和治疗”的 2 万元，是让有些病人承受不起；但是省下 2 万元，待两年以后复发再来“二进宫”，不是更得不偿失吗？至于在 SFDA 那里审批不下来，大概是衙门大了茬口多，难免办事拖拉效率低吧！

但问题远没有这样简单。我一次又一次地接到天南地北的患者亲属给我打来的电话，多少次说着说着对方便哽噎无语，泣不成声。他们说，我们带着病人千辛万苦到了北京，也见过天坛医院神经外科的张主任，可医院就是不给我们做“光动力示踪和治疗”。蒋老师您帮帮我们吧！您跟张懋植主任和唐铠大夫是朋友，您的文章又有那么大的社会影响，您出面帮助说说行不行？

我回答说，我出面说也不顶事。因为这不是情面问题，而是法律问题呀。“光动力示踪和治疗”在国家药监局一直没审批下来，天坛医院的医生已经冒着没有国家药监局批号的风险做过多例手术了，现在医患矛盾这样尖锐，一旦手术中发生什么意外，患者只要到法院起诉天坛医院违规使用没有国家药监局批号的器械和药品做手术，手术的责任人就得进牢房，我不能把法律的绞索套在挽救过我生命的医生脖颈上！

但同时让我颇为不解的是，我的手术成功已经 3 年有余，又有如此大的社会反响；用 3 年多时间，在 SFDA 审批这样一种先进的有效抗癌器械和药品，还办不下来吗？由此可见，这事绝不是简单的时间问题。

后来，我的疑问是在阅读朱晓军同志的报告文学《天使在作战》（见《北京文学》2006 年第 6 期、《2006 年中国报告文学精选》）时找到答案的。原来，SFDA 的贪官们审批一种医疗器械和药品能否通过的准绳，不是能否有效地救死扶伤，造福患者，而是看能否从中捞取大笔的钱财！

看看，始终代表中国最广大人民根本利益的共产党的权柄，一度落到了什么人的手里！SFDA 的贪官们难道还不是助癌为虐的“癌肿”吗？

幸好 2005 年伊始，国家药监局发生了强烈地震：中纪委派遣工作组进驻 SFDA，医疗器械司司长郝和平涉嫌受贿案发；与之相关联的 SFDA 药品注册司司长曹文庄等多名官员也因涉嫌经济犯罪，被北京市西城区检察机关刑事拘留，移交司法起诉。我心里真兴奋啊，同时期盼着，这回，“光动力示踪和治疗”该能批下来了吧？

可是等啊等啊，国家药监局助癌为虐的“癌肿”们被切除一年多了，但 SFDA 为什么依然迟迟不作为？“光动力示踪和治疗”为什么还是不能通过 SFDA 的注册审批？我受无数脑癌患者亲属的泣血之托，再也等不下去了，不能不操笔为文，提出质询！

可是，我这锋芒毕露的文字，拿到哪里面世，才能产生预期的影响呢？我想起人民文学出版社编辑刘小沁、医生出身的专栏作家罗点点，他们几位热心社会公益事业人士主办了一个“选择与尊严”的社会公益网站。当年我记述自己抗癌亲历的文章发表后，刘小沁给我打来过一个电话，动员我加入他们网站的博客。现在是网络时代，SFDA 的贪官们，就在网上过招吧！得道多助，失道寡助，看看世界上究竟谁怕谁！

正当我在计算机前满怀激愤地要把这篇为民请命的博客发布上网，并同时发送中纪委驻国家药监局工作组的一刻，收音机里传来了一个消息：国家药监局原局长郑筱萸于2006年12月28日被中纪委“双规”。

桌上的电话铃响了起来。已经是晚上 9 点多了，是谁有急事这时候还来电话？我拿起话筒，听到唐铠医生说：“蒋大哥，告诉您一个欣慰的消息，‘光动力示踪和治疗’终于通过 SFDA 的审批了。”

于是，我匆匆删去文章原先言辞激烈的结尾，在计算机键盘上敲出下面两句真诚的话语：“感谢中央纪律检查委员会驻国家药监局工作组，你们不仅铲除了曾被贪官们盘踞已久的 SFDA 里面的癌魔，而且给未来无数在苦难中挣扎的癌症患者带来了重生的希望。”

但是我还是有所忧虑：腐败就像癌细胞。如同每个人肌体内都有癌基因，每个权力机关、企事业单位，也都有滋生腐败的土壤。关乎国计民生的问题千头万绪，不尽快建立一种完善的体制和有效的约束机制，难道都等着发展成重灾区，再由中纪委派遣工作组来解决吗？

本文即将公开发表时又传来了最新消息：

新华网北京1月24日电

国务院总理温家宝24日主持召开国务院常务会议，听取监察部关于国家食品药品监督管理局原局长郑筱萸严重违纪违法案件调查情况汇报，对进一步查处案件提出了明确要求，对加强食品药品监管和政府廉政建设作出了部署。

好！贪官猛于癌，必欲除之，越早越好！

（选自《2007年中国散文精选》，长江文艺出版社，2008年版）

慕绥新的悲剧 *

王重旭

我第一次见到慕绥新的时候，是在 1997 年的本溪水洞。他目光坚韧锐利，相貌英俊潇洒，气度非凡，踌躇满志，充满自信。当时他是作为辽宁省建设厅的厅长来参加本溪水洞杏花苑的剪彩仪式的。仅凭直觉，人们便会感到此人雷厉风行。不久，他便当上了副省长，又不久，当选沈阳市市长。接着，网上把他和另外几个人列入中国最有希望的政治明星。而且，在这些明星之中，慕绥新势头最好。应该说，此刻，历史向他垂青，机会向他招手，这一切，让他不能不踌躇满志，雄心勃勃。但是，历史和时代的惯性，却把他推上了一辆快速行驶的邪恶的列车，让他欲罢不能。仅仅五年之后，我再一次见到他的时候，却是反腐败干部大会上播放的警示录像，在审判大厅里，他剃了一个光头，正襟危坐，依然双目炯炯。其实，这时的慕绥新已经病入膏肓。

慕绥新是因为腐败而被判处死刑，缓期两年执行的。

在这个世界上，任何一种事件的背后都有其理由，然而，慕绥新腐败的理由是什么呢？是什么驱使

---

* 标题为编者所加。

他一步步走向腐败，走向死亡的呢？

毋庸讳言，在我们现有的“官本位”体制下，作为一个副省级城市的市长，他的待遇足可以保障他过上幸福的生活。他并不需要钱，他也不会花钱，他不知道自己有多少钱，他也不在乎钱，可是，偏偏这个与金钱无缘的人，却栽倒在金钱下面，这又是为什么？

1998年，沈阳市政府换届的时候，慕绥新被代表们的热烈反应所感动，于是，这位热血汉子提议，我们要对选举我们的人有一个承诺，他率领几位副市长，一起站在主席台上，对着全体代表宣誓：“依法从政，廉洁奉公，牢记宗旨，报效人民。”这些话掷地有声，哪个人听了能不为之动容？我不相信这时的慕绥新说的是假话，我不相信慕绥新的宣誓是为了骗取代表的信任。还有，那些在场的代表们也不会认为他们说的是假话，因为代表们全体起立为他们欢呼，被他们感动。

可是，仅仅三年，一个一心要做一个好市长的慕绥新，一个要用自己毕生力量干出一番伟业的慕绥新，终于败走麦城，因腐败而走向灭亡。

应该说，从广西的成克杰开始，一直到上海的陈良宇，我不再为贪官的落马而震惊了，就连愤怒也不再那么强烈，真的是“曾经沧海难为水，除却巫山不是云”。但是，慕绥新不同，他的形象和名字总是萦绕在我的脑海里，挥之不去。

慕绥新有一份检查，在互联网上广为流传。这份检查尽管不是情愿的，但却是真心的、深刻的。

他说自己腐败的原因是“不讲政治原则，放弃思想改造”。他说的对吗？如果他说的对，一个“不讲政治原则，放弃思想改造”的人，为什么能当上党的高级干部？

他说自己腐败的原因是“私心膨胀，贪欲不止”。他说的对吗？如果他说的对，一个人只要“私欲膨胀”，就能获得满足，只要“贪欲不止”就可以要什么有什么，这是谁给的权力呢？

他说自己腐败的原因是“以特殊党员自居，脱离组织监督”。他说的对吗？如果他说的对，那么我们的党为什么会容忍一个特殊党员的存在？如果一个人只要想脱离组织监督就可以轻易脱离的话，那么我们党的庞大的监督体系岂不是形同虚设？

他说自己腐败的原因是“外面的力量太强大了，而我本身受到的监督太微弱了”。他说的对吗？如果他说的对，那么那个“外面的强大力量”指的是什么，又来自哪里？

慕绥新锒铛入狱之际，很多人开始对慕绥新进行质疑和反思，因为他身穿的名牌服装和他的收入不成比例，于是被视为腐败的象征。然而，这是我们的视角。如果在慕绥新看来，这套服装却是代表着他的形象，而他的形象则代表了沈阳市政府的形象？因为他是市长。否则，他为什么要那样张扬自己呢？如果他知道中国的老百姓会把他的那套名牌服装看作是腐败的象征，他还会冒天下之大不韪，向世人展示自己的腐败吗？

时代的发展，执政理念的转变，老百姓和官员们的价值观已经在悄然地发生着变化，或者说已经开始分道扬镳了。老百姓认为是不应该的，他们则认为是应该的；老百姓认为是不光彩的，他们则认为是光彩的；老百姓认为不是理所当然的，他们则认为是理所当然的；甚至老百姓认为是腐败的，他们则认为是正当的。周伟想当沈阳的烟草专卖局局长，被别人反对没有用，因为慕绥新的小姨子收了周伟的钱。这是腐败吗？人家周伟是老红军的后代；夏任凡想当交通局局长，领导班子不是集体反对吗？那好，慕绥新就把夏任凡所在的客运集团公司独立出来变成一个独立的局级单位。这是腐败吗？人家夏任凡大胆改革，工作有魄力，一心干事业，提拔这样的人才必须不拘一格；刘宝印的走私汽车被扣了，慕绥新一句话，被扣车辆便全部返还。返还的走私车卖不出去，慕绥新便让政府接待办将车买下。刘宝印承揽的工程，慕绥新一句话，就减免税费四百万。这是腐败吗？这是对民营企业最大的支持。于是，腐败便在老百姓的谩骂声中和官员们的理所当然中，愈演愈烈。

我们真的应该佩服香港记者的职业敏感，他们关于慕绥新名牌服装的报道让我们恍然大悟。慕绥新的腐败早已露出端倪，为什么我们的新闻媒体集体失语呢？于是，有人质疑，我们的记者都干什么去了？人家香港的记者如此敏感，而我们的记者却如此麻木？其实，你非记者，你怎么知道我们的记者就没有发现，并且对此就没有丝毫的议论呢？问题在于，香港的记者写出来，他们的总编辑可以让他发表出来。我们的记者如果写出来，报社的总编辑会让这样的稿子发出来吗？换句话说，就是发现了慕绥新的名牌服装又有什么用呢？香港的记者太大惊小怪了，我们的许多官员住高级别墅，老百姓有目共睹，我们一些地方的主要领导不但要坐豪华的小轿车，还要外加一辆越野车，甚至他们的妻子儿女都在做什么，哪个人看不到呢？纪委也好，监察部门也好，上级主管部门也好，不是失明，就是失语，记者又能如之奈何？

许多贪官在悔过的时候，都把不注重学习当作腐败的一个重要原因，勇于创新的慕绥新未脱窠臼，也把腐败的原因归咎于“不把学习当回事”。学习真的就这么重要吗，学习真的就能彻底解决腐败问题吗？那些没有文化的农民为什么就不腐败呢，那些下岗的工人为什么就没有腐败呢？是他们注重学习了吗？

当然，要掌握权力的人加强一些学习，对腐败还是有一定的预警作用的。可是，我们的学习是一种怎样的学习呢？慕绥新不喜欢学习，不重视学习，并不是因为学习本身不重要，而是我们学习的内容太脱离实际，离慕绥新所要解决的问题距离太远。

所以，不是贪官们因为不学习而出了问题，而是我们的学习本身出了问题。多年来，我们的学习是空洞的、形式主义的，不结合实际的、走走过场的。否则，一个不注重学习的人是不会走上高级领导岗位的；否则，马向东也不会在中央党校学习期间便非常方便地到澳门赌博，而且一赌就是上千万，一赌便把命搭上。

终于，组织上过问慕绥新的学习了。2000 年 3 月和 5 月，忙碌的慕绥新被派到中央党校学习。可是，就在学习期间，他被检查出了癌症。不久，便因腐败而被“双归”。

“人之将死，其言也善。”站在审判席上，此时的慕绥新没有必要再说假话了，他愿意把自己的感受全部说出来。他说，行贿受贿实际上“是两头害怕，即送钱的怕不收，收钱的轻易不能不收。这是由于政治生活不正常，人际关系复杂。有人要通过这种‘人情往来’以消除政治危险，如我不收或返回去，就可能使矛盾明朗化、复杂化。因此我也轻易不能不收”。慕绥新是在为自己的腐败辩护吗，是为减轻自己的罪责吗？不是的，腐败的根源没有比慕绥新挖掘得更深刻了，他清楚地告诉我们，腐败的复杂化，远非一个“贪”字了得。他所使用的每一个词都是经过深思熟虑，都足以让我们品味再三。

在机构重叠、相互扯皮、人浮于事、各自为政、效率低下、人身依附的体制下，一个领导者其实常常是左右为难的，“欲干不能、欲罢不忍”常常会成为许多领导者的共同心境。慕绥新要的是高效率，高效率就难免独断专行；慕绥新要的是高起点，高起点难免就要超前，超前便不可避免地会带来奢侈和浪费；慕绥新要的是高要求，高要求就必须得罪一大批人；慕绥新要的是上下一心，上下一心便难免要有利益的一致，利益的一致便难免同流合污。这就是中国的现状。慕绥新的悲剧是他个人的悲剧，其实也是一个社会的悲剧。

联系群众很重要，但这个“群众”，绝不是最底层的普通百姓，而是干部与干部之间的联系。联系了这些“群众”，便众星捧月，便一帆风顺；不联系这些群众，便会“众口铄金，积毁销骨”。

其实，干部对干部的制约有时是最重要的制约，他们相互之间最熟悉情况，一个领导干部的名声好坏，其舆论制造的渠道，大都来自这个群体，你不能不对他们多一些心思。他们为了各自的利益，总是难免要围绕在你的周围，不是对你献媚就是伺机找你的麻烦。舆论有时也是可以杀人的，难怪苏东坡要感慨“高处不胜寒”。所以，联系群众的实质就是要联系干部。那么，联系干部靠的是什么呢？靠开会，不行，开会说的都不是真话；靠吃饭，不行，因为一吃饭，就要喝酒，酒后的话常常是不算数的，这是一个众所周知的潜规则。那么，只有收礼，收礼才会把人的感情紧密地联系到一起。而且通过收礼，才可以准确画线，增强感情，产生信任。

就这样，人身依附便不知不觉地产生了。

在这里，一个人依靠组织是没有用的，组织已经虚化为飘散的香雾，已经演化成一个神圣而又空洞的符号，你抓不着，靠不住。而只有将其具体化成某一个权势人物之后，干部们的那颗悬着的心才会放下来。而且，有些人腐败的目的，不一定都是为了得到什么，有时候不过是为了不失去什么。

慕绥新说他不知道自己有多少钱，是他的粗心，还是他的大意？我相信他真的不知道，因为他不需要知道。钱一旦多了起来，就失去了钱的意义，钱不会让他激动。所以，当人们给他送钱的时候，他很淡然，也很坦然，当然，也很麻木。

说心里话，慕绥新的工资已经足够他用的了，而且，高级干部还有很多免费供给的东西，那些公开的、合情合理的供给，已经足以让他幸福了，他还要那么多的钱干什么？是的，他要的不是钱，而是感情。慕绥新是一个很重感情的人，他可以什么都没有，唯独不能没有感情，他可以和喜欢的男人结成兄弟，可以和爱慕的女人结成情侣。所以，他的收礼的过程便演化成一个感情传递的过程。在这里，礼金像一杆秤，能称出别人对他的重视，和对他的情感。可以称出他的分量，和他的地位。

所以，就在中纪委莅临沈阳，进行调查的时候，他还在北京的医院里受贿，而且更加的疯狂。其实这不是他要疯狂，因为他本不希望很多人去看他，也不会通知人们带多少的现金，但是那些曾经受过恩惠和关照的人，能不去表示一下吗？而且这样做也不是盲目的，也是有规矩和方圆的。比方说，你让我挣了一百元钱，我绝不会拿五百元钱去感谢你，也绝不会拿一块钱去报答你，无论收者还是送者都有一笔自己的账。

也有另外一种人。应该说，中纪委来到沈阳之后，外界还是相当小心的，但是，就是在这样非常的时期，一些人还要冒着风险去医院看望他，并且带很多的钱，并且也不要慕绥新为他再做些什么，并且他们也隐隐约约感觉到了慕绥新从此很可能不会再为他们做什么了。所以，这些人的身上还是有些侠义之气的。然而，他们不知道，正是这种侠义之气埋葬了慕绥新，因为他们的感情表达，全部成了慕绥新腐败的罪证。

我们社会堕落的一个重要标志就是，无论出发点是什么，表达感情的唯一方式就是金钱，除了金钱，纯粹的感情表达已经无足轻重，这实在是我们这个社会的一大悲哀。换句话说，感情已经货币化了，市长的位置已经货币化了。你什么都不必做，便已经什么都做了。你的权力已经长成一棵大树，只要他站在你的树荫下，他便受益了。

其实，一个人如果在腐败的路上心惊胆战，说明他还有一些对法律的畏惧，还有一点起码的良知。如果他知道自己腐败而毫不在乎，说明他已经愚蠢到狂妄自大的程度。但是，慕绥新根本就不知道自己腐败，收受钱财的时候从来就没有心惊过，从来就没有激动过，这种对腐败的麻木，对腐败的认同，才是慕绥新最大的悲哀。

腐败的合理化，权力的异化，分配的不公，已经使得许多领导干部甚至高级干部，对自己的腐败认为是理所当然。这也就是我们今天为什么腐败屡禁不止的原因所在，是我们许多领导干部在审判庭上痛哭流涕说自己不懂法的原因所在。当腐败已经深入骨髓的时候，还可救药吗？难怪慕绥新要大声疾呼："这些事实说明，我犯错误很重要的原因是摆脱组织监督的结果。这个苦果葬送了我的政治生命。"慕绥新的话是很有些弦外之音的。

（选自《中国历史的屈辱·21世纪广场的梦魇》，华夏出版社，2009年版）

尚俭与戒贪

杨闻宇

俭奢刍议

俭者，俭朴节约。现在以此为话题，是有些不合时宜。可眼下反腐倡廉，雷厉风行，归根究底仍在于立俭；俭字不立，腐败照旧，艰苦奋斗又从何谈起呢？上了年纪，我也留意养生，有一天看到报上“以德养寿”几个字，便记起诸葛亮《诫子书》里“俭以养德”的嘱咐；政治家语重心长地诫子、训子，又让我进一步想到司马光的《训俭示康》了。

《训俭示康》是司马光写给儿子司马康的一篇家训。司马光拜相之前，隐居于洛阳十五年。暮年老病相仍，他在写给挚友吕公著的信里说道：“光以身付医，以家事付愚子，唯国事未有所托，今以属公。”这篇恳切严谨的家训，不足千字，分明就是“以家事付愚子”的产物。

文章短小，事体却重大。司马光在回顾了自己年轻时即以俭素为美，斥责眼下全社会的颓弊俗风之后，以孔子之言提纲挈领，相继列举了十多个著名权贵（其中有北宋三位宰相及一位副宰相），将他们奉俭与行奢的行为做强烈比照，意在阐释这样一条道理：

夫俭，则寡欲。君子寡欲则不役于物，可以直道而行；小人寡欲则能谨身节用，远罪丰家。故曰：“俭，德之共也。”侈，则多欲。君子多欲则贪慕富贵，枉道速祸；小人多欲则多求妄用，败家丧身，是以居官必贿，居乡必盗。故曰：“侈，恶之大也。”

这时候的司马光，焚膏继晷，经过十九年的努力，业已完成了皇皇巨著《资治通鉴》；为此，他熬得筋骨疲惫，视力减退，齿发脱落。可他并不自知，正是由此，他才将自身在以后的历史上塑造成为一尊高巍的形象：隔着一条冲决龙门、滔滔南下的黄河，与千年前的司马迁隔水相望，双峰并峙，被史学界誉之为“两司马”。对于《资治通鉴》这部“天地间不可无之书”（王鸣盛语），就连当代的毛泽东也读了十九遍之多，线装本上写满了眉批和心得。他之所以为共产党人提出艰苦奋斗的精神纲领，显然与中国的历史大有关涉。

然而，司马光在《训俭示康》里，仅仅是列举出十多位宰相级人物的立身言行及其所致后果，为什么对那么多处于统治巅峰的帝王只字不提呢？原因似乎很简单，帝王们的俭奢之事在《资治通鉴》里已经写尽了；而且因为涉及顶端层面，对于俭奢二字，司马光有着更深邃、更沉重的思考……

南朝宋的建立者宋武帝刘裕，幼年穷困，曾贩履、种地、捕鱼，公元 420 年称帝后倡导节俭，“未尝视珠玉舆马之饰，后庭无纨绮丝竹之音”，而且将卑微时躬耕用过的“耨耜之具”仔细收藏，严格要求诸皇子保持俭朴的品德。可他无论怎样地示范要求，整个刘氏皇族仍是迅速地滑向奢靡。后辈看到他身后留下的生活器具，竟讥笑先辈刘裕是个土头土脑的“田舍翁”。武帝之俭，二代即绝。

隋文帝杨坚，更以崇尚节俭著称。二儿杨广窥知父亲将崇俭抑奢作为选择接班人的标准，就暗自经营自己的形象工程。文帝尝幸其第，杨广将美姬隐匿于别室，唯留老丑于门，又改屏帐为粗布，断绝乐器之弦，故意布尘埃于其上。文帝见之，“由是爱之特异诸子”。杨广终于以骗术斥逐兄长杨勇而成为太子，继而又瞅准时机，杀死崇尚简约的父亲杨坚，自己当上了穷奢极欲的皇帝。

距司马光也就两百多年的唐玄宗李隆基，刚登皇位，下诏书销毁金银器玩，规定天下不得采珠玉、织锦绣，且对官员服饰按照品级做出严格规定。可是刚过了两年，有胡人称海南多珠翠奇宝，李隆基就命监察御史杨范臣偕胡人前往求之。自立的俭约规矩，自己很快又打得粉碎，朝令夕改，随心所欲，名副其实是昙花一现。

史实证明，俭始奢终也是一项无从抗御的历史衍变的周期律。“由俭入奢易”，对俭朴而言，奢侈正是惊涛拍岸的洪水猛兽——在绝对权力的支使怂恿之下，不分什么上峰下属、血亲朋党、小人君子，普天下上行下效，旅进旅退，任何诏命律条与防范措施都是软弱无力的。

围绕俭奢而“治国”，司马光在《资治通鉴》里强调过了，接着就是为“齐家”而训示子孙。“齐家、治国、平天下”，其总前提是“修身”。对于以俭朴修身，司马光始终是身体力行的。他经常说的话是“衣取蔽寒，食取充腹”“众人以奢靡为荣，吾心独以俭素为美”。其妻去世，没钱办理丧事，皇帝派人送来十斤白银，司马光立即命令儿子送了回去。他说：“葬妻是家事，岂能动用国家的钱财。”为办丧事，他将仅有的三顷薄地典当出去。这就是流传甚广的“典地葬妻”的故事。司马光在世六十八年，辞世的前一年才成为宰相。他刚直一生，勤奋一生，“财利纷华，淡然无所嗜”，他也一丝不苟地俭朴了一生。在历朝历代的名臣系列里，人们还能找出第二个司马光吗？

政治风云，吊诡难测。司马光下世十六年后，宋徽宗启用蔡京为相。蔡京定司马光、文彦博、吕公著等一百一十七人为奸党，由徽宗亲书其名，刻石为碑，立于端礼门；而且命令各地府郡都要刻这样的“党人碑”。《历代名人传》里有这样一段记述：

> 长安石工安民当刻字，辞曰：“民愚人，固不知立碑之意。但如司马相公者，海内称其正直；今谓之奸邪，民不忍刻也。”府官怒，欲加之罪，民泣曰：“被役不敢辞，乞免刻‘安民’二字于石末，恐得罪于天下后世。”闻者愧之。

俭奢自古同冰炭。司马光生前死后能这样地深入人心，而大贪官蔡京却被永远地钉在了历史的耻辱柱上，这也是我在读书时格外看重《训俭示康》的一个心理因素。

小富即奢，国之大病。司马光在家训里无可奈何地叹息："嗟乎，风俗颓弊如是！"近千年过去了，当今的风俗，奢靡败坏的程度比北宋时节是有过之而无不及。我们国家实行富民政策，许多人是富起来了，可富裕与奢侈是两码事。贫穷，固然没有"俭朴"的余地，而富裕，也绝非"奢侈"的借口。

与时俱进，那是年轻人的事，我们老年人，只求养生自保。报纸上提示的养生诀窍是："多走路，少吃饭，远烟酒，心放宽。"我们退休了，不再参与优胜劣汰的竞争，心是宽了；饭馆的山珍海味，与烟酒同样昂贵，也不敢沾了；可走路呢？路上小车似箭，首尾相衔，老年人过马路左顾右盼，提心吊胆，多走路是好事，也还是难于实践（即使跟不上时代，也不能说小车满路就是奢靡，可那些豪车分明是奢靡的标志）。在这样的境况里，我们还能为忙得脚不沾地的儿女们写什么家训么？

重温司马光的《训俭示康》，单是从教育子女的职责上着眼，我也只能是掩卷默坐、梦寐思之了……

（原载于《光明日报》，2013 年 9 月 27 日）

欲，有正邪之分

毛书征

有些问题，本来是简单而清楚的，由于见仁见智，反而人为地复杂化而不清楚了。林则徐的名言“壁立千仞，无欲则刚”，便是如此。

有的同志认为：正常人都有七情六欲，“无欲则刚”是不实际的，“有欲则刚”才是真境界；对提倡“无欲则刚”能有多少成效，持怀疑态度……

这见解自有其道理，也给我以有益的启发。是的，人非顽石，谁能无“欲”？所谓“食色天性”，就是说人“天生”有食色之“欲”。连修养精深的孔圣人也“食不厌精”、乐见南子（美人）么！为此事他的学生子路很不高兴，窘得老夫子赌咒发誓“天厌之，天厌之”，以表明自己没有邪恶欲念。然而，我总认为“无欲则刚”中的“欲”，不是指此类正当合理的“人欲”而言的，因为林则徐在挥笔写这名言时，他自己就有七情六欲，起码一日三餐（食欲）和贤妻陪伴（情欲）这两件事是少不了的。如果不去钻牛角尖，“无欲则刚”之“欲”显然是针对那些悖理、违法、不合道德规范的邪欲、恶欲、贪欲说的。当然，法、理、道德都是有阶级性的，不同性质的社会有不同的法理标准和道德规范。撇开由阶级带来的这种“不同”，许多邪欲、恶欲、贪欲，如以权谋私，贪污受贿，偷窃诈骗，淫人妻女，搜刮民财，鱼肉百姓，杀人越货，等等，自古至今都是为各个阶级的理、法、道德所不容许的。虽然在私有制社会里，真正能做到无邪欲、恶欲、贪欲的清官良吏，像包拯、海瑞、于谦、杨震、郑板桥、林则徐之类的人物，确属凤毛麟角，但也并非子虚乌有。而在我们革命队伍中和今天的社会里，情况就大不同了，不论是老一代的革命先烈和革命前辈，还是广大的干部、工人、农民、战士、知识分子，能够做到“无欲则刚”的比比皆是。所谓“生命诚可贵，爱情价更高，若为自由故，两者皆可抛”，所谓“吃亏不要紧，只要主义真，亏了我一个，幸福十亿人”，就是这种“无欲则刚”的生动写照。

凡事都有个度和量，适度适量为之合理合法，过与不及都会走向反面。“欲”既然人皆有之，也有个度和量的问题，适度适量之“欲”属于正与善，过度过量之“欲”就会变成邪与恶。因此，对“人欲”应该区分其正邪善恶，自觉加以调节和控制。明朝嘉靖年间，有个叫杨继盛的刚直之臣，因敢于抨击祸国殃民的权相严嵩的十罪、五奸，惨遭杀身之祸。临刑之前，他在留给妻儿的遗嘱中说道：“心以思为职，或独坐时，或夜深时，念头一起，则自思曰：这是好念，是恶念？若是好念，便扩充起来必见之行；若是恶念，便禁止勿思。凡行一事，则思之，以为此事合天理，不合天理。若是合天理，便行；若是不合天理，便止而勿行，不可为分毫违心害理之事。”这位杨继盛便是一个典型的“无欲则刚”的角色。同时，这段临终遗言说明，他并非是个“四大皆空”“六尘不染”的“无欲者”，只是个坚持严于律己，不使自己的邪欲恶念萌生膨胀的“无欲者”。

由此亦可见，对邪欲、恶欲、贪欲的防微杜渐还是应该双管齐下。一方面靠健全有力的法纪来约束禁止；另一方面还是要靠切实有效的理想道德教育来净化、引导人们的心灵和欲念，培养高尚健康的思想道德情操，这也是我们所常说的加强社会主义精神文明建设的重要内容。否则，如果忽视思想品德教育和精神文明建设的功能，过分夸大法纪制裁的作用，认为有了健全的法纪，就可以制止和杜绝一切邪念、恶念和坏事，也是不可能达到预期目的的。过去我们也曾依法处决了不少“恶欲横流”而危害国家人民利益的社会蛀虫，但是并没有因此完全制止住这类犯罪活动的再发生，实际也不可能毕其功于一役。这类事实证明，只有双管齐下，综合治理，持之以恒，才能使有邪欲恶欲贪欲的人越来越少，使有正欲善欲的亦即“四有”新人越来越多。

一言蔽之：“无欲则刚”还是应该大力提倡的！

（选自《中国杂文鉴赏辞典》，山西人民出版社，1991年版）

信不信不由我

刘炜评

1981年，国家设立了高等自学考试教育制度。从那时以来的近三十年间，全国通过这种教育获得文凭的人，已逾一千万。陕西省“自考”汉语专业的本科论文指导和答辩工作，由我们文学院教师承担。20世纪八九十年代的自考生，写作论文的态度还是认真的。近十年来，总体情形却越来越让人窝心。因为网络发达，总有自考生拿了抄袭或变相抄袭来的论文蒙混其事。对于这种行为，我们做老师的，无不深恶痛绝。于是在这些考生和我们之间，就经常发生造假与打假的各种故事。

三年前的一个周六，按事先约定，两个自考生来我家接受论文指导。在几日前的通话中，他们说，已各自选了论题，并写出了初稿，这样做可能有点先斩后奏的不妥，不知导师是否允许。我说，学生自己选题也是可以的，关键是有无学术意义和写得质量如何，你们先拿来，待我看了再说。

那天下午三点，他们准时来了，带着打印好的论文初稿，还有几斤时鲜水果。我只看了两篇初稿大概，就知道都是七假三真的赝品，便正告他们：“这是万万不可以的，必须拉倒重做，一定得是自己写的。写得差些不要紧，只要通过一个扎实的实践过程，水平得到提高便好。我会尽力帮助你们把论文打磨到合格。”我从书架上拿出几本参考书，费时一个多钟头，给他们讲说本科论文的规范、流程等，又给他们留了电子信箱，然后送他们出门。那几斤水果，我当然笑纳了。

可是过了一会儿，两个考生又回来了，带着两条“好猫”香烟，一进门便解释：“刚才来您家里，才知道您是抽烟的，这是一点心意。”我立刻明白了他们的意思，径直说：“我确实抽烟，不仅抽烟，还喝酒呢。可你们的‘猫’再好，也是不能住在我家的。赶快走人，免得你们丢人，我也丢人。”他们显出不好意思的神色，退了出去。

晚饭后，有人敲门。开门一看，又是那两个考生，还是带着礼品，但品种换成了两条“芙蓉王”香烟，还有两瓶“六年西凤”。我情绪大坏，批评他们说：“你们又追加‘心意’了，但真正的心意，是让我默许你们造假。可你们想错了，我绝不会收这东西。给你们指导论文，是国家交给我们的工作，而且是有指导费的。我们双方，都要遵守规矩。”他们说这说那，我就更为生气，把他们推了出去。

第二天黄昏，两个考生中的一个又来了。我说：“你怎么又来了？有问题可以通过电子信箱或电话说嘛。”他说：“坐下说，坐下说。”我只好沏茶待客。他从挎包里拿出两张购物卡，放到茶几上，还没开口，我已经大怒，斥曰：“你干什么，把我当成什么人了？收起来，出去！我宣布：不指导你们这样不走正路的学生！”接下来的情景，非常难堪，兹不细述。他收起信封走出去的时候，我连送客的心情都没有了。

又过了两天，我的一位朋友打来了电话，告知我，两个考生找到了他那里，求他做说客，央请我高抬贵手，让他们过关，他们还想知道姓刘的老师是什么人，因为琢磨了许久，也没琢透。他已经批评了他们，要他们“放弃幻想，从头做起”，现在来电话的意思是，既然他们被派到了我手下，还是指导到底比较好，并莫要卡得太严。我想起来了：考生第一次来我家时，我问他们何方人氏，他们说家在某县某镇，我就提了我的这个朋友的名字。我的朋友，在那里担任着镇领导。

我说：“他们为什么一而再、再而三地要把我‘攻’下来呢？”

朋友说：“你的态度，显得太正儿八经了，反而让人家不知道你葫芦里卖的什么药。”

“太正儿八经？那我该怎样做呢？”

“凡是为办事而送礼的人，都会细算投入和产出比，你把比例推到荒谬地步，他们的念想就打消了。比如，都头回送烟来，你说：‘两条不行啊，至少十条，还必须是熊猫牌的。’二回送酒来，你说：‘除了茅台，我都不喝，且只喝茅系中的‘五十年庆典珍藏版’。’三回送卡来，你问他们：‘卡上充值多少？如果在三万元以下，我是绝不收的。’这不就得了？”

“哈哈，你真搞笑。吃一堑，长一智，下回就会了。你是我老师！”

一个月以后，两个考生寄来了他们论文的电子版，质量还不错。又经过几轮网上指导，论文的内容和形式都合乎了要求。三个月以后，他们通过了答辩。答辩会结束后的那天中午，他们要请我吃饭，我爽快地答应了。饭桌上，两个考生一再向我表示谢意，并解释当初行为的动因：已有不少人靠抄袭过了论文关，对他们有“启发”，固然是一个方面。但更重要的原因是，在现时的社会上办事，很难有安全感。他们一个是乡镇小干部，一个是乡村小教师，虽工作不到十年，可经见的事情，也不算少了。我越是“道貌岸然”，他们越觉得我在“玩门道”，于是才有了不断的“补充投资”。

我笑了，戏谑道：“你们现在可以给我送礼了。钱、财都行啊，越多越贵越好。”

他们也笑了，其中一个说：“您啊，真不知道‘有权不用，过期作废’的老话。现在嘛，能请您吃饭，已经不错了。”另一个立即附和：“您就后悔吧。”

我和他们，因此成了朋友。

二零一零年四月

（选自《半通斋散文选》，文化艺术出版社，2011 年版）

我只想吃一碗面

刘炜评

前天下午，一位中学时的老同学打电话来说，好久没聚了，今晚约几个好友，一起吃顿年饭，你得来，没你不热闹。我说，我也想念大家，但实在不想海吃牛饮。再说最近不上班，待在家里练厨，都积食了。同学说，就一起坐坐、聊聊嘛，你怕什么？我说，有两种电话一来，我就头大：一是请托，二是请饭。同学说，怕请托很正常，怕请饭却为何？我说，宴会场面，无论公私，给我的感觉，除了受罪没有别的。你也知道，无论到什么宴席上，我只想吃一碗面。

我的这位同学，为人既厚道，又热情。想当年，我们在学校宿舍里住大通铺，好得亲兄弟似的。现在人家真诚相邀，不去赴宴，的确不是太近人情。但我咬咬牙，硬是没赴这场其实“不为啥”的私宴。

至于我爱吃面，原因很简单：我是北方人，吃面惯了。用作家朱鸿兄的话说，面食以外的食物，和北人肠胃“不粘连”。

三十五年前的初夏，一群山里的小学生被老师带着去帮生产队抢收小麦。在特别忙活的一天中，这些孩子不仅饱吃了两顿烩面片，而且下午收工前，每人还得到了三个馒头的奖赏。这让他们无比高兴，以至于都不肯马上回家，而在麦场上尽兴嬉闹。嬉闹累了，便靠在麦垛旁享用奖赏。这时，一个年龄大点的孩子问大家：“哎，你们说，天天干啥最好啊？”大家便争着叽喳，有的说“玩捉迷藏”，有的说“看小人书”，有的说“掏鸟窝”。末了，有个孩子说：“不对，天天都能吃一顿烩面，兜兜里还装个白馍上学，那才最好哩。”这念想，赢得了大家的一致赞同。

那个盼望天天吃面并带着馒头上学的孩子，就是我。

我曾经读过贾平凹早年写的一些诗，其中的一首，论诗才之显露，在贾诗中不算突出。但令我至今不忘的，恰恰是这首：

在中国
每个人遇着
都会问
吃了吗
——《题三中全会以前》

诗题偏于“润色宏业”，多少不无庸俗之嫌，如果易为《中国人》《国画》之类，最是贴切不过。可是无论怎样说，还是不失为佳作，因为诗中所写，融入了包括作者在内的亿万中国老百姓的生存记忆——在每个中国人的一生中，“吃了吗”这句话，说了、听了成千上万次。

从某种意义上讲，对于饥饿的忍受和抗争，构成了中华民族历史的主线之一。“野有饿殍”“人相食”“易子而食”“饥民遍野”之类记载，史不绝书。千百年来，埋葬在九州大地上的父老乡亲，大多数是饿死鬼。

随便拎出几位古代诗人笔下的饥饿记录、死亡报告：

白骨露于野，千里无鸡鸣。
——曹　操
出门无所见，白骨蔽平原。
——王　粲
饥来驱我去，不知竟何之。
——陶渊明

入门闻号咷，幼子饿已卒。

——杜　甫

四海无闲田，农夫犹饿死。

——李　绅

所以，中国老百姓最大的幸福，是不饿肚子。所以，“精打细算”“勤俭节用”“饱时忆饥”“恒思一粥一饭来之不易”等，常被中国人写进“家训”之类。所以，中国共产党历史上最大的政治得分，是六十年前的全国土地改革。所以，连毛泽东这样的浪漫主义诗人型的领袖，也不忘告诫他的人民：“忙时吃干，闲时吃稀；不忙不闲，半干半稀。”所以，中国人民心目中最伟大的科学家，未必有某某、某某，却一定不会没有杂交水稻之父袁隆平。

如今的情形却是：“事情正在起变化”。虽然小康了，但没有听过哪一任农业部长说过，中国的粮食问题已彻底解决。可是全国人民似乎都以为，饿肚子的事，只会在非洲发生，我们国家，哈，永远没那一说了。所以，三天一大宴，五天一小宴，是不在话下的。我们小区里的不少年轻人，已经不常在自己家里开灶了。小区外的大小酒店，一天到晚，很少有食客不盈门的时候。我的一位外国朋友说，无处不在盖高楼，无处不在吃酒席，是你们国家的特色。

但世上任何事情，过了头都不好。吃饭过头，尤其不好。吃饭过头的表现，主要有三：

——追求排场，造成铺张浪费。我当年结婚时，只办了两桌酒席，每席六十五元，客人都还满意。如今，说得过去的婚宴，每桌至少得一千元，还不包括酒水。至于官场拉扯、商务公关之类请吃吃请，动辄一桌上万，是一点都不稀奇的。其实这种场合的吃，主要是吃环境和吃好酒。上好的饭菜，最终差不多喂了郊区的猪仔。

——疲于应酬，白白耽搁时间。赴宴一次，没有三个小时，绝对出不了酒店。而在这三个小时里，主要干的事情，便是没完没了的语言抚摸和被语言抚摸、没完没了的敬酒和被敬酒。即使像我这样身份卑微的人，也感到不胜其烦。那些名高位显者，更得频频起其尊臀，昂其尊手，几乎没有坐下动箸的空闲。

——吃出毛病，有害身体健康。我家有医生，她说，当下很多人身体上出的问题，来自于“吃多了”导致的代谢不良。她还说，自尊自爱，首先要尊爱自己的身体；饕餮而食，身体不堪重负，就会报复它的主人；不要以为营养过剩比营养不足好。

当吃饭不能给我们带来愉快，而成了我们的负担时，我们和饮食的关系就扭曲了。上月，陕西柳青文学研究会在长安区召开“《创业史》发表六十周年纪念会”，我也去了。副会长董颖夫先生对我说，现在的各种会，“皮厚瓤少”。这“皮”，主要是吃饭，因为开会的内容、过程，较吃饭的讲究，要简单得多。我说，的确如此。

董兄的话，令我想起了钱锺书散文《吃饭》中的一段妙议：“吃饭有时很像结婚，名义上最主要的东西，其实往往是附属品。吃讲究的饭事实上只是吃菜，正如讨阔佬的小姐，宗旨倒并不在女人。”

钱先生说得好，但吃饭形势的发展，实在太快了，钱文中的一句议论，用于说时下的“饭情”，已经有欠准确了，莫若改述如下：“如今吃讲究的饭，事实上既不是吃饭，也不是吃菜，吃什么呢？吃排场。当然也有‘格物致知’之获：何谓舍本逐末、买椟还珠，满可以在饭桌上体验。”

小时候家里穷，几乎天天吃棒子面粥——我们那儿叫“糊汤”。只有逢年过节时，才可以放开肚皮吃面条和米饭。我祖父曾经说过：“娃呀，世上的好吃食，麦、米也就算到顶了。”我祖父还说过：“能把富日子当穷日子过，才不是败家子。”四十年过去了，但祖父的这几句话，我还记得清清楚楚。20 世纪 90 年代以后，我就可以餐餐吃麦面食白米了，所以感到生活好得很。岂止是得很，简直是无比幸福了。而今的中国，已迈入小康时代、和谐社会，别人怎样吃喝，我没有权利干涉，也干涉不了，我只想吃一碗面。

你说这是井蛙之见，随便。在这件事情上，我不怕遭受井蛙之讥。

二零一零年二月

（选自《半通斋散文选》，文化艺术出版社，2010 年版）

“民不举，官不究”的异议

王　荆

过去有“民不举，官不究”一说。

这话是什么意思呢？说白了大概就是：只要没有人举报告发，天大的民事纠纷、刑事案件，国计、民生问题，当官的也尽可眼不见心不烦或熟视无睹不闻不问。

当官的如此不负责任，在今天恐怕是不行的。但在旧社会却可以。旧时又有一说，叫作“千里做官，只为吃穿”，还有一说是：“笑骂由他笑骂，好官我自为之。”这是官民双方都早就取得了共识的。当官的自然不以为耻，老百姓一般也不以为非。老百姓深知当官的都忙得很，请客赴宴，送往迎来，提着礼品盒走后门的络绎于途，应接不暇。这一天下来父母大人还能有多少空闲去管小老百姓的事呢？如果真有不知天高地厚因活不下去而豁出去的老百姓，跑到衙门前击鼓喊冤，甚至在半道上拦轿告状，而县太爷也竟能在百忙之中受理过问，这就会被誉为青天大老爷，可入清官册，挂“明镜高悬”匾，离任时值得送万民伞了。京剧《法门寺》里的大太监刘瑾，平日为非作歹干尽坏事，分明是个白脸奸臣，仅因一次偶然的机会，还是在太后老佛爷亲自过问下，为民女宋巧娇申了冤，戏台上就成了红脸。至于像包大人拯、海大人瑞，以及敢于声言“当官不与民做主，不如回家卖红薯”的七品芝麻官那样的，肯定是百年难逢，可遇而不可求的。

再说，做一个好官清官又谈何容易。旧时社会上的不平之事尽多，不正之风严重不法之徒比比皆是。且不说皇宫内院王府侯门里的腐败、腐化、腐朽，就是市井之中如横行霸道仗势欺人的高衙内、坑蒙拐骗鱼肉乡里的牛二之流，也是所在多有，不乏其人。您老人家就是想管，能管得过来吗？又能管得了吗？因此“民不举，官不究”也者，实在是势所必至、情有可原，于情、于理都说得过去的。如真能做到“民”一“举”，“官”就“究”，那就是老百姓的如天之福了。

其实，咱们中国老百姓从来是不喜欢、不愿意，甚至是非常害怕进衙门、见官府、喊冤枉、打官司的，京剧《女起解》里的解差崇公道说得何等好啊：“衙门口，朝南开，有理无钱莫进来。”苏三小姐不就是“上堂来先打四十板，皮鞭打断了无数根”，终于在“无情的拶子难受刑”的情况下屈打成招的吗！如果说苏小姐当时是被告，涉嫌谋杀亲夫，虽然查无实据，总算事出有因，而且一为被告，往往首先就被视为坏人，打了也就打了吧。那么同为京剧的《打渔杀家》里的萧恩老大爷又怎样呢？打渔为生的萧老大爷受不了作威作福的葛员外的压榨，到县政府告状，而且抢了个原告，可结果仍然只能是：“恼恨那吕子秘为官不正，仗势力欺压我贫穷的良民。原被告他那里一言不问，责打我四十板就又出了头门。”这也就无怪乎历史虽然进入民国，大家已经成与维新，而阿 Q 无辜被捕，一到大堂，见了官，就依旧“膝关节立即自然而然的宽松，便跪了下去了”。历史的经验值得注意，吃一堑长一智，天大的冤枉、不平，还是不举为是。常言道，打掉门牙和血吞，“能忍自安”。否则，不问青红皂白，不管原告被告，先挨四十大板，何苦来哉！如果实在忍不下去，宁可造反。但一般老百姓恐怕是不敢学真名阮小二的萧恩的样，门也不锁就带着女儿萧桂英去“杀家”的。

不过以上说的都是旧社会的事，现在是新社会，情况自然是不同了。

可是众所周知，我们今天仍处于社会主义的初级阶段，因此贪赃枉法、草菅人命、行贿受贿、钱权交易、杀人越货、欺行霸市、买卖人口、强奸妇女、吸毒贩毒、卖淫嫖娼、偷税漏税、明抢暗偷、坑蒙拐骗、假冒伪劣种种违法乱纪之事，还远未绝迹。至于损公肥私、假公济私之类，已被认为世风本来如此，不必大惊小怪，何足挂齿，更无足论矣。

当然也应看到，“普法”运动一浪高过一浪，报载老百姓的法制观念已经大为增强，学会了用法律手段维护自己的权益。民告官而胜诉的消息也时有所闻。见义勇为的好人好事与日俱增。不过也不能不承认，咱们中国老百姓之不爱打官司和人家美国老百姓之热爱打官司，中间还有一定的距离。冰冻三尺，非一日之寒，积习难改，也是没有办法的事。今天新社会的老百姓之所以仍然惮于“举报”，不敢举发别人的劣迹，不愿申报自己的冤情，揆诸事实，却又不无可原。举发坏人的劣迹么，劣迹斑斑、罪不容诛的坏蛋岿然不动，而有形无形的报复却已接踵而来，吃不了兜着走吧。为自己的冤屈讨一个公道、要一个说法么，且不说告到有关单位，进入法律程序，结果如何吉凶难料，单这旷日持久，纠缠不清，就令人望而生畏，从而不免要产生“多一事不如少一事”的念头。《秋菊打官司》也许就可算是“前车之鉴”。因此要达到“民”能无所畏惧、无所顾虑、积极主动“举”的境界，恐怕还得假以时日，而且要不断为之创造条件。

然而在“民”不“举”的情况下，“官”应“究”的事莫非就会日益减少以至最终绝迹了么？当然不会。相反，正因为“民”不积极“举”，而“官”又不主动“究”，坏人、坏事更加肆无忌惮，“官”应“究”的事才会更加日见其多，甚至无法收拾。在中央电视台的《焦点访谈》节目里，常常可以看到有些领导面对自己辖区任内发生的一些重大事故，侃侃而谈，面无愧色，好像自己是一贯正确，全无责任。而出现频率最高的话语往往是什么“我们早已发文下去了”“下面没有照我们的指示做”“我们没有听到有关反映”“下面没有汇报上来”之类。要而言之，这些“官”们实际上还是在沿用着“民不举，官不究”的老例。是的，“民”没有“举”下级也没有来汇报，可难道您就不能为“勤恤民隐”“广求民瘼”，而放下架子，迈开双脚，走出办公室，“到民间去”，做一些真心实意而非自欺欺人的调查研究吗？

新社会的“官”，共产党的“官”，社会主义的“官”，不能也不应是和旧社会的“官”差不多的。他们，不论官职大小、级别高低，都只能是人民的公仆，他们必须全心全意为人民服务。他们不能整天忙于文山会海、送往迎来、宴请陪餐、颁奖剪彩种种，他们应把精力集中到研究处理重大问题上来。什么是“重大问题”？窃以为事关老百姓千家万户生死存亡、饥饱冷暖、幸福痛苦、舒畅委屈、现状怎样、前景如何的问题，就都是“重大问题”。对于不平之事，不正之风，不法之徒“民”“举”的，“官”固然要“究”，“民”不“举”或未“举”或惮于“举”的，“官”也应积极主动地去“究”，并在“究”中为“民”之能“举”、愿“举”、敢“举”创造条件。

这样的“官”当起来大概是不免有些辛苦的。但我国古代早就有“枵腹从公”的说法，还有所谓“席不暇暖，食不甘味”，等等。何况仅为帝王效忠的如周公已经做到了“一饭三吐哺，一沐三握发”，天下归心，而如诸葛亮更做到了“鞠躬尽瘁，死而后已”，成为千古名相，难道我们今天是为人民服务的共产党人、各级领导，反而做不到吗？我就不信！

（选自《随笔佳作：1995—2004〈随笔〉作品精选》，花城出版社，2005 年版）

第三辑

激浊扬清

论海瑞

吴　晗

海瑞的一生是斗争的一生，他反对坏人坏事，不屈不挠，从不灰心丧气，勇敢地把全部生命投入战斗。

海瑞，广东琼山人。先世是军人，祖父是举人，做过知县。父亲是廪生，不大念书也不大理家的浪子，在海瑞四岁时便死去了。叔伯四人都是举人，其中一个中了进士，做过御史。

海瑞虽然出生在这样一个官僚家庭，但家境并不好，祖上留下十多亩田地，光收些租子是不够过活的。他母亲谢氏生性刚直严肃，二十八岁死了丈夫，便自己抚育孤儿，做些针线贴补过日子。教儿子读《孝经》《大学》《中庸》这些书。儿子长大了，尽心找严厉通达的先生，督责功课很严格。

这样，海瑞虽然出身于地主阶级，但生活并不宽裕，和穷苦人民接触的机会多，同情贫农、中农，对大地主有反感。另一面，他受了严格的封建教育，遵守封建礼法，在政治上也必然道往古、称先王，维护封建统治阶级的利益。

他不是哲学家，但深受王阳明的影响。当时正是王学盛行的时代，师友中有不少人是王派学者。王学的要点除了主要方面是唯心主义以外，还有提倡知行合一、理论和行动一致的积极方面。海瑞也主张德行属行，讲学属知，德行好的道理也会讲得好，真实读书的人也不肯弃身于小人，知和行绝不是两件事。因此，他一生最恨的是知和行不一致的人，这种人明知是好事而不敢做，明知是坏事而不敢反对，遇事站在中间，逃避斗争，甚至脚踏两头船，一味讲调停，和稀泥。这种人他叫作乡愿，客气一点叫甘草。在《乡愿乱德》一文中说："善处世则必乡愿之为而已。所称贤士大夫，不免正道、乡愿调停行之。乡愿去大奸恶不甚远。今人不为大恶，必为乡愿，事在一时，毒流后世，乡愿之害如此！"他以为孟子之功，不在禹下，以恶乡愿为第一。到处揭露乡愿的罪状，在坐牢以前，去看同乡翰林院庶吉士王宏诲，痛心地说："现在医国的只一味甘草，处世的只两字乡愿。"这时候当国的首相便是徐阶。后来他在给徐阶的儿子信里也说："尊翁以调停国手自许，然调停处得之者少，调停处失之者多。"

在《严师教戒》文章中，他指出批评的好处，要求批评，接受批评："若人能攻我之病，我又能受人之攻，非义友耶？"自问自答，提出做人的标准，不白白活下去的意义："有此生必求无忝此生，而后可无忝者。圣人我师，一一放而行之，非今所竞跻巍科，陟朊仕之谓也。……入府县而得钱易易焉，宫室妻女，毋宁一动其心于此乎？昔有所操，今或为悔悔者一易之乎？财帛世界，无能屹中流之砥乎？将言者而不能行，抑行则愧影，寝则愧衾，徒对人口语以自雄乎？质冕裳而有媚心焉，无能以义自亢乎？参之衣狐貉而有耻心焉，忘我之为重乎？或疚中而气馁焉，不能长江大河，若浩然而莫御矣乎？小有得则矜能，在人而忌，前有利达，不能无竞心乎？讳己之疾，凡有所事，不免于私己乎？穹天地、亘古今而不顾者，终亦不然乎？夫人非无贿之患，而无令德之难。于此有一焉，下亏尔影，上辱尔先矣。天以完节付汝，而汝不能以全体将之，亦奚颜以立于天地间耶？俯首索气，纵其一举，而终已于卿相之列，天下为之奔趋焉，无足齿也。呜呼！瑞有一于此，不如此死！"大意是："人不要白活着，要照着圣人的话，一一学着做。不白活着并不是说要中高科，做大官。你到了府县衙门，弄钱很容易，好房子，美丽的妇女，你会动心吗？从前怎么说的，会动摇吗？钱财世界，你挺得住吗？或者只会说可不会做，白天看自己的影子，晚上在床上都觉得惭愧，只会对人说空话充好人？看见大官想巴结，在穿狐皮袍子的人群中觉得自己寒碜，心虚气馁，说的话不成气派；小有成绩便骄傲起来，别人做了顺利的事，便想抢先；掩盖自己的毛病，干什么都存私心；顶天立地的事业，想也不肯想，要知道没钱不是毛病，没德才是毛病！这些事只要有这么一条，便对不住自己，也对不住祖先！上天生你这个人是完全的，但是你把它弄残缺了，毁了自己，你还有脸活在天地间吗？做了这些事，即使做到卿相，天下人都为你奔走，也不值得。唉！我要是犯了以上任何一条过错，还不如死了好。”这是他在年轻时写的约束自己的庄严誓言，此后几十年，他的生活、行事都一一照着检查自己，照着做，没有一句话没有做到。

他是个唯心主义者，认为“君子之于天下，立己治人而已矣。立己治人孰为之？心为之，心自知之。若得失，心自致之。虽天下之理无微不彰。”在教学上学王阳明，把“训蒙大意”作为教育方针，在行政措施上，也采用了王阳明的保甲法。

中了举人以后，作福建南平县学教谕（校长），主张学校是师长教学生的地方，教师有教师的尊严，不该向上官磕头。提学御史到学校来了，别的人都跪下，只有他站在中间，像个笔架，以后得了外号，叫笔架博士。

升任浙江淳安知县，反对大地主。

淳安山多地少，地方穷苦。地主往往有三四百亩的田产，却没有分毫的税，贫农收不到什么粮食，却得出百十亩的税差。由之，富的愈富，穷的就更穷了。徭役也是十分繁重，每丁少的出一两二钱银子，多的要十几两，弄得“小民不胜，憔悴日甚”。解决的办法是清丈，根据实有土地面积，重新规定赋役负担；是均徭，均是按照负担能力分配，按力量多少分配，没有力量就不要负担了。这样，农民的负担才减轻了些，地主们可不乐意了。

此外，他还做了不少事，改革了许多弊政。几年后，他总结经验，把这些措施编成一部书，叫作《淳安政事》。

特别传诵一时的有两件事。

一件是拿办总督胡宗宪的公子。这位少爷路过淳安，作威作福，吊打驿吏。海瑞没收他带的大量银子，还报告胡总督说：“此人冒充总督公子，胡作非为，败坏总督官声。”弄得胡宗宪哭笑不得，只好自认倒霉。

一件是挡了都御史鄢懋卿的驾。鄢懋卿是严嵩的党羽，以都御史奉命出来巡查盐政，到处贪污勒索，还带着小老婆，坐五彩舆，地方疲于供应。海瑞检了鄢懋卿牌告上两句照例官话，说淳安地方小，容不下都老爷的大驾。牌告说：“素性俭朴，不喜逢迎。”但是听到你以前所到地方，铺张供应，并不如此。怕是地方官瞎张罗的缘故。一封信把鄢懋卿顶回去，绕道过去，不来严州了。

连总督、都御史都敢惹，海瑞的名声逐渐传开了。封建时代的老百姓是怕官的，更怕大官。如今居然有不怕大官，敢顶大官的小官，敢替老百姓撑腰说话的小官，这个官自然就得到老百姓的爱戴了。

加上，海瑞很细心，重视刑狱，审案着重调查研究，注意科学证据和人情事理，几年中平反了几件冤狱。上官因为他精明，连邻县的疑难案件也调他会审了。这些案件的判决书后来都收在文集里，小说家剧作家选取了一些，加以渲染，几百年来在舞台上为人民所欣赏。《大红袍》《小红袍》《生死牌》《五彩舆》和一些公案弹词在民间流传很广，叫作公案小说。也正因为公案小说的流传，海瑞在政治上的作为反而被公案所掩盖了。

因为得罪了胡宗宪、鄢懋卿，虽然治理淳安的政绩很好，还是被排挤调职。1562 年海瑞升嘉兴通判，鄢懋卿指使党羽弹劾，降职为江西兴国知县。

在兴国一年半，办了不少好事，清丈了田亩，减少了冗官，减轻了人民的负担。其中最快人心的事是反对乡官张鳌。

张鳌作过兵部尚书，在南昌养老享福。张鳌的侄子张豹、张魁到兴国买木材，作威作福，无恶不作。老百姓气苦得很。海瑞派人传讯，他们倚仗叔父威势，不肯来。一天忽然又跑到县衙门大闹。海瑞大怒，拿下张豹，送到府里，反而判处无罪。张鳌出面写信求情，海瑞不理。张鳌又四处求情设法，这两个坏蛋居然摇摇摆摆回家去了。海瑞气极，写信向上司力争，终于把这两个坏蛋判了罪。

1564年海瑞做了京官，户部云南司的主事（户部按布政使司分司，云南司是管这一政区的税收的）。

两年以后，他弄清了朝廷的情况，写信给嘉靖帝，提出严厉批评。指斥皇帝迷信道教，妄想长生，二十多年不上朝，自以为是，拒绝批评，弄得君道不正，臣职不明，吏贪将弱，暴动四起。你自号尧斋，其实连汉文帝也赶不上。嘉靖帝看了，气得发昏，丢在地下，想了又想，又捡起来看，觉得说中了毛病。叹口气说："这人倒比得上比干，只是我还不是纣王啊！"

海瑞早就准备好后事，连棺材都托人买了。嘉靖帝一听说这样，倒愣住了。不过后来还是把他关在牢里。嘉靖帝死后，海瑞被释放出狱。

1569年6月，海瑞以右佥都御史巡抚应天十府。应天十府包括现在江苏、安徽两省大部分地方，巡抚驻在苏州。

海瑞投身到一场激烈的斗争中，他要对大地主，对水灾进行斗争。

这一年江南遭到严重水灾，夏秋多雨，田地被淹，粮食涨价，农民缺粮逃亡，情况很不好。

江南是鱼米之乡，号称全国最富庶的地方。但实际上百姓生活很困苦，因为历史的关系，粮、差的负担特别重，加上土地集中的现象这二十年来特别显著，大地主占有的土地越多，人民的生活便越困苦。特别是松江，乡官田宅之多、奴仆之众，两京十二省找不出第二个。一上任，告乡官夺产的老百姓就有几万人。"二十年来，府县官偏听乡官、举人、监生，民产渐消，乡冒渐富。"真是苦难重重，数说不完。

怎么办？一面救灾，一面治水。

怎么办？要大地主退田，还给老百姓；贯彻一条鞭法。

救灾采工赈办法，把赈济和治水结合起来。闹灾荒粮食不够吃，请准朝廷，把应该解京的粮食留下一部分当口粮。闹水的原因，经过亲自勘察，是多年来水利不修，吴淞江淤塞了，太湖的水排不出去，一遇特大雨量，便泛滥成灾，得立刻疏浚。说做就做，趁冬闲开工，他坐上小船，到处巡视督工，灾民一来上工有饭吃，二来工程搞好可以解决水患，变为水利，热情很高，进度很快，不到一个月就完工了。顺带地把吴淞江北面常熟的白茆河也疏浚了。这两项工程对人民，对生产好处很大。并且用的钱都是海瑞从各方面张罗来的，没有加重人民负担。以此，人民很喜欢，很感激。

这样，他战胜了灾荒，也兴修了水利。

最困难的还是限制大地主的过分剥削。要大地主退还侵占农民的田地，等于要他们的命；不这样做，农民缺地无地，种什么，吃什么？海瑞采用了擒贼先擒王的办法，先从松江下手，先拿江南最大的地主乡官徐阶兄弟做榜样，勒令退田。这一来，乡官和大地主害怕了，着慌了，有的逃到外州县躲风头，有的只好忍痛退田。李贽记载这一件好事，加以总结，赞扬说："海瑞卵翼穷民，而摧折士大夫之豪有力者，小民始忻忻有更生之望矣！"老百姓有活路了，大地主们却认为是死路。好事才开头，便被徐阶釜底抽薪，海瑞罢职了。贼没全擒到，反而丢了官，这是海瑞所没有预料到的，也是封建社会统治阶级利益所决定的必然的下场。

解决人民生活问题的关键，在海瑞看来，无过于贯彻执行一条鞭法。这个办法不是海瑞创始的，已经有好几十年历史了，并且各地办法也不尽相同。主要的方面是把过去田赋的各项各款，均徭、力差、银差、里甲等等都编在一起，统计一省丁、粮，通派一省徭役，官收官解，除秋粮以外，一律改折银两交纳。简言之，就是把复杂的赋役制度简化了，把实物赋税的大部分改为货币赋税。这个办法不止可以减轻农民的负担，还可以增加国家的收入，并且，在经济发展过程中也是有进步意义的。例如过去南粮北运，由于当时交通困难，运费由农民负担，往往超过正税很多，现在改折银两，省去昂贵的运输费用，人民的负担也就相应减轻了。又如徭役，实行新法以后，不问银差、力差，只要交了钱，由官府雇工应差，农民也就可以安心生产，不再受徭役的挂累了。这样做，对生产的促进是有好处的。只是对大地主不大好，因为按照新法，大地主有些地方的负担，不是减轻，而是加重了，反对的意见很多。海瑞不顾地主们的反对，坚决执行，终于办成了。成绩是田不荒了，人不逃了，钱粮也不拖欠了，生产发展了。当时的人民很高兴，很感激。后来史家的记载也说："行条鞭法，遂为永利。"

应该指出，一条鞭法并不是摧毁封建剥削制度的办法。但是，这个办法简化了项目和手续，比较地平均了土地的负担，特别是减轻了贫农、中农和城市平民的某些负担，对生产的发展是有益的，因而，也是有民主意义和进步意义的。因此，海瑞是当时人民心目中的好官，是历史上有地位的政治家。

海瑞只做了七个月巡抚，便被大地主阶级撵下台，在家乡闲居了十六年。

万历十年（1582）六月，张居正死。万历十三年，海瑞已经七十二岁了，被荐任用为南京都察院右佥都御史，还没到任，又调任南京吏部右侍郎。照一般道理说，七十多岁的老人该退休了，但是，他想了又想，好容易才有着实做一点事的机会，虽然年纪大了，精力差了，还是一股子干劲，高高兴兴到南京上任。

明朝体制，南京是陪都，虽然也和北京一样，有五府、六部、都察院等衙门，但不能决定国家大政，是安排年老的和政治上失势官员的地方，比较清闲。海瑞却并不因为闲官就无所作为，一到职就改革弊政，把多年来各衙门出票要街道商户无偿供应物品的陋规禁止了。他说："要南京五城的百姓，负担南京千百个官员的出入用度，难怪百姓苦了！吏部是六部之首，怎么能不先想到百姓？"

当时贪污成为风气，严嵩父子虽然垮了，但从宫廷到地方，依然贿赂公行，横征勒索。海瑞一辈子反对贪污，从做教官时起，就禁止学生送礼，做县官革去知县的常例（摊派在田赋上补贴县官的陋规，一种合法的贪污）。拒绝给上官行贿，有人劝他随和一些，他愤然说："全天下的官都不给上官行贿，难道就都不升官？全天下的官都给上官行贿，又难道都不降官？怎么可以为了这个来葬送自己呢？"又说："充军也罢，死罪也罢，都甘心忍受。这等小偷行径，却干不得！"知县上京朝觐，照例可以从里甲、杂项摊派四五百两银子以至上千两银子，以便进京行贿，京官把朝觐年看成是收租的年头。海瑞在淳安任上两次上京，只用了路费银四十八两，其他一概裁革。做巡抚时，拒绝人家送礼，连多年老朋友送的人情也婉言谢绝。作了多年官，过的依然是穷书生的日子。在淳安，有一天买了两斤肉，为他母亲过生日，总督胡宗宪听见了，大为惊奇，当作新闻告诉人。罢官到京听调，穿的衣服单薄破烂，吏部的熟人劝他，才置了一件新官服。祖上留下十多亩田地，除了母亲死时，朋友送一点钱添置一点墓田以外，没有买过一亩地。买了一所房子用银一百二十两，是历年官俸的积余。死前三天，兵部送来柴火银子，一算多了七钱银子，立刻退回去。死后，同官替他清点遗物，全部家财只有薪俸银一百五十一两（一说只有十多两），绫、绸、绢各一匹，连丧事都是同官凑钱办的；看见这种情景，人们都忍不住掉下眼泪。

海瑞一生积极反对贪污，反对奢侈，主张节俭，生活朴素，是言行一致的极少见的清官。他恨极了贪官污吏，认为这是人民遭受苦难的根源，要根绝贪污，非用重刑不可。相反，像过去那样，准许贪污犯用钱赎罪，是解决不了问题的。建议恢复枉法赃满八十贯（千）处绞的法律。还提到明朝初年，严惩贪污，把贪污犯剥皮的故事。这一来，贪官污吏恐慌了，着急了，生怕海瑞剥他们的皮，联合起来，反对海瑞。

升任都察院右都御史以后，海瑞整顿纪纲，援引明太祖时的办法，用板子打御史。贪污犯房寰怕海瑞揭发，弹劾海瑞，把海瑞骂得不像人，引起了三进士的抗议。攻击的和为海瑞申雪的人吵开了，统治阶级内部发生严重争论，当国的宰相呢，依然是徐阶的手法，两面都不支持，也不得罪，不参加斗争，希望“调停”了事。最后，房寰的贪污事实被全盘揭露，遮盖不得了，才把他免职，这已经是海瑞死后的事了。

明末人谈迁记这场争论说：“时人大为瑞不平，房寰今传三世而绝。”说房寰绝后是因为做了坏事。这虽然是迷信的说法，但是也可以看出当时和以后，有正义感的知识分子是同情海瑞，支持海瑞，歌颂海瑞的。

从当教官时不肯跪接御史时起，一直到建议严惩贪污，海瑞度过了他斗争的一生。

他反对乡官、大地主的兼并；反对严嵩、鄢懋卿的败坏国事，也反对徐阶的“调停”“圆融”；他反对嘉靖帝的昏庸，只求无望的长生，不理国家政事；也反对地方官的额外需索，增加人民痛苦；他反对奢侈浪费；反对乡愿。总之，他反对坏人坏事。虽然他所处的是那样一个时代，还是坚持自己的信念，不屈不挠地斗争到死。

当时人对他的看法，不是说他做的全不对，而是说过火了一些，做过头了，偏了，矫枉过直了！他不同意，反而说就是要过火，就是要过直，不如此，风气变不过来。在给人的信中说："矫枉过直，古今同之。不过直，不能矫其枉。然生之所矫者，未见其为过直也。"而且："江南粮差之重，天下无有，古今无有。生至地方，始知富饶全是虚名，而苦楚特甚。其间可为百姓痛哭，可为百姓长太息者，难以一言尽也。"这种情况，光是要大地主退还一点非法侵占的田地，又怎么能说是过火，过直呢？应该说是不够，而不是什么过直。就当时当地的情况说，就当时苦楚特甚，可为痛哭，可为长太息的百姓说，过直应该是好得很，而不是糟得很。

当时农民暴动已经发生了。他把农民暴动的原因，明确指出是因为官坏："广寇大都起于民穷，民穷之故多端，大抵官不得其人为第一之害。"慨叹地说："今人居官，且莫说大有手段，可为百姓兴其利，除其弊。止是不染一分一文，禁左右人不得为害，便出时套中高人者矣。"把对官的要求降低到不求做好事，只要不做坏事，不贪污，也就难得了。又说："今人每谓做官自有套子，比做秀才不同，不可苦依死本。俗人俗见，谬妄之甚！区区惟愿……执我经书死本，行己而已。如此不执，虽熟人情，老世故，百凡通融，失己失人，全无用处。"痛斥当时的社会风气，在思想上进行坚决的斗争。

当然，光是执我经书死本，说往古，道先王，是解决不了当前的问题的。要求官吏不落时套，不做坏事，不贪污，不讲人情世故，不百凡通融，而不从社会的根本变革出发，也是不可能成功的。同样，不改变生产关系，简单地要求大地主退还侵占农民的部分田地，少剥削些，农民的苦楚减轻一些，无论事实上做不到，即使做到了，也还是封建的剥削的社会，地主剥削农民的关系依然不变，问题还是没有解决，也是不可能解决的。在当时情况下，这是不可能解决的社会矛盾。海瑞虽然感觉到问题严重，必须坚决地和坏人坏事进行斗争，但是，他没有也不可能从本质上认识和解决这个矛盾。这是时代的矛盾，也是海瑞被大地主阶级的代表们所排挤、攻击，而又取得另一部分地主阶级同情、支持的道理。

海瑞是封建统治阶级的左派，和右派及中间派进行了长期的斗争。尽管遭受多次失败，有时候很愤慨，说出了“这等世界，做得成甚事业！”的气话。但在闲居十六年以后，有重新做事业的机会，他又以头童齿豁的高年参加了。不气馁，不服老，不怕挫折，真是“铮铮一汉子”。

（选自《灯下集》，生活·读书·新知三联书店，2006年版）

论贪欲之症烈于癌

朱增泉

夜，户外风号，卧不成眠，忽生奇念：想查查《红楼梦》里的王熙凤究竟死于何病？起而翻书，重观其人其事，考得其“病历”如下。

一

历来的红学家，一向都注目她的“辣”，似乎忽略了她的另一面：贪。恕我陋识浅见：“辣”为其表，贪为其里，“辣”系贪所使然耳。她的人生目的，可用一字概括：钱。财迷心窍，贪得无厌，于是用尽心计，耍尽手腕，辣辣地搜刮、敲诈、吞占、捞取，一直到死。其“病”因盖起于贪欲无疑。

二

王熙凤的贪病发作，同她的“太聪明”有极大关联。“机关算尽太聪明，反误了卿卿性命”，这在书里是记载得分明确凿的。她心里有数，要想攫取钱财，少不得两个条件；一、自己有权；二、朝中有人。为此，她一切都“只看老太太的眼色儿行事”。这便是她绝顶“聪明”而且非常灵验的一招。于是她终于讨得了贾府大宅内“一把手”贾母的宠信，从王夫人手里“接着管事”，当上了荣国府的“总经理”，一度还兼任过宁国府的“协理”。一旦实权到手，其贪病便一发而不可收。

那些命运被她捏在手里的老妈子们，经常向她“孝敬些东西”“又不时地来请安”，她道：“这可是她们自寻，送什么我就收什么，横竖我有主意。”穷得精光的贾芸，想进荣府谋个临时工混口饭吃，非她点头不成，无奈，背了十五两三钱银子的债，向她送了一份厚礼，才勉强买通关节。内宅一件值钱的古董没有了，一只金自鸣钟又不见了，都进了她的私囊……这些都还是小的。

她扣着丫鬟们的月钱不发，拿出去放高利贷倒手盘剥“体己利钱”，“一年不到，上千的银子呢！”她“弄权铁槛寺”，捞进三千两银子的“外快”，害死两条人命。她“大闹宁国府”，先敲诈二百两银子到手，而后借刀杀人，把尤二姐整死……“诸如此类，不可胜数”。

她掌权几年，待到贾府案发抄家，竟从她房内抄出历年积聚的“体己”不下“五七万金”，还有两箱子房地契和一箱子借票！不知道还有没有存入外国银行的巨额款子？可惜曹雪芹未曾记录在案——要查清这类问题，想来要比抄家史难吧？

一旦贪欲与权势集于一身，将驱使他（她）放胆干出怎样的罪恶勾当，王熙凤其人便是一面镜子。

三

对于王熙凤的所作所为，贾宅中人是很有些议论的。李纨心直，当面说她：“水晶心肝玻璃人儿”“专会打细算盘”，恨不能把“天下人都叫你算计了去”！尤氏胆小，在平儿面前窃窃私语：“我看着你主子这么细致，弄这些钱，哪里使去？使不了，明儿带了棺材里去！”赵姨娘一向受她欺压，气极了，在背后大发牢骚：“了不得！了不得！提起这个主儿，这一份家私不都叫她搬了娘家去，我也不是个人！”

对于这类私议、抱怨，王熙凤做出的反应是破口大骂：“糊涂油蒙了心、烂了舌头、不得好死的下作娼妇们”“我从今以后，倒要干几件刻薄事了！”

她为何如此猖狂？林黛玉看问题尖锐，说她惯于“打个花里胡哨，讨老太太、太太的好儿”，后面的话她没有直说——她有后台！

可不，贾母也曾笑呵呵的当众“批评教育”过王熙凤一回：“猴儿，把你乖的，拿着官中的钱做人情。”宽大为怀，教育为主，什么钱不钱的，大可不必计较，爱护“人才”嘛！

贾母真是一位宽厚大度的“好领导”。

于是，王熙凤贪心更壮：“抱怨给太太听，我也不怕！”连老太太都不管，怕太太做甚？

四

大凡古往今来的贪欲症患者，捞钱愈多，其贪欲便愈加膨胀，“病毒”随之由心脏转移入骨髓，“病情”进入晚期，成为贪欲狂，出现利令智昏症状。

有王熙凤自述为证：“你是素日知道我的，从来不信什么阴司地狱报应的”“凭是什么事，我说要行便行”。

古代的贪欲狂如此，现代的贪欲狂又何尝不如此？什么“主义”“理想”“信念”“原则”“法律”，算什么东西！上至天王老子，下至阴曹地府，统统不在眼里。他们只信一样：钱。

好心的医生规劝患肝癌者戒酒、患肺癌者戒烟，一般均能戒住；但要规劝贪欲狂戒钱，他才不听你的！

（选自《中国杂文鉴赏辞典》，山西人民出版社，1991 年版）

贪官九像

周　涛

笔者平生，一介布衣。匹马单枪，游击西北。马是想象之马，此乃诗人之坐骑；枪是笔墨之枪，此为作文之武器；除此之外，别无长物。数十年来，虽未为官，却也见官无数，其中有不少优秀人物，也不乏贪官劣吏。昨日台上端坐，忽闻滚鞍落马，伸手被捉。每闻此例，感慨良多，遂起为贪官画像之心，乃作此文。

其一像老僧入定。满脸的端庄，一腔子的虔诚。主义刻在脑门上，功夫全在表情中。任你开多长的会，讲多废的话，他全都能深入领会，津津有味。时而画重点，时而做笔记，紧眉作思考状，颔首作领会意，非常投入，十分认真。其实，他早已心猿意马，灵魂出窍远游矣，他想什么，鬼才知道。这种人最不怕的事就是开会，尤其不怕开长会，他不会认为这是浪费生命，而是认为“这是最好的休息”。

其二像演员入戏。脸皮要厚，装得要像。杨雄作文是“以艰深文浅陋”，贪官做官是以浅陋装艰深，不懂装懂，无知无能。演员入戏有一句甘苦之言，叫作“台上不要脸才能台下要脸”，此乃演戏真谛。所谓“逼真”，就是使伪几近成真。戏是编的，舞台上的，演员能使之逼真，那是功夫，是本事。贪官则不同，其虽也在“台”上，但那不是虚构的情节人物，而是真实运转的生活，何况一为官就不仅是真实的生活而成了严肃的政治生活。在这种身份上演戏，乃是把真作伪，下面定有暗箱操作不可告人。故而，虽然同是“脸皮要厚，装得要像”，贪官与演员却是殊途异质：演员弄伪成真，演绎生活，警示世人；贪官则以伪为真，歪曲生活，欺骗世人。

其三像奴才侍主。贪官之所以能当官，亦必有其聪明过人之处。你莫看他形貌粗陋，满口别字，也别看他除了吃喝一无所长，他就是百事不如人，却必有一处过人，那就是有心计、会揣摸、有眼色、会来事。见了上司，比奴才还恭顺；见了百姓，比虎狼还凶暴。贪官之诀窍不在于对百姓凶暴，而在于对上司之讨巧，此种功夫，大多数人一辈子也修炼不出来，终生也领悟不了。所以有些人永远也弄不明白，为什么自己智比诸葛，勇赛马超，却不如一个百无一能的贪官混得好？道理就在这儿，这就叫“有想法的人没办法，有办法的人没想法”。一处不如人，百处输。我们总在夸耀自己丰富的历史文化遗产，但是却很少分析批判千年以来的封建政治遗留下来的根深蒂固的糟粕，那就是帝王奴才政治。有帝王，奴才必兴；为人民，奴才无路。直到今天，电视电影中仍充斥着大量的讴歌帝王奴才的东西，观众中仍有大量倾心赞赏，击节叫好的，上“演”下效，烟瘴弥漫，经济快速发展之下，精神如何文明？

其四像饥狼觅食。饥狼觅食，惶惶不可终日，穷追不怕辛苦，守候不舍昼夜。贪官觅官，形同饥狼，同样不择手段，不辞辛苦，不知羞耻。君子为官，是修身、持家有余而谋建功立业贡献国家造福众人；贪官反之，修身、持家不足谋权势而利己。出发点不同，清浊自现。贪官贪官，官是手段，贪是目的；欲达贪之目的，必先得官之利器。故而贪官跑官，要官，骗官，买官，其心之切，其情之迫，其欲之贪，不让饥狼。其坐卧不宁，寝食不安，翘首以待，望眼欲穿者，官也。一旦得逞，必以饥狼之饕餮大啖公众之利益。此势所必然，本性难移，无法用思想教育和政治学习改造之，除了换以牧羊犬牧羊，以狼牧羊，羊必被吃。然而狼与牧羊犬外貌酷似，且狼会伪装得比牧羊犬更忠诚可靠。深究细辨，非少数人、一两个部门所能胜任。

其五像学生早课。学生早课，书声朗朗；背诵古文，之乎者也；不明其意，如背天书。贪官亦如小学生，作报告，念文件，宣读如仪，朗然如己出，一路照搬下去，甲乙丙丁。一二三四，陈言套话，千篇一律。纵使是治国良策、改革大略，也让他念成字典，读成页码。何也？他不理解。只见他念得嘴角生白沫，辛苦倒也辛苦，可惜不能融会贯通、领会大意，结果只能层层加码，越讲越厚，越念越糊涂。任你是怎样聪明的人，若是不能把你讲糊涂了才怪！贪官的乐趣正在这里，在乎我在台上讲，你在台下听。至于讲话的内容、效果，他就管不了那么多了，“奉旨宣读”，其意自现。

其六像商贾算账。所有的贪官都是会算账的人，在这方面，绝不含糊。谁送来了多少钱物，根据这个人的情况，应该回报到什么分寸；谁那里还需要表示到什么程度，才能够巩固和提高自己的权力，以便获取更大的利润。这些都是不言自明、无师自通的，有些地方人家揣着糊涂，有些时候人家装着明白。该糊涂的时候绝不明白，该明白的时候绝不糊涂。这当然也是本事，人家管这叫“综合素质”。只是这样有“综合素质”的人多了，除了他们自己不吃亏，对整个民族的进步和发展又有多少用处呢？

其七像富儿败家。不少贪官，出身贫苦，按理说寒门秀子一旦腾达，更应难忘早岁艰难，更应体恤生民不易。有趣的是往往悖反逆向，往往是这种人比富家子挥霍更甚。早岁的艰苦仿佛是命运欠了他的账，他现在不但要讨回来，还加倍翻番地算利息。在学会享受这方面，他们进步非常快，眼见身历，胆大心细，渐进堂奥，日臻佳境。简朴二字，生疏了；艰辛窘况，淡忘矣。命运又活生生地把一位朴素聪慧而又勤奋懂事的青年人重塑了，重塑成一个日掷万金眼不眨，生吞血汗心不疼的巨口铁心人。富儿即便败家，也只是败自家的家业，贪官不然，他一挥霍，不止败家，而且误国。

其八像老爷升堂。人一做官，自然不同于百姓，也不再等同于自己，既然代表一级权力，就不能再像平常人那么随便。官场有官场的规矩，官员有官员的礼仪，这都无可厚非。贪官不然，大讲排场，爱抖威风，心里没底气，脸上没表情，俗话说，官不大架子不小。这种人不读书、不学习，对旧戏却还着迷，不少做官的学问和排场都从那里面学来。所以举手投足，帝王将相；总之正襟危坐，老爷升堂。办公室豪华如宫殿，小轿车换代如变季。一旦出巡，警笛长鸣；每逢视察，前呼后拥。这种人私心追慕的是“汉官威仪”，却忘了今天已经到了21世纪。

其九像囚徒在笼。涕泪长流，追悔莫及，早知今日，何必当初？成了罪犯，才知道犯罪；入了囚笼，才知道追悔。真是“三十功名尘与土”“病树前头万木春”；追悔有心，回天无力，生铁铸错，不能重演。这时候看他，说的是肺腑言，做的是老实人，几分可怜，难免让人惋惜同情。一生就这么毁了。一个贪字，害了自己更害了众人。

（选自《21世纪年度散文选（2003散文）》，人民文学出版社，2004年版）

杨万里和廉政

高洪波

以前读宋诗，很偏爱杨万里（诚斋）老先生，认定他的诗现实性强，耐品味，而且有平民意识。

这不光是我的看法，钱锺书在《谈艺录》里也称赞道："如摄影之快镜，兔起鹘落，鸢飞鱼跃，稍纵即逝而及其未逝，转瞬即改而当其未改，眼明手捷，踪矢蹑风！"简直算得上高度评价了！

近来无事翻闲书，从《宋稗类钞》上偶然读到两则杨万里的轶事，才知道他不但诗好，而且人格也不低，用现今的话来说，廉政搞得不错，这使我对这位老夫子多了几分敬意。

第一则轶事，讲的是杨万里"立朝时，计料自京还家之费，贮以一箧，钥而置之卧所。戒家人不许市一物，恐累归担。日日若促装者"。他身在朝廷，却早就把回家的路费存好了，时刻准备着不当这个朝官，不许家里人多买一件东西，以免归乡时增加负担。最后一个动作更妙，"日日若促装者"，简直每天"战备"，皇帝一声令下，马上就回故乡。

没把官位看得有多重，更不想靠裙带关系捞点实惠，因此杨万里才同一位京兆尹那样，"搏击豪强，拒绝宦寺，悉无所畏"。这位京兆尹无名无姓，但行为与杨万里相似，故而也在诚斋轶事上捎带着露了一下脸，书中说他“不携家，惟弊箧一担。每晨起，则撤帐卷席。食毕，则洗钵收箸。以拄捧撑弊箧于厅事之前，常若逆旅人将行者”。这种行为的确有点大无畏气概，当官大多为此“三年清知府，十万雪花银”，一旦这位京兆尹横下心来软硬不吃，你皇亲国戚也拿他无法！

杨万里还不到七十岁时，退休南溪之上。第二则轶事说他退休后“老屋一区，仅庇风雨。聪明强健”。十二个字的评定，包含了两层意思：一层说的是他一贯奉行的原则没变，无官一身轻，但也没有广置田产，当豪绅；第二层意思是说他身体相当健康时退了休，显然朝廷不太欣赏他的耿介清廉，您趁早离我远远的，眼不见心不烦！

其实退休之后的杨万里得其所哉，活得蛮自在。可没想到“闲退十有六年”，皇帝又要召他做官。杨万里绝对不肯再拿自己的自在去换不自在了。兴头一来，他给自己写了一首赞美诗，诗云：

江风索我吟，
山月唤我饮。
醉倒落花前，
天地为衾枕。

风花雪月，寄情山水，比起京城里“日日若促装者”时可真不知美多少倍了！似乎为了表达心迹，杨万里又写出几句绝妙好辞：

青白不行眼底，
雌黄不出口中。
只有一罪不赦，
唐突明月清风。

全是大白话，也是大实话，一个具有高风亮节的老诗人性格袒露无遗，你没法子不佩服他！

由廉政想到杨万里的人品和诗品，觉得这里面真大有学问。设若当初他留迹绮丽繁华，一味吹牛拍马受贿行贿，可能诗坛上就没有这么一位有真性情的诗人了。

真该替杨万里庆幸！

（选自《高洪波文集·杂文卷》，安徽文艺出版社，2009 年版）

“三爷”与“三小”

高洪波

老年人的智慧、青年人的干劲，二者合在一处，真可焕发出巨大的潜能。

这是我在泰国访问时，听一位成功的报业大王亲口说的。

近日来又增加了这方面的体会。作协书记处书记张锲突发心脏病，住院治疗。我去探视时，发现这位闲不住的人借治病这一难得的空闲，居然写出了好几篇文章，内中一篇为《是真名士自风流》，写的是老作家萧军生前与张锲的一次谈话。“有临终遗言的意义。”张锲缓缓地说道。他随口读出了萧军老人关于为人、为文、为官的一系列睿智、练达的话。内中萧军谈及的为官者切忌“三爷”与“三小”，引起了我的注意。

何为“三爷”？“舅爷、姑爷、少爷”者是也；

何谓“三小”？“小话、小礼物、小殷勤”。再往具体处说，是当领导干部的忌听小话、莫受小礼品和别拿下级的小殷勤当成真心的爱护。

萧军还谈到为官者对上有礼易而有理难，对下级有理易而有礼难的道理。他说的是“得体与得理”，是十分深刻的人生哲理。

所以我说萧军临终前道出的是浸透了老年人智慧

的至理名言。

说到“三爷”，其实指的是裙带关系和任人唯亲的陋习，在旧社会此现象比比皆是，似不足为怪。但真正的“廉吏”也内举不避亲，外举不避仇。譬如林则徐的姑爷沈葆桢，翁婿二人均建功立业，成为美谈。读有清一代轶闻，知道沈葆桢原为林则徐下属小文书（或秘书）类的职员，林公为考查他的人品与耐性，曾在一年的除夕夜让沈抄写公文，第一次沈抄毕呈林，林责其字草，重抄；第二次呈林，林又挑出个别错字，命其重抄；沈葆桢毫无怨言，认真地、一丝不苟地进行了第三遍抄写，大年除夕就这么过了。经此，林则徐十分满意沈葆桢的谦恭敬业态度，最后选成女婿。

沈葆桢字幼丹，福建侯官人，进士出身。1856 年起出任知府，曾随曾国藩管理营务，十年后为福建船政大臣，再十年后接任两江总督兼南洋通商大臣，是清政府当年推行洋务新政的重要谋划人和主持者。

如今忌谈“官”，以“人民公仆”称之，其实称谓只是形式，关键的是内容和实质。一个口碑好的“清官”与一个贪赃枉法的“人民公仆”，大概老百姓还是取前而弃后。

这已不是老年人的智慧，而是老百姓的本能了。

（选自《高洪波文集·杂文卷》，安徽文艺出版社，2009 年版）

小金库与私房钱

高洪波

不久前有好事者对一些男性公民进行调查，其中一个项目是“您有没有私房钱”。结果发现大多数男子汉不无腼腆地填上“有”字，成为一时佳话。

男子汉攒“私房钱”，听着是有些别扭。因为这类小积蓄的专利历来属于女人们，所以它另一个名称是“体己钱”。顾名思义，这是旧社会妇女社会地位不高时流行的，是“体贴自己”的一项费用。不过几十年来妇女运动蒸蒸日上，女人在家庭的地位也如日中天，渐渐大权独揽而小权又不肯分散，让一些男人们百般无奈，只好存起“私房钱”来体贴自己，以免抽烟喝酒时出现尴尬。

可别小瞧这一“私房钱意识”，因为中国毕竟还是以男性为中心的社会，“私房钱”略一扩充，小金库就应运而生，以至于闹到现在需要三令五申、四面八方地消灭之。

金库本身就是一个沉甸甸的词汇，既有金的内容、金的实质，又有库的形式，让人马上联想到银行、国库，或超巨型的保险柜。小金库则俏皮得多，袖珍、微型之外，还有几分满不在乎。不过它作为一种化大为小、变公为私的特殊存在，日复一日地腐蚀着人们的灵魂，也削弱着大金库的实力，的确到了需认真清理的地步了。

前几天看报纸，忽而读到某省收缴小金库上千万元人民币的消息，忽而又得知某铁路分局负责人私设小金库贪污腐化的案例，心头一惊一喜。惊的是这么多年来财经纪律大检查年年不断，可是又似乎年年走过场；喜的是如今真的开始“动真格的”，该没收的没收，该处罚的处罚，该见报的见报。惊喜之余，想起汉朝董仲舒论“仁羲”的两句话：“以仁治人，以羲治我。”仁字从人，羲字从我，恰是天然意羲，这是清人梁绍壬的解释。现在“義”字已经通用为一个“义”字，“我”早已不存在了，自然没办法“治我”。但我想对人们进行公私分明的教育，努力杜绝私设小金库现象，还是当务之急。

凡设小金库的单位，大多是领导人为了一些“计划外开支”报销起来方便，同时能给本单位职工谋些福利，比如多发些奖金，或三伏天给饮料、三九天赠水果，这还是小意思；钱多时，不妨一掷千金，从BP机一直到收录机，从毛毯一直到电饭锅，反正小金库是自己的“私房钱”，怎么痛快怎么花呗！这样一来，美其名曰“为群众谋福利”，实质是拿国家的钱替自己买名声。因此，小金库若不设法根除，腐败现象则像雨后春笋一样继续滋生，二者之间的关系，明眼人是一目了然的。

您的私房钱、体己钱，攒与不攒是个人的自由；小金库在全国要过几年紧日子的今天，则是非清除不可的事。但愿能令行禁止，而不要虎头蛇尾一阵风。

（选自《高洪波文集·杂文卷》，安徽文艺出版社，2009 年版）

如果我死……

朱铁志

都说人生是一条生生不息的河流，而我以为，那是就整个人类历史而言的。对个体生命来说，生命是短暂而脆弱的。不论你荣华富贵，还是穷困潦倒，生命的起点与终点不过咫尺之间。有道是人生苦短，转眼就是百年。又有人说“神龟虽寿，犹有竟时”，生命的长短不过是一道简单的相对论命题。如此说来，需要那么在意长寿与否么？需要在生命的自然延伸中那么在意世俗的评价么？

如果我不得不死于癌症，我请求单位的领导和同事不必为我做无望的救治。因为我知道，有些癌症之所以叫作绝症，是因为现代医学暂时还拿它束手无策。所谓人道主义的救治，本意在延续人的肉体生命，其实无异于加重人的双重痛苦。我知道我虽然叫“铁志”，但其实意志很薄弱，很可能经不起癌症的折磨。我不想辛苦挣扎一生，到头来再丧失做人的起码尊严，缠绵病榻，身上插满各种管子；也不想家人为我的生不能、死不得而悲伤难过；更不想单位为一个已经完全不能生存的人发工资、报药费，增加额外的负担。我甚至还有一种或许自私的想法，就是不想以肉体的痛苦成全子女的孝道和医生的人道。病长在我身上，痛苦是自己的，而那些外在的道德评价要以一个病人的痛苦作条件，不是显得有些残酷么？我的家人、我熟悉的医生，没有一个这样的人。虽然我们国家至今没有为安乐死立法，在我的有生之年也未必能够通过这样的法律。但我由衷地赞成这样的法律，将在可能的范围内尽其所能呼吁这样的法律，并且非常愿意身体力行这样的法律。即便我做不到“生如夏花之绚烂”，但我期待“死如秋叶之静美”。

如果我死，决不希望别人为我写什么生平事迹之类的东西。我的生平早已用我的行动写在我生命的轨迹上，用我的文字写在我的作品里。“荣”不因外在材料而多一分，“辱”不因外在评价而少一毫。乞求高评价，说明缺乏底气、没有自知之明，无异于自取其辱；假做谦虚状，显得故作姿态、装模作样，也不免贻笑大方。如果再为被确认是一个“什么工作者”，而不是一个“什么家”而烦恼，那就更加不堪，更加滑稽可笑，更加叫人不齿。我知道通常的情形是人之将死，其言也善。其实我清楚，“也善”的“其言”不只出自将死之人，更是出自单位的人、周围的人，谁会对一个弥留之际的生命吝惜赞美呢？评价越高，说明将死之人弥留的时间越短。明白这一点，还有什么想不通的？还有什么不能通达一些、超然一些呢？既然生命都将随风而逝，几句好话又何必太当真呢？假如一个人活到弥留之际还不清楚自己是谁，还要依靠外在的评价确认自己，做赞美者赞美的奴隶，做诋毁者诋毁的奴隶，不是非常可怜又可悲么？别人怎样想是别人的事，我决不想做这样可怜的人。

如果我死，决不希望举办什么追悼会、告别会、追思会一类的会议。喜欢我的人早把我留在心里，讨厌我的人巴不得我早点儿滚蛋。开那么一个会有什么意思呢，开给谁看呢？无非是在我毫无生气的脸上涂上俗不可耐的胭脂，将我冰冷的尸体装进崭新的西装，然后抬将出来，摆在鲜花丛中，如果幸运，身上或许还会盖上一面庄严的旗帜。接下来是我的亲人悲悲戚戚地竖立一边，喜欢我和不喜欢我的人鱼贯而入，或真情悼念，或假意悲哀，都要绕着我走一圈儿。如果我真有灵魂，我会为此感到莫大的不安。在北京拥堵的街道上，我要为展览自己的尸体耗费同志们起码一个小时的路途时间，还要为瞻仰自己并不英俊的冷脸再耽搁大家起码一个小时时间。两个小时加在一起，半天就交代了。一个人的半天是何等宝贵，假如真有那么几十人上百人前来，其损失真可用“巨大”来形容。朱某终其一生，不愿给任何人添麻烦，何必死了倒来折腾大家呢？

如果我死，决不购买高价骨灰盒，决不定购墓碑、墓地之类的玩意儿。我虽然在学术上毫无造诣，但毕竟混进最高学府，正儿八经地学过几年哲学，至今还保留着母校颁发的哲学学位证书。我知道人死如灯灭，生命不复返。虽说“物质不灭”，但作为生命形态的个人死就死了，转化为别的什么东西，已不是我所能左右和关心的。既然生命都没了，还在乎那堆骨灰放在什么盒子里干吗？不少人一辈子没活明白，有一室的房子时争两室的，有了两室的又争三室的，一生就这样争啊争的，其实最后大家都复归“一室”。而就这一个小盒子，还要分出玉石、玛瑙，檀木、樟木，抑或普通石料和木材，真是想不开啊！我死以后，决不保留骨灰、决不把那无聊的东西放在盒子里吓唬孩子。如果妻女听我的话，应该先将我所有能用的器官免费捐赠，假如它们能在其他的生命里得到新生，我将感到莫大快慰。然后应该将我的尸体交给医学院作解剖教学用，假如学生们从我身上能够学到一点有用的知识，我又将感到莫大快慰——人死还能有一点用处，岂不反证了活着的时候也不是浪费粮食的货？再接下来就该果断地把我火化，趁热把我的骨灰埋在随便哪棵树下，我的灵魂或许可以随着绿叶升腾到天国里去。既然骨灰都做了肥料，墓地就更没必要了。咱们国家本来地少人多，我就不要跟活人争地盘儿了。既然连块墓地也没整，墓碑就更没必要了，还是留给农民盖房子、垒猪圈吧！

（原载于《杂文选刊（下半月版）》，2007 年第 6 期）

政治舞台和贪官的演技

朱铁志

恕我孤陋寡闻，借“舞台”形容某一行当的，大概除了本来意义上的文艺舞台外，只有“政治舞台”了。没听说过学术舞台、技术舞台，抑或其他什么“舞台”之说。倒是有“人生舞台”一说，但人生毕竟不是行当，无非取“人生大舞台、舞台小人生”之意吧。

如果我的陋见不错，那么“文艺”和“政治”之间就应该在“表演”层面具有某些共性，存在某种内在联系，否则何以单把它们两者扯在一起？我们知道，舞台之于在其上表演者，是展示才华的一方天地、一个平台。对于演员来说，借助舞台以及整个剧场效果所营造出的间离效果，按照某种程式和技巧塑造某个角色、再现某段生活，都需要扎实的表演功底和充沛的激情。无论属于斯坦尼斯拉夫斯基学派的本色演员，还是属于布莱希特派的演技派演员，都必须具有良好而扎实的表演功底，方能在舞台上演绎出或威武雄壮，或哀婉动人的活剧，以期达到教育人、感染人、娱乐人的目的。好的演员往往让我们忘记他的表演，在“没有表演”的表演中，使观众深深沉浸在剧情之中，感受生活的起伏跌宕、荣辱悲欢。这样的演员，大家不仅喜欢，而且是佩服的。

还有一种演员其实不是演员，但胜似演员。他们炉火纯青的演技，可以让职业演员自愧不如，也可以让民众看得目瞪口呆。他们的表演可以感动自己、欺骗别人，有时甚至可以瞒天过海，逃过组织测评、纪委审查、党委考察，升到更高更大的“政治舞台”。他们不是一般的“演员”，而是人们心目中的某些领导干部。评选大众电影百花奖、大众电视金鹰奖之类，不妨扩大范围，将此类“演员”包含进去，我看具有相当的竞争力。

远了不说，容我举两个十八大后被查处的“好演员”的例子。贵州省委常委、遵义市委书记廖少华在遵义履职不过一年多，廉政表演可谓登峰造极。市党风廉政“警示教育月”期间，廖少华不仅提醒领导干部要坚守“三道防线”、过好“廉政五关”，甚至还和与会人员到监狱接受警示教育。不仅如此，他还在各类会议作廉政讲话八次，两次调研中专门强调廉政建设，特意观看反腐倡廉文艺会演，甚至在一名农村党员提出“加强党风廉政建设”的建议信中做出批示。俨然给人留下“反腐书记”的良好印象。广东省委常委、统战部长周镇宏也不含糊，任茂名市委书记时，曾要求各级干部“坚定不移地推进党风廉政建设和反腐败斗争”“不准违反规定收送现金、有价证券和支付凭证”。令人唏嘘的是，周最终被调查发现利用职务之便为他人谋取利益，收受现金、贵重礼物，接受名目繁多的贿赂，对茂名市发生的系列严重腐败案件负有主要领导责任。

至于早被揭露的成克杰、胡长清，一个表白自己“一想到广西还有那么多群众生活在贫困线以下，就忍不住流泪”，一个在“三讲”中获得 98% 的满意度顺利过关，都叫人佩服得不行。一想到一个高级干部能在群众的疾苦面前动情流泪，我也忍不住鼻子发酸。可是我的感动还没持续多久，那个流泪的“正人君子”就锒铛入狱了，倒叫我们这些看戏的观众有些不好意思，觉得自己实在天真得够傻。

贪官的演技固然很高，但也没高到天衣无缝的地步。在很多时候，观众并非没有看到表演的破绽，而是那个特殊的舞台使人只能鼓掌，而且必须“热烈地”。不仅如此，在他那一亩三分地里，所有的媒体都要及时报道，所有干部都要认真学习。这样的演员，就像皇帝的新衣中那个光屁股的皇帝，谁都只能说他身穿世上绝美的华服，而不能像小孩儿一样说出实话，否则你就坏了规矩，就得付出代价。而只要他继续在台上表演下去，你的代价就得一直付下去。

说起来，贪官的演技无非“口号式反腐”“表态式政治”那一套。他们热衷于塑造形象、嘴巴作秀，以期赢得赞誉、浪得美名，达到“步步高升”的目的。识破这套把戏，不需要多高的政治智慧和犀利眼光。“言之太甘、其心必苦”“巧言令色，鲜矣仁”。看一个人究竟怎样，不仅要听其言，更要观其行，这是识人真伪的基本原则。一个“台上反腐，台下贪腐”的人，不会没有任何蛛丝马迹。“台上他说，台下说他”，就是一种非常有效的兆头。人民群众的眼睛是雪亮的，凡是“台上”“台下”形成不同议论的人，绝大多数都有问题。顺藤摸瓜，多半能够有所收获。关键是谁去顺这个藤、摸这个瓜。廖少华、周镇宏等省部级干部都曾在群众的议论纷纷中经历多次考察，过关斩将，“带病提拔”。这就不能不使我们深刻反省现行选人用人机制与权力腐败的某种联系。贪官的“表演”涉及他们本人的政治品质，而那个使其游刃有余的“政治舞台”却不是他们一个人可以玩转的。

（选自《雨花》2015 年第 1 期）

鹿的奉献

——舞会之前是酒会

阎　纲

征得导演的同意，重新调整场次，先演第二幕，再演第三幕，后演第一幕。

第二幕

温文尔雅的市长，一边艰难地剔牙，一边开怀大笑，然后，一边用食指和拇指清除缠绕在牙签上的肉丝，一边用舌尖洗刷上下嘴唇。笑声落后，餐桌上又是沉寂。市长向大家劝酒：

“斟上斟上！满上满上！”

秘书长使了个眼色，服务员会意，不管你能喝不能喝，她都能用她的特异功能逼你就范。这样的服务员，就是在北京，也是重金延聘的对象，而一个穷山沟竟新潮到如此水平。市长脖子一仰，下去了，然后，像是表演，将酒杯口朝下，再翻转过来，向着这伙在酒战面前丢尽了丑的书生们再度示威，老少书生们一片讨饶之声。

“人家李白，‘斗酒诗百篇’，而你们……作家，没有酒量，没料到，真没料到！秘书长，看看哪位客人还想试试？在下奉陪到底！……咱们山沟沟再穷，酒还是敬得起的，而且也陪得起！……唉，说来可悲，如今干事情，你不学会喝酒，你就没有发言权，人家笑话！……我说的是实情，请别见笑，我也不怕你笑话。一百多万人张口要吃饭，不少工人月工资200元，你当我爱喝这口酒，你当我喝下这口酒心里好受！你当我……”市长眼泪快要流下来，长叹一声，接着打了个哈欠。

秘书长有眼色，立刻宣布宴会圆满结束。市长说：

“那好，我那边还有个宴会，像演戏一样，但不去不好，用得上你们文人的一句文雅的话，叫作‘虚与委蛇’吧，谁愿意去谁是孙子！……隋部长、傅局长，你们陪北京客人晚上娱乐娱乐，我告辞了……唉，没办法，真想大哭一场……”泪水又在市长的眼眶里打转转。

秘书长眼里有活，急忙扶起市长，不及一一握手告别，连拉带拽，将市长搀扶出了餐厅。

第三幕

宣传部长和文化局长，将我们几人，领向市府招待所的卡拉OK舞厅。舞厅在三楼。从一楼到三楼，沿着楼梯，挤满豆蔻年华的美貌女子，也有20岁出头的少妇夹杂其中。踏进楼门以后，她们一拥而上，向我们绽开笑脸，我等愕然。局长生气地挥了挥手，“去去去！怎么搞的，谁放进来的？闪开闪开！”女孩子们乖乖退到楼梯两侧，脸部的热烈表情顿失。我还以为她们是餐厅和舞厅的职工，被组织来夹道欢迎我们呢！见她们挥之即去，面无表情地偎靠于墙壁或坐卧于楼梯台阶，我立刻醒过神来……这么多可怜的小女子！

从一楼到三楼，无一例外地重演了一遍刚才的情景。我们进到豪华舞厅，一个绝不亚于北京我所到过的中档舞厅。我们被让进包厢，未及落座，又有女子迎上，昏暗的灯光下，真不知道她们打哪里钻将出来。远看是鬼，近看是狐，再看是人；行为轻佻，言语挑逗，声音发嗲；红衣红裙，超强刺激，让人起一身的鸡皮疙瘩。“玩玩吧您？我陪您。”我说：“我不会跳。”

红狐扶起我的胳膊：“我教你，我可温柔呢！”说罢就要拉我下舞池。

突然袭击之下，我全傻了，愣着不动，无所措其手足。又是局长解了围，他不客气地将她们轰出包厢，真像是哄鸡一样。将要落座时，早有几位女伴陪坐身旁，局长说："这是咱局里请来的舞伴，是部长从他们幼儿园里调来的教师，大家不用客气。请！"

五彩迷离，乐师疯狂，密集的音符在空中激战，整个舞厅跌跌撞撞，摇摇晃晃，眼看着离开地球飞将起来。

互相拥抱的人们，亦梦亦幻，如痴如狂。

我剥着开心果，剥得十分熟练，难得今天不开心时有开心果招待。

我闭着眼睛听音乐，多么迷人的萨克斯管啊！我没有跳舞，我觉得如此蹦跳比搬蜂窝煤还累。我问了问伴舞的老师，原来外面等候陪舞的女郎不下两百，她们要么是来玩玩，要么是混口饭吃（例如一些开工不足的国有企业的职工，或者报考大学落榜的高中毕业生），要么是一些拿眉眼和腰肢换钱的少女倩女靓女漂亮姐，不过，（据这位老师介绍说）在这个小城市里，后者极少。"不信，你现在就去大门口中心公园瞧瞧，看看有多少个男士推着自行车等候，等候夜里舞会散场把妻子接回家去……"

这位老师（据接待人员后来告我）今天一个晚上下来，赏金最高可以领到一百块。

金鼓轰鸣，一朵朵莲花在开绽旋转；声嘶力竭，一个个歌星像严重便秘。整个舞厅真的要倒塌了，一分钟、两分钟、三分钟，我感到可怕。

第一幕

上了好多好多的菜，当地领导的热情使我们一行感激莫名。

团鱼汤又掀起一个敬酒高潮。

秘书长说："诸位，好事成双，我代表市长再敬各位一杯。请，请！……"

他冲着我说："老师，你来我们小地方不容易，请都请不来呢！好，我喝三杯，首长您喝一杯，只要您老人家高兴，来，满上，干！"

又上了一道汤，我等人士已是强弩之末，没有一个人敢动勺子。

"请，请！"秘书长动员大家。还是没人动勺。

秘书长有些着急，将汤盛在市长的碗内，说："市长带头！"市长摇摇头，说：“我早已用好了，让客人吧，唉，常年食欲不振……”秘书长示意，接着用压得几乎听不见的声音附在市长耳边说：“鹿鞭汤。”又提高嗓门对着我们：“各位首长，来点！”最后，再压低声音，凑近市长耳根，说：“壮阳！”

“哈哈哈！大家都尝尝！”市长想着客人。他挥动着像指挥棍一样的筷子，做出从汤盆里盛汤的样子。

市长说罢，没有等待，没有动用调羹，端起汤碗“咕咚”一声，并不起眼的大半碗汤下肚，没有辜负一头公鹿一生仅一次的无私奉献。

一九九五年五月

（选自《爱到深处是不忍》，长春出版社，2012年版）

张居正悲剧的启示

王春瑜

张居正（1525—1582）的政治、经济改革，是以半途而废告终的。他病死不久，政局即迅速逆转：其官秩被追夺，家产被查抄，当政时起用的主要官员“斥削殆尽”，改革派的政治力量受到毁灭性的打击，他呕心沥血实行的改革，基本上被一笔勾销。“出师未捷身先死，长使英雄泪满襟。”这是中国封建社会后期的一场政治大悲剧，其历史教训，是多方面的，深刻地警示后人，勿重蹈覆辙。

教训之一，是张居正固然也惩治腐败，但未持之以恒；而更重要的是，在反对别人腐败的同时，自己却未能洁身自好。

明朝中叶后，政风十分腐败，贪官污吏横行不法，民脂民膏尽入私囊。严嵩垮台被抄家时，竟抄出黄金30万两，白银200万两，其他珍宝多得不可胜数。“私家日富，公室日贫”的结果，国家财政捉襟见肘，嘉靖末年，太仓存银竟不到10万两，真是岌岌乎殆哉。

作为一个杰出的改革家，张居正当然看到了腐败的严重性。他在隆庆年间所上著名奏疏《陈六事疏》中，即尖锐地指出，“当民穷财尽之时，若不痛加省节，恐不能救也”“凡不急工程，无益征办，一切停免”。极力倡导廉政。同时，他认为必须惩治贪污，并将惩贪与巩固边防相结合。他建议：“其贪污显著者，严限追赃，押发各边，自行输纳，完日发遣、发落，不但惩贪，亦可为实边之一助。”(《张太岳集》卷三十六）在他主政后，不仅一再强调“吏治不清，贪官为害”，大力整顿吏治。而且还抓了重大腐败案件，严肃查处。云南黔国公沐朝弼，谋害亲子，与嫂通奸，“视人命如草菅，通夷、占军、谋财、夺产，贻害地方，不止一端”(《明神宗实录》卷四)。对这样一个罪恶多端的腐败分子，本当早该逮捕法办，但朝中官员感到他是开国功臣西平侯沐英的后代，不敢下手。张居正断然“驰使缚之”(《明史》卷二一三《张居正传》)，绳之以法。辽王朱宪㸅的荒淫歹毒，更是令人发指。他公然“淫乱从姑及叔祖等妾，逼奸妇女，或生置棺中烧死，或手刃剐其臂肉……用炮烙跣剥等非刑剜人目、炙人面、燀人耳”(徐学聚:《国朝典汇》卷十三)。张居正明知这是皇亲国戚，老虎屁股摸不得，但还是与朱宪㸅进行了斗争，尽管其中情节复杂，后来张居正为此遭来严重祸害，但对朱宪㸅毕竟是个沉重的打击。

但是，张居正在改革的后期，几乎把全部精力用于经济领域的改革，在全国推行“一条鞭”法，这是赋税制度史上划时代的变革。而在廉政肃贪、惩治腐败方面，并未持之以恒，一抓到底。对赋税改革的先驱、刚正不阿、与贪官污吏势不两立的海瑞，张居正反而觉得他过激，始终不予起用。《明史·海瑞传》说：“居正惮瑞峭直，中外交荐，卒不召。”而更令人难以容忍的是，他自己不但行贿，也受贿。大宦官冯保是他的政治盟友、靠山，所谓“居正固有才，其所以得委任专国柄者，由保为之左右也”(《明史》卷三〇五《冯保传》)。冯保贪财好货，张居正让其子张简修送到冯保家中名琴7张，夜明珠9颗，珍珠帘5副，金3万两，银10万两，“其他珍玩尤多”(佚名:《天山冰水录》附录《籍没张居正数》)。需要指出的是，张居正在做官前，家中不过有田数十亩，家中余粮甚少，遑论金银；他当了内阁首辅后，虽是一品官，月俸也不过87石米，即使将他一辈子的官俸加在一起，至多不过折银万余两。显然，他送给冯保那么多的金银财宝从何而来，是不言而喻的。而冯保后来垮台的主要罪状之一，便是贪污，说他家中所藏，抵得上天下贡赋一年的收入，后来也确实在他家抄出金银百余万两，大量奇珍异宝。张居正依靠冯保这样的贪赃枉法者作为自己改革的政治盟友，无疑是授反改革的保守、顽固势力以把柄，成为他们打击改革派、扼杀改革事业的突破口。万历皇帝在没收了冯保的财产后，怀疑张居正也有大量财宝，"益心艳之"，这也是抄张居正家的重要原因。令人失望的是，从张居正家虽未抄出万历皇帝想象的甚至超过冯保的巨额家产，但毕竟也有可观的财富，折价约金银 19.58 万两，另有大量良田。这绝不是张居正的区区薪俸所能置办的！若非受贿，怎能有如此家底！张居正的个人生活，也很奢侈、糜烂。其父病逝，他奉旨归葬，坐着 32 人抬的豪华大轿，吃饭时菜肴过百品，"居正犹以为无下箸处"（焦竑：《玉堂丛话》卷八）。甚至大吃海狗肾，"竟以此病亡"（沈德符：《万历野获编》卷二十一）。张居正的这些行为，不但给自己抹黑，更重要的，是给改革事业抹黑。很难设想，一个自身腐败的改革家能够把改革事业进行到底。

当然，像张居正这样有严重弱点的改革家，并非个别现象。我们从古代改革家桑弘羊、杨炎等人身上，也可以清楚地看到他们自身的腐败行径。这不能不是个历史的悲剧。

明朝前期的经济改革家夏原吉说过一句发人深思的话："君子不以冥冥堕行。"（《明史》卷一四九）改革家更不应当稀里糊涂地自行堕落、腐败，从而被顽固、腐朽的政治势力，像"一群陷沙鬼将他先前的光荣和死尸一同拖入烂泥的深渊"（鲁迅：《且介亭杂文·忆刘半农君》）。

一九九三年秋，于八角北里

（选自《今古一线》，上海古籍出版社，2005 年版）

先前的风气

穆　涛

敬与耻

在貌为恭，在心为敬，这是一句老话。敬，指内心的端庄正直。西安土话里有“端坐”“端走”“端下”等词汇，这个端的含意就是正直。孟子讲的“四端”，是作为人的基本。“恻隐之心，仁之端也。羞恶之心，义之端也。辞让之心，礼之端也。是非之心，智之端也。”

敬有两方面的指向，敬人和敬己。敬己是敬德，是自尊，自重，自爱，是克敬守敬。敬礼不是举举手，摆个姿势，装装样子，而是循规守矩的总称。敬人，敬业，敬行当，敬天地万物。敬事房，是清朝康熙年间设置的一个中央办公部门的办事机构，属内务府。职责范围有，“奉行谕旨及内务府文书，宫内事务及礼节，收核外库钱粮，甄别调补宦官，并巡查各门启闭、火烛关防”。皇帝和后宫的居行，吃喝拉撒，以及正经和不太正经的娱乐，都包括了。当好这个琐碎的差使，皇帝只要求一个字，就是敬。“事上以敬，事下以宽”，是《清史稿》对大太监刘有三做的政治结论。

老话里关于敬，还有很多说道，“入门主敬，升堂主慎”“宾客主恭，祭祀主敬”“敬事而信”“居敬而行简”。敬是一个人的态度，要有态有度，态是行为状态，度是分寸感。无论对人还是对己，不及和过分都是失敬。

耻，一边是心，一边是耳。一个人心底偶尔冒出一个不妥的念头，或听到一句想洗耳朵的话，会有点不好意思，这点不好意思，就叫耻。无耻，就是没有这点不好意思。用南怀瑾先生读经的话说，“真正爱面子这一点心思，培养起来，就是最高的道德。”

孔孟二老对耻的知见很清澈，“行己有耻”“知耻近乎勇”“耻之于人大矣”“人不可以无耻，无耻之耻，无耻矣”。

明末清初的大学问家顾炎武有一篇好文章，叫《廉耻》，其中有两句了不起的判断：一句是，“盖不廉则无所不取，不耻则无所不为”。另一句是，“士大夫无耻，是谓国耻”。

士大夫是对官僚的旧称谓，泛指国家机器的所有零件。用今天的话讲，叫各级公务员。有外族入侵的日子，是国耻。外族不来入侵，自己入侵国家纲纪的底线，也是国耻。

敬　礼

礼是规矩。敬礼，是对规矩有诚心，生敬意。

普通人遵守规矩是一个人的大事，君王守规矩是一个国家的大事。《礼记》和《左传・昭公九年》里均记载了一件劝谏君王守规矩的旧事，《左传》是史书，只扼要记事，不陈情。《礼记》里的描写则鲜活生动。

这件旧事涉及五个人：晋平公，晋国之君。荀盈，晋国老臣。师旷，晋大夫，大音乐家，盲人。如今的音乐，用于娱情娱乐的多了，在古代，主要应用于国体国仪，诸如祭祀、军队出征、田猎等（天子，诸侯一年田猎三次，具体名称叫春搜、秋狝、冬狩，夏季是农忙期，停止田猎。“无事而不田，曰不敬，田不以礼，曰暴天物。”）以前的乐官，是重臣。李调，近侍，相当于晋平公办公室主任。杜蒉，晋平公的厨师长。

老臣荀盈去世了，尚没有下葬。晋平公在寝宫饮酒，师旷、李调侍坐，且击钟奏乐。杜蒉听到钟乐声，疾步跑进寝宫，“历阶而升”，一步两个台阶。进殿后，先斟满一杯酒，请师旷饮，又斟一杯酒请李调饮，第三杯斟满，自己坐正身子，面向北一饮而尽。三杯酒之后，起身向外走。

晋平公叫住杜蒉，说："我看出来了，你刚才的行为，寓意是开导我的。你为什么让师旷喝酒？""子日卯日是商纣和夏桀的忌日，君王在这两天要警醒自己，是不能饮酒取乐的。国之重臣居丧未葬的特殊时候，比这两个日子更重要。这些老规矩师旷大人是知道的，因此我罚他一杯酒。"

"你让李调饮酒的原因呢？"

"李调大人是您的近臣，您的'一饮一食'，都不该'忘君之疾'。"

"你自己又为何饮呢？"

"我只是个厨子，越职劝谏君王，干涉国家大政，我该自罚。"

晋平公说："我也有过错，给我斟满一杯酒。"杜蒉把酒杯洗了，斟满一杯，高高举起献上。晋平公饮毕，对左右说："即使我死了，也要把这个酒杯保存好。"这就是杜蒉扬觯典故的由来。

晋平公被誉为明君，功在长于纳谏，用老百姓的话说叫"吃劝"。还有两个名典故，都跟师旷有关，一是"秉烛之明"。晋平公问师旷："吾年七十，欲学，恐已暮矣。"师旷回答："少而好学，如日出之阳，壮而好学，如日中之光，老而好学，如秉烛之明。"另一个颇具戏剧性，一天，晋平公宴请群臣，估计喝高了，便口无遮拦着感叹："当君王好呀，他的话没有人敢违抗。"话音才落，师旷抄起案上的琴就飞砸过去，晋平公一闪身，琴撞在墙上烂了。晋平公问："太师，你要砸谁？""刚才有小人在我边上胡扯。""是我呀。""那这种话不该是人君说的。"左右要治师旷犯上之罪，晋平公当即制止，并且说："我今后要以此为戒。"

我们中国以前自诩为"礼仪之邦"，这话没错，因为规矩具体，礼数清晰。后来对礼失敬，诸多规矩被当成"四旧"砸个稀巴烂，大的规矩失于朝野，摆不上台面的潜规则就冒出来了。再这么说，就有点自炒之嫌了。

采风是怎么一回事

采风的正义，是民意调查。

早先的君王，与后世的情景差不多，从身边人嘴里听到的，基本上全是好听的、动听的、耐听的，真话与实情基本上听不到。为防止被与世隔绝，就开通了这条洞察民间冷暖的文路。采风主要是采诗，采集老百姓创作的反映日常甘苦的诗。早先的诗，与后来的诗也有点区别，后来人写诗，多显示文学上的才能，是文学创作，为做诗人而写，为出版诗集而写。早先的诗主要是抒写人活着各种各样的难受，各种各样的不容易。是即兴的，是有感而发的，是有的放矢的。有点类似今天的手机短信，国家出台了新政策，或者社会上有了突发事件，百姓里的智者就及时地做出导读或点评。

典籍里是这样记述“采诗”以及诗定义的：

> 从十月尽正月止，男女有所怨恨，相从而歌，饥者歌其食，劳者歌其事。男年六十，女年五十无子者，官衣食之，使之民间求诗，乡移于邑，邑移于国，国以闻于天子。故王者不出牖户，尽知天下所苦，不下堂而知四方。(《春秋公羊传注疏》)
>
> 故古有采诗之官，王者所以观风俗，知得失，自考正也。(《汉书·艺文志》)
>
> 孟春之月，群居者将散，行人振木铎徇于路以采诗，献之大师，比其音律，以闻于天子。故曰王者不窥牖户而知天下。(《汉书·食货志》)
>
> 诵其言谓之诗，咏其声谓之歌。(《汉书·艺文志》)
>
> 《诗》以正言、义之用也。(《汉书·艺文志》)

“官衣食之”，穿着官服，领着官员俸禄，用今天的话讲，叫比照公务员。采诗机构，相当于文联这样的部门。“行人振木铎徇于路以采诗”，采诗官摇着木铎沿路采诗。木铎，是早先的响器，大铃，铜制木舌。古代有重要政令出台，或重大节点日子才使用木铎，“古者将有新令，必奋木铎以警众，使明听也”“文事奋木铎，武事奋金铎”，比如春分这个节令，春分早先的称呼叫日夜分，“是月也，日夜分，雷乃发声，始电，蛰虫咸动，启户始出。先雷三日，奋木铎以令兆民曰：‘雷将发声，有不戒其容止者，生子不备，必有凶灾。’”这是《礼记》里的话，意思是，进入春分，雷声发作，间或闪电，冬眠虫类觉醒，破土而出。春分前三天，要摇着木铎警示百姓，“雷声即将发作，言行举止有不守礼仪规则的（天将惩戒），生下的孩子会有缺陷，还会有别的凶相”。日夜分，是天循法则，人也要守社会的法则。以这个层面为出发点，就容易理解《论语》里的这句话了——“天下之失道也久矣，天将以夫子为木铎。”

以前诗官采诗，侧重“怨刺之诗”，如果国家没有发生重大功德事情，没来由地对政府或领导歌功颂德，被视为诗里的下作，不被采信。当年的君王真够了不起的，他们进行民意调查，不是往各地派出工作组，工作组收集上来的意见大概不够鲜活，百姓因为有所顾虑也不一定敢说实话，在信息交通手段那么差的时代，有采诗这样的政策，应视为大的政治智慧。

采诗制度真正的实施，其实也是很有限的。在隋朝已经有人发出了感慨：“诸侯不贡诗，天子不采风，乐官不达雅，国史不明变，呜呼，斯则久矣。”清朝的画家俞蛟也有调侃的句子：“采风问俗，纪载宜详；品翠题红，篇章争丽。”今天也倡行采风，说“采风问俗，纪载宜详”有些奢望，但愿“品翠题红，篇章争丽”少一些，尽可能地说几句真话和实话吧。

读文件

读文件我在行。单位里开会，有念文件的事，我都去争取。因为我定力不太够，听别人念，我坐不住，有时候还犯困。让我争取到的，不管重要不重要，我一概很认真地对待。再冗长乏味的文字，中间不喝水，不清嗓子，也没岔着行念过。单位里念文件这种学习方法，据说是从战争年代保存至今的，是当代传统。当年部队里官与兵识字的不太多，上级有重要的文件发下来，找读过书的人念一遍，大概意思就清楚了，之后再组织一两次讨论，目的是把文件的要点记住。习惯都是养成的，这话说得一点不错。

文件是公文，是给公众看的。私人看的叫信件，一个人写信，怎么写都可以，鬼画符也行。只要读信的人愿意看，并且能看明白。公文是讲规矩的，只是这规矩是断代的，不沿袭，不传承。一朝天子一朝臣，一个朝代有一个朝代公文的写法，甚至在一个朝代里，因为皇帝换了，公文的写法就变了。公文不是小事情，一个时代里，老百姓怎么过日子，是民风的基础。公文写成什么样子，是文风的“发源地”。用时尚的词说，民风是通俗文化，文风是高雅文化。民风与文风糅合起来，新鲜的时候叫时代气息，过一百年之后，水落石出，就叫时代烙印。

看一个朝代的文风是朴实的还是浮夸虚饰的，看看当时的奏章、圣旨、律条、讼状，以及史官的文字，基本上可以看出梗概。夸一个作家，最了不起的“授奖辞”，是说他“得风气之先”，或“开一代文风”，意思是说他和这个时代的文风不太一致。

最早的公文是甲骨文，也是笔法最简练的公文，是真正的“寓繁于简”。那种简练，那种高浓缩的文字是迫不得已，因为要刻在龟背和兽骨上，受“硬件”限制。那时候“卜辞”也是公文一种，巫师是精神领袖，是宫廷文官。卜辞是深奥难懂的，是天书，国君也读不懂。“卜辞”头上的那一层雾水，是巫师的饭碗，人人一眼望穿的话，巫师就没饭吃了。

秦朝的文风杂芜，也可以叫风格多样化，那种不成形和不定形，源于那一时期文化的重头工作是统一文字。汉代的文风是了不起的，尚儒，又朴实大气。“汉兴之初，反秦之敝，与民休息，凡事简易，禁罔疏阔。”《史记》和《汉书》是汉代文风的代表，均是天赐的大手笔。《史记》就不用说了，《汉书》开卷第一篇第一段就很有那么一点“浪漫主义”：“高祖，沛丰邑中阳里人也，姓刘氏。母媪尝息大泽之陂，梦与神遇。是时雷电晦暝，父太公往视，则见交龙于上。已而有娠，遂产高祖。”班固老爷子不服真不行，确实不同凡响。写刘邦妈妈的外遇与神交，是他爸爸亲眼见的。真正的春秋笔法，证据“确凿”，有谁胆敢不相信，请去问问高祖的爸爸。

魏晋重文采，讲形式与手艺，公文多是“才情并茂”的。到了唐朝，“文起八代之衰”，倡导古文的朴实之美，去魏晋的骈俪气，“文采不宜伤叙事”。元代重视祭祀，这类文字留下来的多，读着开阔也传神。往往领导人重视什么，一个时期就风行什么。元代“曲”盛，曲高但和者不寡。元代的国家特征是打天下，不在治天下，有浪漫的精神气质。遥想当年各级大汗们，开疆拓土，威风马上。将士们也要有业余生活的，蒙古族人于歌舞是内行，军民联谊，“曲”的基础是牢靠的。

清朝的文化贡献多，劣的贡献是文字狱，好的贡献是《康熙字典》和《四库全书》。编出好字典的朝代是大朝代。《康熙字典》1710 年开编，1716 年成书，收汉字 47035 个，主持人是张玉书、陈廷敬。《四库全书》从乾隆三十八年（1773）二月正式编修，历时二十年，1793 年收工，是中国历史上最大的“文化工程”，收书 3503 种，79309 卷，近 10 亿字。由纪晓岚、陆锡熊、孙士毅为总纂官。《康熙字典》和《四库全书》是集大成，是两座大仓库，一是字库，一是文库，至今仍是文化上的骄傲，“康乾盛世”不是空口说着玩的。元代与清代都是少数民族主持国家政体，蒙古族治元朝，满族和蒙古族合营治清朝。清代存在的时期长，对文化的高度重视恐怕是原因之一。十多年前，我曾有过一次难得的机会，“借机”翻阅过一个月的清代婚姻刑案的卷宗。用现代的观点去看，有些结论多守旧礼而违天理，有些还特滑稽。但文笔谨严，案件的叙述简约清晰，一宗案子，几百个字就交待清楚了。我们如今的公文实在不好意思去恭维，套话、虚话、空洞的话蔚然风行。我曾朗读过一个“植树”的文件，文件核心讲的是为什么植树，植树的意义，环保，以及做人的情操修养，青年人的成长，贯彻精神等内容，高屋建瓴，上纲上线。但要把树种活的字却是一个也没有。

古文今译也是如今太糟糕的文风一种。这种事我们也做，台湾那边也做，但严谨去做的太过寥寥。一句古文几个字，却“译”出几十个字。《四库全书》要这么译一家伙，我们就实打实进入了“知识爆炸”的时代。

现在看“文革”时期的报纸和文件，直觉是可笑的地方多。一个人活到可笑的地步是悲哀的，一个时期的文风如果让人可笑，是更大的悲哀。不知道再过一百年，后人怎么评看我们这一时期的公文。

（选自《先前的风气》，陕西师范大学出版社，2013 年版）

反贪四议

王开林

贪官比大盗更可怕

为官之道，莫过于勤政和廉政。勤政，即要为地方上的百姓做益事，做善事，多造福，少造孽。廉政，即手脚要干净，不贪污，不受贿，凡事秉公办理，不徇私，不舞弊。这两点，说来轻松，真正能够践行的，自古以来，罕闻而少见。

在专制社会里，一切皆小，衙门独大，无论是谁，只要跻身于国家的管理机构中，换言之，一朝脱下青衫，踏上仕途，即意味着权势、荣耀、威福、黄金、豪宅、美女……凡人类七情六欲求之若渴的东西，均纷至沓来。官愈大，位愈尊，权愈重，则拥有的资源愈丰富，获取的享受愈奇妙。仕途即利途，他们做定了贪官，则无须剪径，贩毒，绑票，开妓院，洗劫钱庄，走私军火，无须辛劳冒险，大盗刀口舔血所要攫夺的东西，贪官唾手可得，取舍用藏皆可运乎一心，存乎一意。因此客观一点说，贪官比大盗更可怕。大盗即算是明火执仗，公然抢劫，也会“买卖做成就跑路”，绝不敢像水蛭似地咬定“腿杆”不放松；贪官则肆无忌惮，他们的唇齿比大海中八爪章鱼的吸盘还要厉害，死死咬住某个部门某个区域，“吸血”

无餍。古人说“匪过如梳，兵过如篦，官过如剃”，自是指明了最深层的事实——贪官刮地皮的工夫天下第一，无出其右。

我浏览唐、宋、元三朝名贤的史料笔记时，读到抗金英雄岳飞之孙岳珂编撰的《桯史》，其中有一则趣话，对贪官污吏可真是不敬得很。这则趣话的主人公是自号“滚海蛟”的东南海盗郑广，此公曾在福建莆田一带啸聚渔民，大行剽掠，官府拿他没辙。硬的一手对付不了，皇帝老儿就下诏招安，为表彰郑广悔罪归顺，朝廷法外开恩，赏给他一个不大不小的武职，容他为国效力。由于郑广做过海盗，同僚对他无不侧目，甚至没谁肯跟他扯扯闲谈，拉拉家常，这令郑广心中大为窝火。有一天，郑广瞧见那些自命风雅的同僚聚在一起谈论诗词，就凑过去主动搭讪：“我郑广是个大老粗，近日作了首歪诗，想献个丑，念给大家听听，不知行不行？”大家见这位昔日的海盗也来附庸风雅，估计他的诗狗屁不通，都想看他当众丢人现眼。诗是现成的，郑广朗诵道：“郑广有诗上众官，文武看来总一般。众官做官却做贼，郑广做贼却做官！”这诗一念完，那些挨了嘲骂的贪官污吏一个个灰溜溜地走开了，郑广则吐尽胸中那口郁遭已久的鸟气，开心之极，忍不住哈哈大笑。郑广做过海盗，尚且敢说自己强于贪官，这岂不是将官场的黑暗揭露无遗了吗？

元末叶子奇在《草木子·谈薮篇》中揭露元朝官场的黑暗现实，录下了一首民间的嘲官诗：“解贼一金并一鼓，迎官两鼓一声锣，金鼓看来都一样，官人与贼不争多。”叶子奇的意思很明确，官与贼原是一路货色。陶宗仪也是元末人，他的《辍耕录》同样揭露了元末官场的腐败现象，其中记录了一首当时流行甚广的《太平小令》：“堂堂大元，奸佞当权，开河变钞祸根源，惹红巾万千。官法滥，刑法重，黎民怨。人吃人，钞买钞，何曾见？贼做官，官做贼，混贤愚，哀哉可怜！”试想，官与盗同，百姓的疾苦又有谁去解救？于是，揭竿而起者众，成吉思汗的子孙早已失去先祖马上夺天下的雄风，元朝的气数如何，也就不待蓍龟而知了。

柳宗元在《送薛存义序》中说：“今受其直（值）而怠其事者，天下皆然；岂惟怠之，又从而盗之……”意思是，如今本朝收受百姓赋税，却怠慢他们事情的官员，比比皆是；岂止怠慢百姓的事情，还想方设法盗取他们的财物。你说此辈硕鼠既不勤政，又不廉政，可恨不可恨？苏轼在《拟进士对御试策一道》中则落笔更重：“吏受贿枉法，人必谓之赃，非其有而取之，人必谓之盗，苟有其实，不敢辞其名。”也就是是说，贪官即为大盗，一旦坐实，则恶名终身难以洗脱。

东汉清官杨震拒收门生的馈金，说什么“天知，地知，你知，我知”，在后代的贪官听来，肯定要笑掉大牙，他们会嘲笑杨震胆子太小，简直不像个男子汉。明朝户部尚书张津，曾在官署客厅张贴了一副对联：“宽一分，则民多受一份赐；取一分，则官不值一文钱。”这副对联若让后代贪官见了，更会笑掉大牙，一分都不取，岂非傻瓜？何况自己不取，也自有人取，公款取之于民并不会用之于民。

1913 年 5 月 9 日，邵飘萍在《汉民日报》上发表《呜呼，共和国人民之生命财产》一文，文中感慨道：“我们已是共和国了，但人民并非共和国之人民。”他根据金华、东阳、德清等地官吏鱼肉乡里、残民以逞、苛政猛于虎的事实道出真相：“人但知强盗可怕，不知无法无天的官吏比强盗更为可怕！”没有最贪，只有更贪，没有最坏，只有更坏，中国官场的黑暗面一直是阳光照耀不到的盲区。

几年前，原湖北省副省长孟庆平、原浙江省副省长许运鸿、原江西省副省长胡长清、原全国人大副委员长成克杰、原河北省长程维高、原深圳市长许宗衡这几条吞舟大鱼吞噬的贿款均在数百万元以上，多者达数千万元之巨。成克杰等人为官更甚于为盗，这已是触目惊心的事实，更触目惊心的是：如今的贪官欲壑难填，他们变本加厉，贪污受贿所得动辄逼近甚至超过亿元大关，连扶贫款、赈灾款、老百姓的养老金、住房公积金都敢染指。法网恢恢，仍有可能恢恢之网漏脱吞舟之鱼，因此贪官总是抱有侥幸心理，即使面对死刑的震慑，他们照样具有前仆后继的“烈士情结”，大有“贪官不畏死，奈何以死惧之”的“气概”。若不从制度设计上下功夫，让各种监督悉数到位，贪官就会比烈士更敢冒险。

临到本文结尾时，我忽然记起白石老人晚年的一幅名作，画的是位身穿白袍的清官，年纪大了，醉态可掬地伏在酒瓮上，酒杓柄上挂着一串铜子，题记为："宰相归田，囊底无钱，宁可为盗，也不伤廉。"如此说来，强盗确实胜过贪官，因为盗亦有道啊！

"撼山易，撼贪官难"，唯有法制健全、监督到位和新闻自由的社会，贪官才会沦为过街老鼠，人人喊打，他们的市场份额才会大幅缩水，这些社会公害的祸殃才会降至最低，勤政廉政的官员也才有可能彻底洗脱"大盗"的嫌疑，恢复清白的名誉。

公仆慎勿做家贼

在地方上，他曾经是一位呼风唤雨、一手遮天的官员，关于他的传闻很多，有赞有弹，莫辨虚实和真伪。直到东窗事发，所有的人都傻了眼，他受贿三千多万，被判处死刑缓期执行。一颗官场的明星陨落了，有扼腕叹息的，也有拍手称快的，因人而异，因立场而异。

一位剧作家朋友正创作一部反腐倡廉题材的电视连续剧，要去采访这位昔日的官场明星，他问我有没有兴趣同行。好啊，我从未进入监狱探访过囚徒，这是一次新鲜的人生体验。

手续一箩筐，幸亏那位陪同我们的检察官熟门熟路，在半个小时内悉数办妥了，我们寄存手机，戴好贵宾卡，跨过几道冷冰冰的铁门，步行一百来米，到达指定监区，然后上楼，那位受访者已在会客室毕恭毕敬地等待我们。不是说"虎死不倒威"吗？我从他身上已看不到一点虎气虎威的影子。囚衣下只剩一具臃肿的躯壳，那个凸起的大肚腩，估计没有三五百万无论如何也吃不出来。他强颜作笑时，比哭更难看。

照例，先是寒暄。我们问他平日怎么打发时间，他说主要是看看杂志，练练书法，这两年毛笔字有了很大的长进。以前字不成字时老有人请他题词，现在毛笔字练出了三分启功味，却只能自己写给自己看。这个讽刺够大，也够寒碜他的，命运之神玩这类吊诡的把戏最在行，但它早已玩得了无新意。

我们渐渐切入到正题中来。剧作家朋友试探着问他："厅级干部，各方面的待遇顶好了，为什么你对金钱还有这么大的胃口？"

他略微沉吟了一下，然后说："开始的时候，我自律很严，不收任何礼品和红包，但再坚固的铁门也挡不住别人天天用炸药包来炸啊！

我老婆的防线先被攻破了，整座城池固若金汤，攻城时也只需轰开一道缺口。你想想看，我在一个地方做一把手，掌管着那么多位子、票子，可以随时批条子，权力的背影是什么？当然是利益。收过几回红包后，我也就习惯了，如同例行公事，说得文雅点，就是题中应有之义，彼此心照不宣，无须客气。绝对的权力导致绝对的腐败，阿克顿勋爵的这句话还是对的，权力带来的快感、美色带来的快感和金钱带来的快感，是一个三维立体，它们互相关联，密不可分。现在想想，当时要是谁能管管我就好了，谁要是能制止我就更好，可是我这么干了几年不仅没犯事，还升了官，胆子就越来越大。好比打麻将，和牌和得多了，就不信手气会在某个瞬间突然反转。乐极生悲这样的念头从未在我脑海里闪现过。"

随着话题的深入，他打开了话匣子，谈兴愈益高起，一张嘴就打不住。我总算逮住一个小小的空当，用试探的语气问他："你怎么理解'公仆'这个词呢？"

他毫无难色，而且反应奇快，立刻做出回答："有一位歌星聘请了一名助理，对她信任有加，待她如同亲人。助理的事务干得不错，待遇也不差。开始时，她很满足，也很开心，久而久之，她与圈子里其他歌星的助理去攀比，心态就失衡了，觉得自己的收入并不是顶高的。可巧主人的钱物由她过手，而主人粗枝大叶，记性不够好，她就尝试着使出空空妙手，一次又一次，完全成功，毫无破绽，她的胆子变得越来越大，结果弄出老大的窟窿，终于遮盖不住了，后果可想而知。公仆就这么回事，弄不好就会变成家贼，家贼谁能防得住？"临到末了，他又加重语气，意味深长地感叹道："很多人不清楚，做官是风险最高的职业，这种风险就像是一头猛虎潜伏在你的身旁不远的地方，你却不知不觉！"

这个答案很机智，我们相视一笑，连陪同我们的检察官也笑了。然后他开始给我们讲那个窝案的来龙去脉，以及他当年玩得风生水起的权力运作，情不自禁地露出一丝掩饰不住的得意的神色。他的故事充分证明，监督不严的权力可以弄出很大的动静。真到了案发之日，相牵而出的就是一大批官员，是一次官场的里氏七级地震。

两个小时过去了，我们采访完毕，与他握手道别，他有点恋恋不舍，对我们说："你们只管使用我提供的素材，起点警世作用，唤醒一些迷途忘返的官员，也算是我将功赎罪了。做公仆就好好地做公仆，千万别做家贼，更不要僭越主人的地位，寻求不靠谱的优越感。"

下楼时，我们遇到犯人回监，见到我们，他们都自觉地停下脚步，面墙而立，肃然无声。管理员告诉我们，这是监狱里的规矩。要知道，这个监区里的犯人昔日都是处级、厅级干部，人五人六，趾高气扬惯了，现在锋头被折损得干干净净，居然变得老老实实，畏缩如鼠，两相对照，真是天渊之别。

"生命诚可贵，爱情价更高，若为自由故，二者皆可抛。"此时此刻，我脑袋里突然跳出裴多菲的诗句。一个人只有失去了自由之后才能体会到自由的可贵。在监狱之外，人身自由只是一种集体无意识的存在，在高墙之内，则是日日如针刺目、如火焚心的提醒，反差竟如此之大。

"公仆慎勿做家贼"，能将这七个字悬为警示牌的官员有福了，也有救了。反之，他们就可能跻入另一个队列，即使安全着陆，侥幸逃脱牢狱之灾，也很难获得内心的安宁。到那时，无论他们归咎于人性也好，归咎于体制也罢，都是怎一个"悔"字了得。

民间智慧不可低估

前一段时间，上海高院四位法官招嫖落马，"中国福尔摩斯"老陈红遍网络，将民间反腐的连轴好戏推向了新高潮，相比全国范围内持续的高温天气，其火爆程度不遑多让。

老陈是如家连锁店的加盟商，他不好好打理生意，却改行做私家侦探，这也太离谱、太蹊跷了吧？大家寻根究底，这才霍然明白，老陈的经历不寻常，他曾是司法不公正的受害者，也一度做过那种专走冤枉路、专耗冤枉钱的访民。换成张三李四王五赵六，要么狠吞几口唾沫忍了，自认倒霉；要么多派几个马仔拼了，只图痛快；可老陈走的是人迹罕至的第三条道路：搜集铁证，扳倒冤家。为此，老陈花费了一年多时间（有足够的耐心和信心支撑，他的预算是三年），跟踪了将近一百次（有足够的机警和冷静支持，对方始终毫无觉察），动用了各种精良的秘拍设备（有足够的硬件和软件支援，证据全都是高清视频）。更难能可贵的是，老陈并没有将自己拔高为反腐斗士，他只是觉得所有的门被关死、所有的路被堵死之后，他的账还得算，冤还得伸，那咋办呢？就集中注意力，使出浑身解数，单干一回。老陈有个坚定不移的信念：腐败分子迟早会露出可疑的马脚和可鄙的原形，看就看他在何时何地以何种方式忘乎所以，猎人不愁等不到扣动扳机的那个瞬间。

老陈对腐败法官实施精确打击，使许多观众惊叹其手段高明、证据确凿和处置妥当，在任何一个环节上都没有掉链子，只有真正的高手才能做到这样滴水不漏。他单枪匹马，干好了一队精兵强将才能干好的事情，如果说这还不是智慧，那什么才算智慧？真正出人意料的是，他大胆开发自己的偏才，不到两年就成了福尔摩斯。老陈是合法商人，他这样做完全是急中生智，那么是谁把他惹毛了逼急了？奸商和贪官的合谋，四处碰壁的处境，可能会使许多人沮丧、郁闷、泄气、酗酒，但老陈没有消沉和狂躁，他选择了合乎理性的绝地反击。

有人嘲笑老陈“一根筋”，甚至骂他缺德、无聊、卑鄙、可耻，有窥阴癖，是不肯与人为善的小人，这都可以理解。倘若谁站在腐败法官的角度或站在维护他们利益的立场上，不这样辱骂老陈才叫奇怪，不这样贬斥老陈才叫反常。民间反腐方兴未艾，应该说，像老陈这样有勇有谋有理有节的“一根筋”不是太多了，而是太少了。老陈的真正价值不在于他用铁证扳倒了四名腐败法官，而是他的示范作用启发了很多人：别做无用功，避免鬼打墙，垂头丧气无济于事，怄出一身疾病更不值当，重要的是，你在哪儿跌倒，还得从哪儿爬起来，用铁证说硬话，用媒体作擂台，结果不会更差，只会更好。这样做的人多了，那些贪腐官员就会闻风丧胆，遇事早掂量，如果他们仍执意要多行不法，多行不义，就会发现四面八方都有锐利的目光射来，令他们如芒在背，如坐针毡，吃嘛嘛不香，睡哪哪不安。

有人在网上总结老陈的六大优点，夸奖上海人如何精明干练，如何冷静沉着，如何主次分明，如何智勇双全。其实，老陈是四川人，虽在上海生活多年，却并非土生土长的上海人。我倒是认为，中国人，不管他们在哪儿，就没有几个是二的，傻子很难跻入百家姓。以往，他们尚未打开思路，只在常规途径上兜圈子，现在老陈的示范大功告成，榜样的力量是无穷的，你想想看，他们中间大把大把的聪明人会不会跃跃欲试？我相信，老陈绝对不是一骑绝尘，后来居上的张福尔摩斯、李福尔摩斯、王福尔摩斯将如雨后春笋，贪腐官员的好日子快要到头了，他们怕就怕反腐的官方行动迅速演变成为民间智慧的大比拼。

在网络时代，所有的硬件、软件都支持聪明人做聪明事，你越是理智，就越有胜机。那些狂躁而偏执的访民，如果你们真的受了冤屈，就早点打道回府吧，一定要相信：民间的反腐智慧不是豆芽，它是未来的参天大树。

西方有一句名言："一千个观众就有一千个哈姆莱特。"同理可得，一千个"老陈"就有一千个福尔摩斯。光是这么想想吧，就令人格外振奋。

反"假"最难

在落马之前，贪腐官员的脑门上可没有刻着墨黑醒目的"贪""腐"二字。这些演技派的顶尖高手，拿手好戏就是打开天窗讲假话，欺骗组织，糊弄同僚。他们主演的大片很多，反腐倡廉的高光表演无疑是其中戏份最足的剧目，一旦粉墨登场，个个唱做皆精。然而令众多看客始料未及的是，贪腐官员欺世盗名在此，塌台倒灶也在此，他们的"金句"将沦为永不打烊的自嘲。

万庆良的精彩台词是："绝不利用自己的权力为亲友、为他人牟取私利，绝不追求特权、追求享受。"这句话的亮点是两个"绝不"。万某的"绝活"真够绝的，可是必须等他锒铛入狱之后，才能修炼到家，落实到位。

曾锦城的精彩台词是："我以一个党员的名义向组织保证，我绝不收人家的一分钱，绝不做对不起组织的一件事……"瞧见没有，这句话的亮点又是两个"绝不"。谁抄袭谁？不打紧，因为这是贪官爱用的标准格式。但这位正厅级官员为了加重戏份，竟然采用血书的形式向河南省委表白，其"创意"着实令人惊悚。

许宗衡的精彩台词是："我要做一个清廉的市长，不飘浮，不作秀，不忽悠，不留败笔，不留遗憾与骂名！"我以最好的善意猜测许宗衡，他认为的"清廉"是受贿金额严格控制在一亿元之内，如果以他的"红线"为准，他确实算得上是一位"清廉的市长"。至于淫乱的私生活嘛，则很有可能，他将那些余兴节目视为生花妙笔。

张宗海的精彩台词是："城里人不会有穿草鞋的体会，可山区还有许多贫困老百姓。做一个穿草鞋的公仆，就是让大家心里时刻装着百姓，装着自己的责任，为了更多的百姓可以不穿草鞋，为了更多的百姓能过上好日子。"张宗海做过重庆市的宣传部长，理论水平不低，但他的算术成绩不好，倘若他善心大发，数百万元贿金能给山区老百姓购买多少双皮鞋啊！但他口惠而实不至，忽悠乡亲们，这就太过分了。值得一提的是，这位"草鞋公仆"选择情妇的标准可不低："一要大学本科毕业生，二要漂亮，三要没结婚。"

杜在新的精彩台词是："我母亲 74 岁，前不久，我回家看她，她还在田里挖红薯。我把她挖出的一个三斤八两重的红薯带回监利，放在客厅里。为什么？我是吃红薯长大的，我是父母含辛茹苦拉扯上学的。我是在党旗下发过誓的，农民的儿子应该有农民的本分！"这位县委书记貌似朴实无华，他曾在全县干部大会上振臂高呼过"取一文，我就不值一文"。然而农民的儿子会在受贿五十万元之后仍然装模作样地强调"农民的本分"吗？我坚信，杜某的母亲挖出的那个大红薯一定在客厅里窃窃冷笑，从骨子里鄙视他。

周本顺的精彩台词是："贪腐绝不能有第一次。有了第一次，就会有第二次、第三次、无数次。大贪是从小贪开始的，针尖大的窟窿斗大的风……'全家腐'必然是'全家哭'。"当过省委书记的人，果然出语精警，提炼功夫远远超过杜在新之流。他还有一段精彩的台词，不可遗漏："贪腐的风险是无法规避的风险，贪腐付出的代价是自由和生命。那些大大小小的贪官，敛了那么多财，到头来还不都是人财两空，家破人亡？"不难想象，周本顺在下属面前的表演扣人心弦，很可能自己都被自己感动了，毕竟是老戏骨，入戏入得深沉，对戏份的拿捏极其精准。

看完戏，观众打完吆喝，就能轻松愉快地走出剧场，各自忙各自的事情去。但反贪反腐不是一场大戏，而是一盘大棋，关乎中华人民共和国任何一位公民的切身利益，丝毫马虎不得。这一点，是毋庸讳言，也无须多言的。在神州大地上，假风劲吹，无所不至，相比反贪反腐，反假的形势更为严峻。在假恶丑的队列中，假是排头兵，是先锋将，是老大哥，它能纵容恶丑，包庇恶丑，掩藏恶丑，既当爹，又当妈，还当导师。

一位官员作假三天不难，作假三年就有些难度了，作假三十年仍然深藏不露，就简直难于上青天了。可惜孙悟空那门子火眼金睛的功夫早已失传，如何“三打白骨精”，他们撒下弥天大谎时即被戳穿，扮演清官廉吏时就被识破，贪腐的雪球无法滚到硕大无朋？这无疑是值得有关部门刻苦攻关的核心技术。

长城内外，如果反假能够大功告成，大江南北，反贪反腐也必定能够全线告捷。这到底是知易行难，还是知难行易呢？聪明的读者，我不说，你也懂的。

（选自《双面绣》，百花文艺出版社，2012 年版）

公务酒

方英文

我的某些行文里，曾对领导发过不恭之词。不过平心而论，要我也当领导的话，我只能诚惶诚恐抱拳作揖道：不敢不敢，谢了谢了！先不说怎样平衡各方利益的复杂技巧，也不说如何应对千奇百怪的场面与事件，单是一个喝酒，我就断然不能胜任。陪领导喝酒，能喝不能喝都得喝，有尿没尿撑住尿，因为只有如此方可表达你对上官的敬仰与忠顺。这么说吧，你分明不能喝却开怀畅饮一副贪杯的样子，实际上是通过折磨自己来博得领导的高兴。下级在上级面前，流露出适度的憨笨与得体的胡闹，既营造了氛围，又能博得好感，往往获取更多的政策支持，比如安禄山陪李隆基喝酒。面对来自下属的敬酒你又当如何？最好喝吧，干不了一杯就半杯，纵然酒精过敏也至少抿那么一抿。否则，你眼里还有人么？你抓管的这一摊事儿靠谁干哩？所以短信里调侃组织部选拔干部先要看酒量如何，我以为并不完全荒诞。

公务活动也就是所谓的官场上，特别是在县级以下（含县级）的官场上，何以饮酒成风？不得已而为之也。比如来了一个厅长，这可是省城里的大人物，检查工作或考察项目，汇报好了招待美了，成百上千万的资金，就可能一言而到账。怎么招待才算美了？行贿？安排小姐？那等于把厅长掀进沟里，你那资金找谁要去？你早已吹下海口，又如何向地方百姓交代？所以要把厅长招待美，也只能在酒桌上孤注一掷为民献胃了。

官宴历来不能少酒，除了俗话说的无酒不成席，根本原因是，唯此酒君，方可让各方轻松下来。上级端一个钦差大臣的架子，所说话语如同播音员念社论。下级呢？点头哈腰附和献媚，又是笔记又是簇拥合影——实际上双方都不舒服。怎么办？酒宴上再说。几杯酒下肚，等级就不那么分明了，汇报会上不宜提的要求就可随酒而抖搂出来了。领导表示理解，大显其亲民作风，甚至讲出一个荤段子，举座为之喷饭——尽管这段子大家可能听过八百遍了。刚好一个女士来敬酒，领导说不能喝不能喝，只见那女士一声“先干为敬”，连饮三杯，接着玉手捧杯直抵领导颌下，你能抵挡？除非你是铁人，或者被骗了。一般而言，这位女士总是有几分姿色，属于当地的美女之列，并且也是身在官场，至少一个副科级吧，否则没有资格忝列宴席。让她来陪酒是组织的安排，陪得领导高兴了，就拍她的肩膀，对地方父母官说：多好的同志，建议你们给她多压点担子！算是现场“提拔”了。

我的结论是：百分之九十的领导都有酒量，百分之九十的领导又都怕喝酒，又都喝了大量的酒。有酒量且爱喝酒且不能自控的人，不是领导的料子。我一个同学，姓谭，大学毕业的当年就当了副科长。可是将近三十年过去，依然副科长。当然最近带了括号——享受正科级待遇。什么原因呢？喝酒不得法。每次酒宴，他总是首先跳将出来打通关，酒政策的执行又严格得要死毫无商量的余地，弄得领导很难堪。他吆五喝六纠缠较真，一圈通关打下来，先把自己放翻，玉山倾倒呼呼大睡于地板上。此时热菜上来，而他虽然经常吃酒，却很少吃过热菜，一肚子凉菜便已醉倒，于是得一绰号——谭凉菜。

谭科长的这种喝法是诗人的喝法，不顾及别人，只凭自家酒量，但求快速一醉完事。一句话，他是为自己喝酒。而真正的领导多数时候却不是为自己喝酒，该喝不该喝，该喝多与该喝少，以及什么时候敬酒，要不要划拳猜宝打杠子，如果要，则要考虑从何人开始到何人结束，以及中途可能出现什么意外，一定事先想好应急预案……目的只有一个：让上级、让客人喝个高兴。归纳说吧，好的领导从不为自己喝酒，而是为工作喝酒，为争取资金喝酒，为赢得外援喝酒，为化解矛盾喝酒，为联络感情喝酒……至于自己分明三杯酒量结果却喝了一斤，则不能考虑，喝多就喝多，受罪就受罪，随后挂吊瓶好了。

不在官场的老百姓，总以为当官的经常大吃大喝是何等的快活，其实官员们自身并不总有这样的感觉。他们宁愿在机关灶上吃价值不过十元的自助餐，而对于那些一席几百几千元的酒席，能推托时也尽量要推托的。

本文所说基本是公款吃喝，属于执政成本的浪费型开支，总归是消耗纳税人的钱。老百姓有意见，身在其中的大大小小的领导们更是再清楚不过其中的害处了，但是谁也没有办法改变，因为这是中国古来就有的吃喝文化。既然是文化，而文化的特点是具有超稳定性，不是写几篇文章、开几次会议、发几个文件就能改变得了的。待到经济发展到一定的时候，人们大吃大喝腻歪了，不再有关于饥饿的记忆了，大吃大喝就成了一种“没文化”，甚至成了一种惩罚。

但是酒，这种粮食之精华、水果之灵气，却不仅不能少也不会少，而且一定要多，并且一定能够越来越多。酒，固然也是一种物质，事实上却归类于精神奢侈品。酒，是浪漫，是灵感，是春季的蝶，是秋天的月。一碟花生米，知音二三人。咸蛋四五颗，美酒六七两。少功利之心，多率性之态。俗味荡然而去，仙气飘忽而来，是为真正饮酒。可惜此种饮法，人之一生是少之又少的，如同爱情哦！

（原载于《今晚报》，2009 年 8 月 13 日）

体验比视察更接近实际

柳　萌

关注民生，了解民情，现在成了官员的口头禅，大会小会讲，文章报告说。究竟如何关注、怎样了解，我却看不出有什么实际招数。从古代官员的微服私访，到现代干部的公开视察，其实做的都是表面文章。我不敢说起不到作用，但是，情况的真实程度有多大，我还是抱怀疑态度的。

随便举两个例子：本人所居住的小区，突然一天，收购废品摊贩不见了，跟知情人一打听，原来上级要来检查卫生，怕环境太乱，居委会让小摊贩停业了。另一个例子更邪气，据媒体报道南方某城市，为应付上级检查，将一乞丐送郊区致死，结果城管吃了官司。您看，像这样的视察就是来百次千次，恐怕也难看到真实情况，对于解决问题又能有多大帮助呢？难怪有篇报道说，温家宝总理视察工作时，常常趁当地官员不备，突然提出来下车，到未安排（实为未事先准备）的某个地方查看。这样突然袭击式的视察，尽管也不见得能看到真切情况，但总还不至于是完美的假象。

官员若想得到真实情况，其实并不难，难的是看你肯不肯下功夫，亲自去体验某件事情。百姓当中无小事，这句话官员都会说，真正有体验的官员，即使有也不是很多。20世纪60年代初期，胡昭衡任天津市市长，为解决市民吃早点难的问题，他跟市民一起排队购买，结果发现了许多问题，而且都关系百姓利益。例如，他发现卖早点的摊贩，拿钱拿物都用手不卫生，于是，他提出使用夹子夹钱的建议。这样就保障了市民的健康。用夹子夹钱这种做法一直延续至今。倘若他不是亲自排队体验，只是到早点摊视察一下，恐怕只能看到排队购买难，绝对不会想到食品卫生问题。

如果拿老祖宗的微服私访，跟今天的公开视察比较，我倒是觉得私访近似体察，比今天官员公开视察的做法，似乎更容易了解到真实情况。现在电视传媒如此发达，官员们个个如同大明星，几乎天天在电视新闻露脸，再像胡市长那样去逛街体验，肯定会被普通百姓认出来。倘若你是个开明官员还好，趁此机会听听百姓意见，岂不是比搞什么听证会来得更直接更深入更细致吗？这有什么不好？比如，北方地区冬天取暖，政府为了节约能源，标准室温定在16℃，请问定此室温的官员，你有过在此室温下的生活体验吗？尤其值得提出的是，长时间在室内居留的人，大都是上了年纪的老人。如果你来体验一天，或者问问普通市民，说不定就会知道，原来16℃的室温，还得穿上薄棉衣才行。光知道多节能，不考虑人生存，就是因为没有体验。

如今上了点级别的官员，不是居住在独门独院，就是居住在官员大院，想体验百姓生活的困难，从道理上讲有一定的不便。但是也不是完全就做不到，关键是看官员想不想了解实情，如果想做还是有办法的，以我这个普通小民之见，一是不妨经常“忆忆旧”，因为，每位官员都曾经为过民，想想当初自己为民的难，就会想到百姓现在的苦。从某省调北京就任的某市长，据报道，在某省任省委书记时他就抓教育平等，原因是他未当这么大官时，因未满足学校提出的条件，他孩子被重点学校拒之门外，他有过痛苦的切身体验，所以他有了大权就想到，让普通百姓孩子平等读书。这就是我说的“忆忆旧”的体验；二是不妨交点“穷朋友”，当官忘掉百姓朋友，官越大百姓朋友越少，这几乎成了一种官场通病。有人说，当了官跟百姓无共同语言了，还有人说，当了官说话不那么方便了，其实这都是欺世骗人的借口。姑且不说你当官为了谁，你的官俸是谁给你的，就是单说想当个好官，从体验民情的角度考虑，交几个普通百姓朋友，对于你决策什么事情，肯定会比光听汇报接近实际。比如，如今物价涨得这么快，官员说是“结构性涨价”，这是经济学上的名词，百姓听不懂也不想听。百姓过日子的感受是，豆腐涨了几毛钱，猪肉涨了几元钱。这涨了的几毛几元钱，对于百姓生活有多大影响，真正有体验的官员请问能有几人。你如果知道百姓的感受，说话就会对百姓心思；你如果不懂百姓疾苦，做事就很难对百姓心思。比如我前边提到的那位市长，后来当了更大的官，跟市民距离越来越远了，许多关乎居民冷暖的事情，他已经毫无亲身体验，说的话做的事好多都不靠谱儿。

据说，有位官员自掏腰包，定期请退休朋友吃饭，但是他的饭不能白吃，条件就是要跟他讲实话。这样做只能算做调查，还不能算亲身体验，当然，比之通常公开视察，所了解情况会更多，而且老朋友也不会糊弄他。这也算是办法之一种吧。总之，还是那句老话，想知道梨子的滋味，你就亲自尝一尝。隔山买牛总是不大可靠。

二零零八年三月十二日

（选自《柳萌自选集·老柳村言》，作家出版社，2010 年版）

谁来惩治“吹牛”官

柳　萌

如今稍微上点年纪的人，大概都会清楚地记得，在所谓“大跃进”年代，各地很出了些吹“牛”官员，他们像疯了一样胡吹乱侃。什么“人有多大胆，地有多大产”，什么“十年超英（国），二十年赶美（国）”，于是，亩产千斤稻、日产万吨钢“喜讯”，就像秋天的风处处劲吹，把人心搅得晕晕乎乎。如果给这种浮夸风来个新解，就是官员政绩的“数字腐败”，跟地上的“形象工程”一样，本质都是弄虚作假欺世盗名。

当年搞政绩“浮夸风”的官员，不仅未受到任何惩治，而且有的还步步高升。与之相反，有些讲真话做实事的人，却被视为思想“右倾”受到批判和处分。最轻者也要做检查。是非不分黑白不明，到了如此可怕地步，哪有不吃苦果的道理。结果使国家经济吃了大亏，老百姓生活跟着受了大罪，其产生的恶劣后果和教训，正直的人只要一想起来，都感到痛心疾首和羞愧。在后来施行改革开放政策，开始就提出“实事求是”，很可能就是吸取了那次教训。

不过话再说回来，搞浮夸政绩，搞“数字腐败”，毕竟是在那个特殊年代。提倡“实事求是”作风以后，本以为这种官员不会再有，起码在数字上不会再弄虚作假。即使个别人身上依然存在，总应该有人出来干预或惩治，岂知事实完全相反。曾经从多家报刊上看到有关“数字腐败”的报道，这才知道，这种虚假作风依然存在于某些官员中，有的把“政绩”数字说大报多，有的把“过错”数字说小报轻，有的讲灾难伤亡数字吞吞吐吐，使上级难以得到准确数据，当然，就更无法正确指导工作。可是对于那些搞“数字腐败”官员，事情败露后造成的坏影响，不仅没有任何批评处置，而且有的还连连升官重用，以至于这些人脸不红口不吃心不跳，依然洋洋自得地耍嘴上功夫。因为他们深深知道，“吹牛”不上税，造假不犯法，税务局法院纪委都不管，弄得像真的似的反而博得喝彩。

官员在政绩上用嘴造假，客气点说叫吹“牛”，文雅点讲叫“形象工程”，实际上就是在欺骗。谈政议事在数字上“腐败”的人，目的无非是想继续升官，这是非常显而易见的。提倡科学发展观也好，提倡“求真务实”也罢，如果每个官员都能这样做，我们国家前进发展的速度，肯定比现在还要快还要好。遗憾的是有的单位或地区官员，压根儿就不想实实在在地去施行，“求真务实”之类的倡导，在他们那里，只是口头的官话，只是文件门面词，形同开会的座位标签。

由此看来，若想惩治“数字腐败”者，并不是那么容易的事情。数字不实不犯法不违纪且不说，倘若碰到个有此同好的上司，还可以容忍宽恕自己，干吗不变数字戏法呢？幸亏这样的“魔术”官员，在今天毕竟少得多了，如果像过去那样吹“牛”成风，你也吹我也吹他也吹，一个比一个吹得大，党的威信、单位的信誉、事业的前途，非让他们给吹得七零八落不可。

在我们现行的体制下，官员贪污有人管，官员违纪有人管，就连商人造假都有人管。唯独官员吹“牛”无人管。既然有的顶头上司不闻不问，那么，吹“牛”者是不是真的没法惩治了呢？当然不是。最为简单有效的办法，我以为就是加强群众监督，一旦发现数字不实或事情不真，让吹“牛”官接受群众质询，如果他还有羞耻心的话，说不定就会戒掉吹“牛”邀功恶习，学会“求真务实”地从政理事。从这个意义上来讲，“求真务实”作风，在今天依然有提倡的必要。当然，更为关键的是，要用“求真务实”方法，检查“求真务实”作风落实情况。真的求真了，真的务实了，吹“牛”官就会少。那时何愁社会不平安和稳定。

官员吹“牛”看来是小事，而且不是在所有的问题上，但是所造成的恶劣影响，却绝对不能低估和姑息。就说这“数字腐败”吧，在讲究信息的今天，如果信息数字失真，势必会造成决策的失误。最后带来的危害就会波及全局。因此，在官员中提倡讲真话报实数，杜绝好大喜功的吹“牛”风，跟倡导遵纪守法一样重要，万万不可轻视和忽略。

（选自《柳萌自选集·老柳村言》，作家出版社，2010 年版）

打老虎

尧山壁

1952年2月10日，农历正月十五，新中国成立后第三个元宵节，万民同庆。魏家庄戏院请来临清京剧团，开场戏是舅舅亲点的高派老生孙鑫甫的拿手戏《失空斩》。可是戏迷舅舅却不能到场，去省城保定开会去了，他是乡党委书记。第二天坐火车回来，从内丘车站一溜小跑赶回家，进门就说看了一出好戏，安置了酒菜，让我把乡里几个主要干部叫来，兴高采烈地说起保定见闻。

舅舅参加的是河北省人民公审大贪污犯刘青山、张子善的大会。保定体育场聚集了省会和九个地区的代表两万多人（那时张家口、承德还不归河北省），口号声淹没了外面元宵节的鞭炮声。有两个人扛着小钢炮似的黑家伙，说是北京电影制片厂的摄像机。正当午时，钟声敲响，河北省人民法院院长宋志毅宣布开会，刘、张二犯由民警押赴会场。出乎意外的是，他们并不是光头囚服、身背亡命牌，刘青山头戴水獭皮帽，身穿藏青呢子大衣，足蹬瓦亮黑皮鞋；张子善一身笔挺的深蓝呢子制服，头戴呢子帽，脚踩皮鞋，俨然还是一副首长装束，只是手上套了一副明晃晃的手铐，胸前二尺白布，姓名上冠以大贪污犯字样。二人不约而同地用目光偷扫了一下主席台，曾几何时，那是他们习惯就座的位置。

刘青山，36岁，雇工出身，1931年入党，参加过高蠡暴动，曾任河北省天津地委书记。张子善，38岁，学生出身，1933年入党，曾参加过狱中绝食和卧轨斗争，时任河北省天津地委书记。宋院长宣布他们的罪行：在资产阶级腐朽思想的严重侵蚀下，为达到个人挥霍，假借经营机关生产之名，利用职权，狼狈为奸，两年内先后盗窃国家救灾、治河专用粮款，克扣机场建筑费、骗取银行贷款，总计171.6272亿元（一万元相当于后来的新人民币一元）。这是一个触目惊心的数字，按当时币值标准和市场物价，可买粮食2000万斤、布800万尺，可供50万人吃一个月并做一身衣服，被称作“共和国反腐败第一案”。二犯面对如此滔天罪行，供认不讳，都写了忏悔录。因为刘、张二人一是高干，二是功臣，少不了有人讲情，毛主席下定决心，亲自批示处以极刑。宣判前一天，监管人员把隔离两个多月的二犯叫到一起，摆下丰盛的晚餐，外加一瓶白酒，交代政策，希望他们表现好一点儿，不要给共产党丢脸。刘青山长叹一声，两茶杯白酒倒进肚里。张子善鼻涕眼泪，手抖得拿不住烟卷。

今天被押上台来，两个大人物全没了昔日的威风。刘青山一脸灰黑，张子善一脸惨白。当宣判死刑立即执行，绑赴东关刑场时，刘青山浑身一颤，脖子一挺，两腿尚能迈步；张子善身子发软，脑袋耷拉在胸前，还要两位民警架着走。行刑前，有关人员向二犯传达中央领导和省委的几条规定：子弹不打脑袋，打后心；殓尸安葬，棺木由公费购置；亲属不按反革命家属对待；子女由国家抚养成人。听起来像斩马谡时诸葛亮的安排。刘、张听后，也像马谡一样放声大哭。于是两声枪响，惊天动地，全河北、全中国都听到了。这两声枪响管了几十年，这是后话。

舅舅原原本本、绘声绘色地讲了半个多小时，大家瞪着眼听，连筷子都没动。我的任务是拉风箱烧水沏茶，却只顾听讲，手不知不觉停下来，一壶水都烧干了。大家频频举杯，好像是在庆祝“三反”运动旗开得胜。有的说，这是毛主席挥泪斩马谡。舅舅说他们不能比马谡，马谡是好人办坏事，犯了主观主义、经验主义错误；他们已经变成坏人了，投降了资产阶级，就是投降了司马懿。有的说街上老掌柜听了早晨的广播，说是“卸磨杀驴”。舅舅说更不对了，拉磨是拉磨，拉完磨偷吃，乱踢乱咬，还不收拾它。何况刘、张已经不是驴，是吃人的老虎了。舅舅还说：“回来想了一路，我的官比他们小多了，可是资格比他们老，1926 年入党，更要严格要求自己。咱们魏家庄 20 世纪 20 年代就是模范支部，是抗日先遣队第一个落脚点和堡垒村。这次‘三反’也不能落后，自查自纠，发动群众帮助。要是搞不好，我就像失街亭那样，‘奏明幼主，请免武乡侯之职’了。”

1951 年 12 月 1 日，中共中央作出《关于实行精兵简政、增产节约，反对贪污、反对浪费、反对官僚主义的决定》。拿刘、张开刀，杀一儆百，运动顺利开展。1952 年 4 月 21 日，国家颁布了《中华人民共和国惩治贪污条例》，大张旗鼓地搞“三反”。但是，一搞起群众运动就容易出偏差。当时规定，贪污一亿元算“老虎”。新中国成立伊始，纪律严明，干部作风好，实行供给制，一般人也没有腐败的机会。搞运动，层层“打老虎”，难免矮子里头拔将军，找些小猫当“老虎”，审查对象多是财政科、股长、食堂管理员。县政府伙食管理员本来就不好当，平时一天三顿小米，又多是陈米，带有霉味。一星期改善两次生活，吃白面馒头，人们争前恐后。管理员喊：“吃一个，拿一个。”意思是吃完一个再拿第二个。有人调皮，嘴里叼一个，手里再拿一个。管理员不讲情面，伸手就夺回来一个，一来二去得罪了几个人。运动开始，首当其冲被打了“老虎”，关了禁闭。当然没多长时间，查不出多少问题，就放人了。

（选自《百姓旧事》，河北教育出版社，2011 年版）

“情妇”比较论

刘洪波

我要做这篇文章，是因为看到许多人说，“贪官与情妇在一起”。这里所谓的“在一起”，是说一个官员搞起了情妇，就会腐败，搞情妇者必贪，贪者必搞情妇。

要说证据，当然可以一说一串儿。陈希同、王宝森、成克杰，还有一时想不出名字的大大小小的贪官，都是“栽倒在石榴裙下”，都是搞情妇搞出问题来的。

尽管如此，我对“贪官与情妇在一起”的论断还是很不理解。在我看来，腐败与搞情妇是两个问题。就搞情妇而言，贪官可能搞，清官也未必不搞。当然有同志要跟我抬杠，说搞情妇本身就是腐败，不管是否行贿受贿，是否乱批项目，都可以定性为贪官了，那么我也无话可说。但从一般意义上理解，所谓“贪官”，指的是贪占钱财，而不是贪恋女色，因此我还是要说，官员贪不贪与搞不搞情妇是两个问题。

我当然举不出一个清官搞了情妇的例子来，例如包青天、海青天、况青天等，都没有搞过情妇的记录。但那时候似乎也不兴“情妇”一说，喜欢小女人，娶来当个小妾得了，而且还有“官妓”，嫖嫖也不算过分。当然不是说他们这几个青天就这样做过，我是说清官未必就不能在发妻之外另生出一些情来，刘罗锅不就在夫人的操持下娶了二房吗？

有人要说，那是过去，当代有哪个清官搞过情妇？我肯定举不出一个例子来，因为在当代，谁要是说自己搞了情妇，官大概都当不下去了，还能够做“清官”吗？

假如实在要举例，我愿意举克林顿。虽然他是个外国人，但也勉强可以说明我的观点。克林顿搞情妇的事迹多了，但我还没有听到资本主义那尔虞我诈的政坛揭露出他贪污腐败的讯息。同样的例子，是20世纪60年代被刺死的肯尼迪，据说他的情妇也不少，还说他与玛丽莲·梦露也有一腿，可我也没有听说他有什么“经济问题”。法国前总统密特朗，死后其私生女都露面了，可见也是有情妇的，同样没有谁说他占了法国多少公款，吃了多少回扣，乱批了什么工程，培养出几个大款。

最惨的是尼克松，他搞没搞过情妇我不知道，但他相信“权力是最好的催情剂”，这可谓一语道破官员为什么往往会有“情妇”的问题。但他老先生贵为总统，却连手下人雇工干脏活的5000美元的账目都做不圆，以至于被人顺藤摸瓜抄老底，最后下台。

能举出的现代例证都是外国的。是外国的情妇素质高一些，或者国外的官员素质高一些吗？那些不使人变贪的情妇都在外国，她们怎么就不娇声嗲气地把当官的情夫们弄得贪得无厌，不让其情夫们想办法把公家的钱转到自己名下呢？难道说中国人的素质差，以至于当起情妇来都不能让人满意了吗？外国的官搞了情妇又怎么没有为心肝宝贝们送去一些奖赏呢？难道他们那里搞情妇无需开销？

我想，根本的原因，并不在于外国情妇和外国官员的素质，而在于外国那些官员没有随便批项目、用公款的权，权力催情剂催出来的倒也不乏真情，所谓“情妇”是确有的。然而成克杰等贪官手中有权，贪赃枉法，样样能做。所谓“情妇”，大抵情不足而利有余，一方以利买情，一方以情换利，这哪里还算什么情妇？武汉曾审判一贪官，在法庭上其同案入狱的情妇就公然宣布“他是我最没有品位的朋友”。

贪不贪，症结在权力是否受到监督而不在于搞不搞情妇。反腐败与反搞情妇，不应混来混去。

（原载于《读书文摘》，2003年第5期）

人　镜

乔忠延

不畏风冽，不畏冬寒，我又一次来到霍州署衙。

霍州署衙是全国仅存的州署衙门，文物有价值，观赏也好看。旅游部门称之与北京故宫、保定总督府、内乡县衙代表了古代的四级官府。闻知，游人纷沓而至，摩肩接踵。我一来再来却不是为此，只是冲着一个人，这个人叫曹端。

明永乐初年，曹端在霍州署衙担任学正。置身这阔大的署衙之中，像他这样的九品官可以列队成行，曹端不会显眼。显眼的是知州，然而那时的知州是谁，别说游人，即使这里的上班族能说清楚的也寥寥无几。而对于官阶极小的曹端，却很少有人说不清楚。曹端著书甚丰，主要有《太极图说述解》《通书述解》《西铭述解》《〈孝经〉述解》和《四书详说》等 10 余种。后世学者推崇他承接宋代理学，堪称明初之冠。我不为动心，因为在灿烂的历史星空比之华丽夺目的文人学士多得是，莫说孔孟和诸子百家，即使理学中的朱熹和程颢兄弟哪一个也比他玩得出彩。

曹端也有出彩的光色，著名的官箴“公生明，廉生威”就是由他的话派生出来的。永乐二十二年，即公元 1424 年，曹端的弟子郭晟科考中举，赴任前向他请教为官之道。他说：“其公廉乎！古人云：吏不畏吾严，而畏吾廉。民不服吾能，而服吾公。公则民不敢慢，廉则吏不敢欺。”此话不胫而走，传至山东巡抚年富那里，将之提炼镌刻成碑，于是“公生明，廉生威”红盛九州。及至当代，仍有人津津乐道，成为规诫官吏清廉为政的标尺。对此我深怀敬慕，却还不至于一次又一次奔波膜拜。

准确地说，我一次又一次前来不是膜拜，不是观瞻，而是来照镜子。唐太宗李世民曾说，以铜为镜，可以正衣冠；以史为镜，可以知兴替；以人为镜，可以明得失。我以为曹端是做人的一面最好明镜。这面明镜的功能是自律，是言行一致，是知行合一。说透了也简单，不过就是说到做到。这确实简单，简单到你可能会觉得这么低级的事情还需要照什么镜子？而且还要搬出一位逝去多年的古人拉大旗作虎皮，简直有点小题大做，多此一举。可是，恰恰就是这么低级的事情，要做到很难，甚至难到上下打量，左右环顾，不见一个人进入我的视野，包括我自己。当今之世，与曹端所处的时代相比，不懂道理，不明法律的人几乎没有。甚至，讲起道德、法律个个口若悬河，滔滔不绝。坐在台上的如此，站在台下的如此，闲逸在街头巷尾的也是如此。倘若指划起别人的缺点，都能鞭辟入里，从政纪到法律，批驳得对方体无完肤，自己俨然是明理守法的化身。然而，一扭脸，就是这明理守法的化身竟会冲着红灯大步流星地直闯过去。闯得堂堂正正，闯得旁若无人，倒好似宽阔的街道就是自家的庭院。因此，我不得不将曹端视为明镜，且不断临镜鉴容，规整行为。

为何要以曹端为镜？回答很简单：他是自律的楷模，是知行合一的典范。何以见得？有事例为证：

曹端饱读诗书，推崇孔孟，所著书籍无一不在传布仁爱善行。敦促他人为善，自己首先躬行。他在霍州担任学正时，闻知学生王鉴母亲病体缠身，无钱医治，立即赶到家中，探望宽慰。而后，送去自己三个月的俸禄给予资助。学生张诚父母双亡，和奶奶度日，家境贫穷，几近断炊，曹端也解囊济困。他的仁爱不是嘴上吹出的泡泡，而是行动留下的屐痕。

“孝乃百行之源，万善之首。故之君子，自生至死，顷步不敢忘孝。”曹端在《夜行烛》中这样行文，在生活中也这样做人。他恪守孝道，诚敬备至。永乐十六年，曹端的母亲病故。身在霍州的曹端惊闻噩耗，悲伤欲绝。次日，他披发光脚，归家奔丧。一路上身掩草帘，风餐露宿，见者无不随之落泪。安葬母亲没多时，父亲也不幸病逝。曹端在父母墓旁搭棚守孝，自备碓臼，舂米做饭。他五味不食，淡粮充饥，日日如此，一守就是三载。我钩沉这段史事，不是要当今的人们复古，再去模仿曹端的行为，而是为他言必行、行必笃的品格所感动。

再看曹端如何践行他提出的公和廉。曹端受命去陕西主管乡试，对身边的从人说：“取士要公平。比如盖屋，用一朽木，必弃一良材。”话刚说过，就有人向他举荐朽木。举荐者是当地一位权势要员，按照惯例主考大人不能不给他这个面子。举荐毕，他敬候佳音，岂料只候到曹端一首诗：“天道原是秉至公，受天明命列人中。论才若不以天道，王法虽容天不容。”官员只能作罢，不敢再讨没趣。

公至如此，廉又如何？自古迄今，多少英雄豪杰都栽在了金钱上，曹端能信守诺言吗？不必再打开古籍照录琐事，只要看看曹端的后事就一清二楚。宣德九年，即公元1434年，59岁的曹端身染重疴，逝于霍州。叶落归根，本该送归故里河南省渑池县曹滹沱村安葬，可是曹端却被孤身葬于霍山脚下。此是何故？原来归里安葬，路途遥远，需要花费。一生清廉的曹端连这点积蓄也没有，只能就近掩埋。好在曹端并不凄凉，下葬这日，城里城外万人空巷，连生意人也关门罢市，恸哭扶柩。形容平民百姓对他的爱戴，真该借用当今一句流行语：金杯银杯不如人民的口碑。此情此境，为当时，也为后世率开先河啊！万历年间，刚正廉洁的海瑞去世也是如此情境，莫不就是曹端熏染的结果？

不论曹端能不能熏染到海瑞，却熏染了霍州人民。志书记载，这里民风淳朴，讲信修睦。曹端活着如此，死后也如此。市井平民如此，乡村贫民也如此。有位打柴为生的樵夫，某日换得一升米回家，里面竟有一根金钗。这可是天上掉下个大馅饼，对于屋顶透风吹，家无隔宿粮的穷人来说，真是一笔不小的收入。然而樵夫不为动心，往返数十里归还主人。问之何故？回答是：怎能把学正的教诲当成耳边风！

不是我把曹端视为做人的明镜，而是当时的霍州人就用他来镜鉴行为。曹端早就是一面明镜，一面严于律己的明镜。一个人律己，才能有所为，有所不为，成为无损于他人、有益于社会的人；一个家庭律己，才能尊老爱幼，甘苦与共，融洽和睦，同享快乐；一个社会律己，才能国泰民安，井然有序，互助友爱，和谐幸福。

因而，我以曹端为镜，时时比照，反省自新。也愿更多的人和我一起站在这面明镜的前面，鉴行明心。

（原载于《人民日报》，2013 年 12 月 9 日）

第四辑
他山攻错

俯仰话金钱

理　由

幸福是 0.25

不论在中西方，有关金钱的格言或谚语都不胜枚举。那些话出于穷人、富人、受过不同教育的人之口，往往针尖对麦芒。但是却有一个共同特点，即妙语连珠。有一次我把摘自书上的近百条格言和谚语摊给一位朋友看，问他喜欢哪一条？注视良久，他指着其中一条，笑起来说："这句话最适合我！"

金钱并非一切，只是常不够用。

许多人都知道金钱并非一切。金钱买不来友谊，买不来爱情，买不来正义，买不来世上许多美好的事物。然而，上面的话都显得有点笼统、空泛，解决不了生活中时常遇到的金钱问题。空话说多了，有人会怀疑你坐着说话不腰疼。

老外们的思维方式颇不一样。他们偏好较真儿，擅长于量化，喜欢方程、指数和图解；而不喜欢空泛笼统。他们会问，如果金钱并非一切，那么金钱在"一切"中占多大比重？如果金钱常不够用，究竟多少才算够用？在心理学与经济学的交叉中有一门"经济人理论"，就专门研究这类问题。

"许多学者对金钱与幸福的关系进行了研究，他们无一例外地提出二者的相关性约为0.25。”

上面的话引自弗恩海姆与阿盖尔合著的《金钱心理学》。这是许多学者向许多国家的许多人，进行大规模抽样调查的结果。也就是说，金钱和幸福之间有一点儿关系，但关系并不大，用学者们的话说是“轻微的正相关”。

这轻微的关系又有讲究。假设人们对幸福的满意度为一条纵轴，而金钱收入为一条横轴，两轴相交的起点为零。当人的身上一个大子儿也没有的时候，幸福满意度确实很低，几近于零。一旦人们的手中有了钱，也不需很多，简单说来就是摆脱了食不果腹、衣不蔽体的困境，只见坐标上的那条曲线“嗖”地蹿了上去，很快又成为一条水平线，任凭横轴上的金钱收入增至百万、千万、亿万……而纵轴上的幸福满意度不再上升，这是所谓金钱的边际效应递减。

初次看到这个结论着实令我吃惊。人文科学家与自然科学家的工作方式和成果有着很大差别，即前者从来都难以就同一科研课题得出相同的结论，就连相近的结论也难得一见。人文科学的实验条件存在许多变量，调查手法也不易规范，得出的结论往往七嘴八舌。但是，对金钱与幸福关系的研究，却英雄所见略同，并表达为清晰的数据。数据说明金钱对幸福的影响远非以前我所想象得那么严重。

细细品味，这个结论与我们的生活常识倒十分贴近。幸福不幸福本来就是一种主观性的感受，再加上人的个体也有差异。某有钱人不一定有一副好胃，山珍海味未必吃得够香；某没钱人不一定身子骨羸弱，五谷杂粮也能吃得津津有味。您能比较硬板床和席梦思的幸福指数吗？那得看谁睡在上边。即使住进帝王式的庄园，享受超豪华装修，睡在高科技大床上，如果患有失眠症，睁着眼睛等天亮，那滋味也不好受。

人文科学并不是提倡“安贫乐道”，这句成语有个相对应的说辞，就是“满意的矛盾状态”，那是人们无法掌握自身命运后的一种无奈。同时，科学和现状都证明幸福还有其他来源。人生在世，只要无衣食之忧，幸福的空间就广阔了，各有各的活法。有的人以工作为乐，有的人以天伦为乐，有的人以跳街舞、扭秧歌、看足球、下象棋、养宠物为乐。如果您信奉知足者常乐，那金钱的边际效应拿您一点儿没辙。

吃饱饭拍拍肚皮，神游神侃神琢磨，古今中外环宇任逍遥，那乐子就更多啰！

金钱在幸福中所占比例之低，是命运给人一次接近平等的机会，人生的本义毕竟是幸福而不是金钱。能不能享受上苍的这番美意，取决于每个人的性格与修养。

卑微的富有

中国的富人招人不待见，这是一位年轻的朋友告诉我的。在普通人看来，一个成功的富人的背后必有一串诡秘的魅影和晦暗的内幕。

对中国的富人做出如此整体评价是否公允？我不能肯定。但我感觉中国南北方的社会氛围确有不同，尤其在北京，人们说起为富不仁更加义愤填膺，因此我相信那位年轻朋友的感受是真实的。单说上了福布斯排行榜的中国富人，一个又一个爆出了多少丑闻！眼看他起高楼，眼看他宴贵客，眼看他又垮了。这一幕幕现世报应的话剧不断上演，老百姓能对中国富人有好印象么？

有时我在想，福布斯也真是瞎添乱。中国的商业竞争环境至今仍不规范，福布斯却偏要拿他们规范的模子来套，还要排排座吃果果，这其中就难免有虚假的游戏。

一般而论，人们获取财富有许多途径，条条大路通罗马。但相较之下，中国富人发财的路数与西方有着明显不同。以英国为例，一位名叫鲁宾斯坦的学者对英国近代史上三种精英群体追踪考察。英国排名首位的富人是遗产继承者；其次是与世袭贵族有着密切联系并受过良好教育的企业家；最后，完全靠白手起家的富人只占少数。

而在中国，二十年前人们全都一无所有。或属于无产阶级，或是比无产阶级更贫穷的农民兄弟。起跑线绝对一致，而竞赛规则却天知地知人不知。倏然间冒出一批亿万富豪，周期之短促，积累之迅捷，使中国富人无一例外地成为典型的暴发户。这种现象是由中国特殊历史所决定，似乎不可避免。

暴发户从来都是贬义词。人们看不起暴发户，除了因为其中隐含着诈骗、权钱交易和形形色色的灰色收入以外，我想还应有一般人文意义上的蔑视，这并不关乎富人的个人品德。在老百姓看来，暴发户的钱来得太过轻巧，与该人自身所具有的实力脱节，主要是碰到机会，而机会对每个人并不均等，因此叫人不服。

中国富人也用行动证明着老百姓的负面评判，相当多的富人患有“金钱聚敛急躁症”。常听人把赚钱不叫赚钱，而叫“圈钱”。这个“圈”字用得真是可圈可点。在中世纪，欧洲有圈地运动，中国有跑马占地。信马由缰那么一兜，呼啦啦一大片地都改了姓。我曾在饭桌上聆听一位酒友高谈如何圈钱。他谈到一个机会，做了一个手势：伸展双臂在餐台上方向怀中一搂，既形象又生动。当时我就有点儿纳闷儿，这钱怎么能用一个直接的动作去“圈”呢？金钱在经济学中正规的叫法是货币，货币是作为交换过程的介质而存在的。您想拿钱，总得有点儿东西去换吧？

中西方文化的差别，以“钱”字为甚。英国资本主义的崛起已有四百年历史，而中国在二十多年前连一根资本主义的草也没有。历史的悬殊形成迥然各异的商业文化。西方人并不认同“君子喻于义，小人喻于利”这句东方格言，富豪们也不会有“小人长戚戚”的心态，而是君子坦荡荡。同时，西方人把赚钱看作是理性的行为，把财富看作是日积月累的过程，把富人看作是个人奋斗的成功者。如果有谁猴儿急得想去捞钱，会被当作笑话。

我相信，在中国当代的富人当中，亦有一批高尚人士，他们有着强健的人格结构。即使是纯粹意义的商海，也翻滚着凶险的波涛，并非人人都可以承受那份危厄的环境。而且，生意这档子事本身就注有私欲，因此绝少有人无条件向你施以援手。往往面对着强敌如林，背后却是万丈深渊。闯过去的是一条汉子，本应闪烁着亮丽的颜色，但这条汉子夹杂在幢幢魅影中，也显得面目模糊了。

夹着尾巴也好。待到富人受到尊重时，中国一定已是一个清明的发达社会。经学有所谓倒U形曲线，指的是社会分配不公平现象总是先恶化，后改善。我们现在显然处于曲线的下滑状态。

中彩以后

文人或商人大多不关心彩票。前者有点儿看不起这类游戏，后者不相信钱来得那么容易。但是，当手机里接连不断地收到推销彩票的短信息，在大马路看到绵延数里的彩票广告，并从报纸上见到以大惊喜的口气报道中彩的幸运儿，这才蓦然觉得彩票距离人们的生活如此迫近。

谁都知道中彩的概率极低，而买者依然人头攒动，这说明彩票之所以存在似有心理学的依据。一种彩票的发行动辄以百万计，而中奖者总是寥寥无几。那数百万的基数永远默默无闻，但那个别的幸运者却在人们的交相传诵中显得灿若星辰，令万众瞩目。这也是传播中所谓的“信息不对称现象”，致使彩票具有永恒的魅力。人们喜欢这类游戏，热衷于面对微小的机会去编织十足的美梦。

让我们越过繁琐的概率论问题，直接设想一个人如果高中巨奖、美梦成真，又将是怎样的情境？

欧洲心理学家对中彩的个案特别感兴趣。这种现象似乎显示了外在因素的突变对心理的刺激和行为的影响，因此列为一项科研课题。

英国《星期日电讯报》报道了一位24岁的年轻姑娘，一笔高中37.5万英镑的彩票，约合人民币四百八十多万元。这对本来并无固定职业而手头拮据的年轻人来说真是大喜过望。但是，她买了一辆汽车却不会驾驶，买了许多新衣服却压箱子底。她仍然不习惯吃美味大餐而更爱吃廉价的炸薯条。并且，她仍然找不到工作，闲坐家中百无聊赖。

学者们引用了这则报道，还分析了其他案例，大约有70%的中奖者变得好逸恶劳，放弃了原来的工作，也失去了人际交往的乐趣。还有的人搬进了更好的新房，却遭到周围邻居的排斥。也有的人受到亲友的觊觎，三亲六故都想从这笔横财中分一杯羹，上演了吵吵闹闹的恩恩怨怨。此外，中奖者还遇到身份认同的问题，其中大多数人说不清自己属于哪个阶层，而失去了精神归宿感。

这些研究说明，一个人财富的生成与他对财富的控制能力之间存在着一种同步的关系，人们在聚敛金钱的同时也在学习对金钱的驾驭。如果不经历这个过程，便导致心理上或生活上的失衡状态。钱来得过于容易，会使人耽于幻觉而变得不切实际，丧失了金钱清醒度，并与他所处的环境剥离。研究还证明，如果这笔钱财一旦耗尽，他的内心世界和生活世界又恢复为有序和常态。

学者们提及另一类例证是瞬间走红的明星，如摇滚乐手迈克尔·内史密斯，他从忍饥挨饿状态一跃为百万富翁，又因肆意花钱而负债累累。他说一生中最开心的时刻就是抛下自己的劳斯莱斯和富人区的豪宅，开着一辆大众牌汽车驶向落日的那天。

最新的例子是美国拳王泰森的近况。这个一度拥有三亿美元身家的人最近提出破产保护的申请。他在事业的高峰期，每场比赛的出场费数以千万计，然而却挥霍无度。他举办一次生日晚会的费用是 41 万美元。他和朋友在范思哲专卖店一次性购买衣服花掉 25 万美元。他在欧洲购买一只手表用去一百万英镑。他还养了两只孟加拉白虎作为宠物，支付给驯兽师的年薪是 12.5 万美元……此外，围着泰森团团转的一群朋友也帮他花掉不少钱。

世界是有序的，而一夜暴富却是非常态的。在香港，我曾和朋友讨论过六合彩与跑马的话题。香港朋友认为这类博弈活动主要的积极效用就是令芸芸众生对下一刻心存希冀，而使生活显得较有生机。顿时，我的眼前浮现出一幅印象很深的摄影作品：一个孱弱而朴实的中年妇女手捧一张“马经”，端坐在马路边，她那专注而沉醉的神色似乎面对着一片光明世界，但在旁观者眼中却有几分凄凉。

赌场里的故事与彩票大同小异，结尾却更加残酷。其实，赌场的赔赚早在它开办时已成定局，美国有位数学家写过一本书《赌场里的哲学》。它告诉人们，每一家赌场在设计之初就请数学家们确定了赔赚的概率，庄家稳赚不赔。此书公开发行并流传于市井，但仍有成千上万的人蜂拥赌场去拱手送钱。偶有人大胜而归，其结果是令其更失去驾驭理性的能力，仍会再去输到倾家荡产为止。可见多数人在金钱面前，其清醒度近似于零。

珍珠翡翠白玉汤

北京人大多知道一则调侃清朝皇室的典故。当年慈禧躲避八国联军战祸，在随驾簇拥下仓皇西逃，傍晚行至荒郊僻野饥饿难忍，命人去找点什么充饥。御膳领班找到一家农户，那村妇倾其所有煮了一碗面疙瘩汤，慈禧竟大快朵颐，问道："小李子，这么好吃的东西在宫中怎么没听说过呀！"李莲英自有急智，见碗中除了面疙瘩还漂着菠菜豆腐："回老佛爷，这叫珍珠翡翠白玉汤！"

笑话归笑话。认真说来，其实寻常人也有"慈禧现象"。

在我的味觉记忆中有几次难忘的经历，比看过好电影听过好报告记得更加清晰。说来蹊跷，我是城里人，但平生所吃美味的背景都发生在农村。一次在农村搞"社教"，工作团年终犒赏时发给每个小组一脸盆猪肉炖粉条；一次在密云深山里赶稿子，熬到后半夜同室人送了一包方便面；再有一次骑自行车在郊区采访，农家端出一碗刚刚收割下场的稻米饭。这几餐，不光"此情可待成追忆"，而且至今齿颊留香。

我也曾问过多位朋友同一个问题："这辈子你吃过的最香的一顿饭是什么？"回答尽管五花八门，但都与鲍鱼、鱼翅、燕窝等极品美味无关。并有两条定则可循：其一，在饥肠辘辘的时候；其二，在恩格尔系数很高的年代。

如今社会餐饮业发达，八大菜系，异国风情，认真吃起来比《红楼梦》里的菜谱还要丰富，但再不会留下难忘的记忆。由此看，在吃的领域也存在着"边际效益递减"的定律，即吃得花样愈多，味觉的敏感度愈是下降。

在中国，中年以上的人大都经历过吃是人生第一需要的体验。几千年农耕社会拖着长长的影子，楔入到我们所受的教育当中，这个教育的重点之一就是"谷物崇拜"，并由此衍生出对粗茶淡饭的褒扬。在传统观念中，撕破一把扇子似乎无须太多责备，而浪费一粒粮食则不可饶恕。

童年时，母亲给我讲的次数最多的一个故事，是一个富家子弟吃饺子总是弃掉饺子的边角，仆人看了可惜就把那些边角收集晒干并储藏起来，后来这户家道中落，仆人把那些边角加工供其每日三餐，那个破落子弟方为当初的挥霍而惭愧。这个故事既不生动也有些穿凿，但听得多了，竟像刀刻一般印在脑海中。每次吃饭时，我总是当着大人的面吃净碗中最后一粒饭，才敢离开饭桌。

后来发现，东西方的传统教育也有相通之处。看着老外用面包片抹净西餐盘中最后一滴汤汁，才知道对“粒粒皆辛苦”的珍惜是人类共同的情感。而且，在发达国家更加重视饮食的节俭。

至今在各种浪费行为中，最令人看不下去的仍是对食物的挥霍。尤其在北方的餐厅酒楼，盘子大，碗又海，端上七盘八碗吃的没有剩的多，对暴殄天物的劣行却很少听到谴责。我曾就这件事问过餐厅的主管，主管一面把责任推给顾客，一面报出一长串菜肴引导你多点菜，看来真是训练有素。其实，这些餐厅职员连同老板大多来自农村。我困惑不解，难道几千年代代相传的美德，竟在如此短暂时光就消失殆尽？要知道，中国还有许多地方没有“脱贫”，万千民众尚有饥馑之忧！

西方有句谚语：“一个人最难看的样子，就是他刚刚变得有钱的时候。”乍暖还寒时节最难消受，乍富还贫时光最是迷误。

玫瑰的骚动

读了西美尔的《玫瑰：一个社会性假定》，我惊呆在那里。本来，哲学的东西大都艰涩难啃，而西美尔竟然可以把一篇哲学论文写得如诗如画、令人心醉。同时那深沉的哲学内涵又轰击着人的心灵！当然也得感谢翻译家的学养，达到那样精深至微的语境。

西美尔所谓的“玫瑰”显然是一种象征，代表自然界或上苍赋予个体与客体之间的差异，即别人拥有而自己没有的东西。可喻以金钱的多寡、地位的高低或智能的高下。当一个人看到邻居的园地种有玫瑰而自家没有玫瑰，甚或自家玫瑰不如人家艳丽时，引发了人类亘古难改的嫉妒之情。

西美尔在文中多次提到人类与生俱来的两个心理特征：对差异的敏感性和对境遇的适应性。这篇论文发表后，当代人文学者所做的多次社会调查依然成为西美尔论点的佐证。

我的手头有学者们对美国从 20 世纪 50 年代至 90 年代国民平均收入与幸福满意度的调查，在这 40 年当中，美国人均收入由 6000 美元升至 16000 美元，而幸福满意度并没有跟着翻番，却在一条与岁月平行的曲线上波动。日本也有类似的情况。在日本经济高速发展的30年当中，日本人的幸福感并未上升。人对境遇太容易适应，初遇改善时自会欢天喜地，但这份新鲜感是短暂的，一旦适应改善之后的环境又变得有点儿麻木，人类并不存在“忆苦思甜”的自省基因。

然而，人却存在横向攀比的顽固积念。当代人文学者认为，让人产生满意感的往往是相对于他人的收入而非绝对的收入。西美尔打趣说：“在爱情萌动的阶段，偷偷摸一摸手所带来的幸福，并不亚于热恋阶段无节制的欢娱。我们感受到的并非是生命刺激的绝对量。”

人类更习惯于侧目而视，注意别的同类状况如何。盘算别人投入多少，收获多少，并暗中与自己做着锱铢必计的比较。当感觉自己吃亏时，对差异的敏感性会导致愤怒与仇恨。相反，如果发现自己占了便宜，却很少人产生应有的负疚感。于是，人们总是看到邻居的草坪更绿，玫瑰更艳，更何况自然界原本就存在着诸多不平。以致西美尔感叹人们更像是机器人，把他的话变成今天的话来说，这台机器人好像预设了一套电脑程序——从嫉妒到骚动到麻木，如此循环不已。

关于玫瑰故事的结局是悲剧性的。人们对差异的愤懑和对公平的渴求聚合为群众的行动，在种植玫瑰的园地产生了社会动荡。革命成功了，正义胜利了，差别夷平了，家家的园地都种植了玫瑰，人人享有相等的权利，而问题并未解决。有的园地土壤不宜生长玫瑰，也有园地主人不擅长经营玫瑰。大自然中有一股冥冥的力量总是在干扰人类所期望的平均性与对称性。当人们适应了变革后的境遇，那深植于人性中的骚动不安的潜流又在玫瑰园中奔涌……

西美尔有句话颇有老庄的风采、程朱的气韵。他说，重要的不在于我拥有什么，而在于别人拥有什么。“唯有极其精巧和纯粹的灵魂才可以享受的方式拥有客体；它是如此丰富，因而足以依靠自己最本真的内在性来生存，而不是让感觉超越灵魂的界限。”

对各种差异怀着一份欣赏、关爱与克制，富贵不淫，贫贱不移，那是很高的人格境界。需要强调的是，不要仅将这些话看作是对弱势者的提示，也应看作是对强势者的告诫。尤其在当今世界存在许多恃强凌弱的事情。

西美尔很天真，他预测一百年后人们会变得明智达理。从西美尔发表此论文至今过了一百〇六年，我们真的聪明了吗？

（选自《2005 中国最佳随笔》，辽宁人民出版社，2006 年版）

曾国藩的修身与治家

——访湖南省作家协会主席唐浩明

编者：曾国藩，晚清“中兴第一名臣”，毕生勤于政事，清正廉洁。他秉承儒家“修身齐家治国平天下”的信条，把“齐家”摆在突出位置，疏理治家方略，形成以“尚廉、尚谦、尚劳”为核心的良好家风，使之世代子孙从中受益。在他一生的实践中，在他留下的家书、日记、奏折以及诗文中，我们可以看到，无论修身还是治家，他都堪称楷模。他的廉政理念成就了他的事业。他所秉持的理念，对于今天广大党员领导干部仍然有重要的借鉴意义。

本报记者就曾国藩的修身与治家，采访了著名作家、学者唐浩明。

一、中国的传统政治文化一直提倡廉政，廉洁是从政的主要内容，是对从政者最重要也是最基本的要求

记者：唐浩明老师，曾国藩被公认为中国近代最后一个集传统文化于一身的典型人物，有人评价为“立德立功立言三不朽，为师为将为相一完人”。您是曾国藩研究专家，从廉政建设的角度来看，您认为曾国藩留下的精神遗产主要体现在哪些方面？

唐浩明：经常有人说，曾国藩是中国近代传统文化的集大成者，这是对曾国藩比较深刻的认识。曾国藩留下的精神遗产具体是什么？是中国传统优秀文化的价值。中国传统优秀文化的价值在他身上得到了全方位的体现，无论做人与做事，还是从政与治家，他都有一套规范。

中国的传统政治文化一直提倡廉政。廉洁是从政的主要内容，是对从政者最重要也是最基本的要求。曾国藩曾经对他四个方面的属下，即州县官员、军队将官、委员、绅士，各自提出过四点要求，其中有一点是共同的，就是要廉洁。可见廉洁在曾国藩的心目中是非常重要的。不论做什么，你在办公事的时候，一定要廉洁，这是最起码的要求。你必须这样，然后你才具备办公事的资格。

从曾国藩个人来说，他在这方面的行为更值得我们今天的人学习。他有着强烈的廉洁意识。曾国藩在办团练之初，有一封公开信，表明他的态度，其中最主要的是两句话六个字，一是不爱钱，二是不怕死，这也是后来湘军的立足之本。他昭告天下：所有来和我一起办湘军的人，都要不爱钱不怕死，随时要准备献身。他有个很有名的八本堂，给家族立了八个方面的规矩："读古书以训诂为本，作诗文以声调为本，养亲以得欢心为本，养生以少恼怒为本，立身以不妄语为本，治家以不晏起为本，居官以不要钱为本，行军以不扰民为本。"做官的基本原则就是不要钱。作为政府的高级官员，他有着非常强烈的廉洁意识，这一点是最重要的。

记者：曾国藩的廉洁具体体现在哪些地方？

唐浩明：曾国藩的廉洁，简单地说，体现在：不贪、不贿、不私。

首先是不贪污。当年从曾国藩手上过的银子千千万，而且绝大部分的银子都是自筹来的，不是国家的公款。一些带兵的将领曾经借这个机会浑水摸鱼，发国难财。湘军当时也有许多个山头，可以自己征粮征饷，不是国家财政资金，一些人就借这个机会发财，这个也很容易理解，带兵的贪污军饷，这是乱世的常态。但曾国藩临死前留下的财产不足两万两银子，这仅仅只相当于他这一级官员一年的养廉银，相当于我们现在所说的年终奖。这是相当清廉的，而同时代的李鸿章则富甲天下。

其次是不受贿。有些官员不一定贪，但做到不受贿很难。贿赂可以各种各样的名义和形式存在，可以用各种巧妙的方式甚至不留痕迹。曾国藩权力很大，不像一般的巡抚总督，何况他自己手里还掌握着一支几十万人的军队。作为这样一级的官员，有很多人想尽办法向他行贿。就在他担任两江总督后不久，有一个县令来晋见，给他带来了一件看似平常实则异常珍贵的见面礼——王羲之书法的唐代摹刻帖。它是宋代淳化阁帖的祖本，异常珍贵，价值连城。这个县令把它送给曾国藩。曾国藩是个书法大家，他最大的爱好就是写字，这个县令很巧妙，拿这个东西来贿赂曾国藩。曾国藩爱不释手，他在日记中说："余行年五十有一，得见此奇，可为眼福了。"这是雅贿，不露痕迹，可以说是文人之间的交往。但曾国藩赏玩片刻后，把字帖原封不动地退还给县令，而且在当天的日记上写下八个字："世间尤物，不敢妄取。"这个"敢"字，说明他不是不想，而是对权力的敬畏。自己身为两江总督，掌管东南半壁江山，即使是最好的东西我也不能用不正当的方式来获得，一个"妄"字，体现了他尊重道义、遵守规则。

第三就是不假公济私。当年曾国藩拥有那么大的权力，掌握着很多的公共资源，假公济私有许多便利条件，但是他没有。家乡乡亲多次找到他，要他为家乡办点事情，比如架桥修路。这并不需要他私人掏腰包，军费里面拨个几十万两银子即可。说起来还是造福一方，做的也是公益事业。但他说这种事情也不能做，这也是借助自己的权力，动用国家的资源谋取某个小团体的利益，这也是假公济私的行为。

二、一个官员，一个拥有公共资源的人，如何保证为政的廉洁，关键一点就是要过简朴的生活

记者：曾国藩作为一个位高权重的朝廷官员，是什么精神力量让他能够抵抗各种诱惑，做到独善其身的？他是如何做好自我修炼、抓好自我监督的？

唐浩明：他有这种强烈的意识，能够把住各个关口，靠什么？就是靠自律。

他处在这样的高位，很少有人能够管他，但他自己对自己提出了严格甚至是苛刻的要求。中国儒家学说中提倡"君子要慎独"，什么是君

子？君子就是在社会中拥有权力拥有地位，在社会上能够起表率作用的社会精英。慎独就是在没有监督没有约束的情况下也不乱来。最高的慎独就是脑子里根本不存在着不好的想法，没有监督没有约束的时候也很谨慎自己的言行。对一个从政者来说，怎么才能保证廉洁，曾国藩在这方面也提出了他自己的思索，也是他一辈子自己践行的准则。

最重要的就是简朴。廉洁靠什么来支撑？靠简朴。你不去追求那种奢华的生活，脑子里没有这样的欲望，很简朴地过日子，就不需要贪污受贿。曾国藩最大的特色就是一辈子保守简朴的本色。

当时别人对他的评价，就是一个“清寒”的书生，穷书生。曾国藩身边有个贴身的私人秘书，叫赵烈文，他留下一部日记叫作《能静居日记》，这部日记最有价值的地方就是记载了他给曾国藩当幕僚的日子，里面有很多涉及曾国藩私人生活的记载。尤其记载了他生活上过人的简朴。有篇日记里记载，曾国藩的卧室很简单，就是一张桌子几条凳子，都是白木的，装衣服、装书籍的就是几个篾箱子，都是从湖南乡下带过去的，床上蚊帐发黄发黑，被子就是农家的白底蓝花土布印花被，床上放的一件背心又小又旧，上面打了七八个补丁。赵感叹，这般行头，一般的读书人都不用了，他居然比普通读书人都显得清寒。他吃饭一荤两素一汤，没有酒，来了客人，酒也要上街零沽。其实并不是没有人来送礼，有官员也有老板，但曾国藩一概拒绝。赵烈文感叹，大清两百年，不可无此总督。意思是：大清两百年，唯有如此一个简朴的总督。要知道，曾国藩当时几乎管着半个中国。

他当时对官绅一个共同的要求，就是廉洁。一个官员，一个拥有公共资源的人，如何保证为政的廉洁，关键一点就是要过简朴的生活。如果追求奢华，追求过分的享受，就必然腐化。

三、一个社会的风气往往取决于“一二人”，这种人要么权力巨大，要么声望崇高，这种人通过自己的修炼然后去感化身边的人

记者：曾国藩的自我约束，经历了波折没有？他是怎样达到这种崇高境界的？

唐浩明：曾国藩其实经历了一个非常严格的修炼过程。

从他进入北京的第二年开始，到他走马上任礼部右侍郎，前后大概八九年时间，主要在翰林院，其间没有很繁重的政务，他就努力读书做学问，探讨宇宙人生。他琢磨人世间的事务，琢磨得很通透。他一心向圣贤学习，以圣贤作为榜样。他曾经写下一副对联，“不为圣贤即为禽兽，莫问收获但问耕耘”。在善恶之间没有中间地带，这是他对自己提出的很高也是很苛刻的要求。为什么这样？他就是希望取法乎上，一辈子以圣贤为榜样。他在30多岁就把自己摆在这个位置，而且后来随着他地位的提高，更让他立志要做天下人的榜样，也就是今天说的圣贤。

他曾经在很多篇文章以及平时与人的书信中说过，一个社会的风气往往取决于“一二人”，这种人要么权力巨大，要么声望崇高，这种人通过自己的修炼然后去感化身边的人，通过身边的人再去教育更多的人。他曾经说过要培养一批“好官种子”，他后来做了湘军统帅，他把自己归类于这“一二人”中。所以他能做到“举世皆浊我独清”，即使所有的官员都贪污受贿我也绝不这样，把自己置于没有选择的余地，把自己的一举一动看作关乎天下的大事，有敢于向天下人展示自我的勇气，这很不容易。

记者：曾国藩这种强烈的“廉洁自律”意识，能否代表中国传统文化中的主流？

唐浩明：官员要廉洁，这是中国主流的文化意识。早在西汉初期，贾谊就提出“国而忘家，公而忘私”的观念，得到广泛的认同。不为家庭、不为自身谋利益，廉洁地为国家为公众办事，这是中国的主流意识。你如果掌握了公共权力，却为自己办事，国家怎么放心把权力交给你？中国古代实行的是“家天下”，君和国是一体的，即使如此，廉洁也是评价官员好坏的最重要的标准，是君王对臣子的必然要求。

记者：但是中国古代真正能够做到廉洁的官员不多，留下来的清官形象也就是像包公、海瑞等屈指可数的几个，您觉得核心的问题在哪儿？

唐浩明：核心的问题，一是没有立志做圣贤的目标，二是在巨大的诱惑面前没有把持住自己，三是权力没有得到真正有效的监督。没有远大的目标，即使有近期的目标也会受到干扰，真正能够做到慎独的人很少，大多要靠外界的监督来约束，使得他不敢那么做。自律的结果就是行为上的自觉。

中国古代有两个不同的传家理念，一个是传给有形的财富，一个是传给无形的精神。什么能够传之久远？有形的一定传不久远，它有生有灭，有盛有衰，这是必然的，唯有精神财富可以长久地传承。

民间也常说，“忠厚传家久，诗书继世长”，这是人类的大智慧。

记者：家风仍是当代人不可或缺的精神血脉，有什么样的家风往往就有什么样的价值观、财富观。现在许多领导干部问题就出在治家上。曾国藩作为一个父兄，一生写家书数以千计，对子弟谆谆教诲，子孙后代能人辈出，他的治家理念主要是什么？他管好家人的经验有哪些值得我们尤其是领导干部借鉴？

唐浩明：古语说，“君子之泽五世而斩”。一个品行高尚、能力出众的君子，辛辛苦苦成就的事业，留给后代的恩惠福禄，至多五代就消耗殆尽了。但曾国藩的后代哪怕到了六七代，也还不错，没出过一个废人、一个纨绔子弟。

曾氏家族对治家非常重视，他祖父就很重视家庭教育，才有了曾国藩这一代的成才。但是形成很好的家风还是在曾国藩这一代。他祖父开始也是一个浪荡子，30 多岁改邪归正，对他的三个儿子管得很严。到了曾国藩，他就更加注重家庭教育，他到北京之后，把儒家的“修齐治平”作为自己的目标。儒家认为“治国平天下”的基础是“修身齐家”，因此他对家的治理非常注重。总体来看，曾国藩对家的治理看重的是以下几个方面：

一是孝友。孝就是孝顺长辈，友就是友爱兄弟。他说，自己仔细研究了中国的家族，发现做官的人家就是一代两代，做生意的人家大约三代四代，耕读人家如果勤俭可以延续五代六代，孝友人家就会十代八代。如果一个家庭里面对长辈很孝顺，对平辈很友爱，这个家庭就能保持兴旺昌盛。

二是勤俭。他认为，一个国家，一支军队，一个家庭，一个人，立身之本就在勤俭。历史上的奸雄也没有一个懒惰的，世界上的庸人都败在一个懒字上，才人败在一个骄字上。奢靡是败家根源，再大的家产一奢靡就败了。

三是读书。他家里不仅男人读书，女人也读书。曾国藩有五个女儿，她们都知书达理。他也给女儿规规矩矩取名字，把女儿当儿子一样看待，没有重男轻女。

四是睦邻。就是搞好邻里关系。

曾国藩对教育子女看得非常重。他教育子女的方法有几点值得我们重视，一是对子女期待什么，指望他成为什么样的人。他曾经有一段很有名的话给他儿子：世界上的人都希望子孙做大官，我不希望，但愿做“读书明理之君子”。这句话的核心，首先是读书，读书的目的是明理，然后做君子。并不是要做很大的官，赚很多的钱。他说，凡办大事，半由人意，半由天意。有一半是天命主宰着，自己把握不了。唯有一点是自己能够把握的，自己努力就可以做到的，就是做君子。他把道德修养看得高于社会地位。曾家后人把这条视为根本，牢牢记住，就是做读书明理的君子。所以家族没出什么坏人。后人大多在教育界文化界，比如第四代中，曾宝荪是中国第一个在欧洲获得学位的女性，一生献给了教育事业；在湖南创办了第一家女子学校——“艺芳”女子学校，培养了许多优秀的女性知识分子。其堂弟曾约农也是在伦敦大学获得学位的，回到长沙创办了克强大学，后来到了台湾，创办东海大学。曾氏家族的后代中有诗人曾广钧、化学家曾昭抡、考古学家曾昭燏等。对子女要求的第二点，即身心的健康高于学业与功名。子女首先要求身体健康，心灵健康，学业和功名还在其后。第三点就是富贵人家子弟要有寒士之风。富贵人家子弟之所以容易出事，一是仗着家里有钱，一是仗着家里有权。曾国藩有意打掉他的家人在财富和权势上的依恃。有一个例子，同治三年（1864）六月曾国藩兄弟打下南京，七月他的儿子曾纪鸿在长沙参加举人的考试。那时曾氏家族正如日中天，曾氏兄弟战功赫赫，兄弟俩同日封侯封伯，这在中国历史上除了皇亲国戚没有第二例。但曾国藩写信给儿子，给他立规矩：在考试之前不能递条子、拜门子，考完以后立即回乡下，不要留在长沙，长沙的风气太不好，奢华风气盛行。曾纪鸿依照父亲的话去做。这年，曾家二少爷真的没有考上，但他也没任何牢骚。

还有一点，也是最重要的，他不留钱财给子孙。他说，如果是儿孙有用，没有祖上的钱他也有饭吃；儿孙没用，再多钱财他也会坐吃山空。今天许多官员就倒在这个问题上。一些领导干部通过把自己的权力转化成财富，传给子女。比如儿女经商、搞房地产，用自己手中的权力为他们大开方便之门，于社会是不公平的，于他们自己也不是真正的爱护。

记者：曾国藩作为一个“修身齐家”的典范人物，他对后世产生了哪些深远的影响？

唐浩明：这一百多年来，曾国藩对后世最大的意义在于，他就是道德的楷模，人格的榜样，这是中国文化所追求的一个目标。中国优秀的文化，落脚点就是人的文化，就是崇高的精神境界。曾国藩对中国社会巨大的影响，可以从以下两个重要人物身上来看：

毛泽东。他说，改变中国，不只是要改变有形的东西，重要的是改变无形的东西，社会的风气，人的道德良心。靠什么？就靠大本大源的学问。大本大源是什么？是宇宙的起源，人类社会的起源，人的本源。“余于近人独服曾文正。”曾国藩是有大本大源学问的，他在立人这方面值得我们学习。

梁启超。梁启超编撰了《曾文正公嘉言钞》，他在前言里说：“曾文正者，岂惟近代，盖有史以来不一二睹之大人也已。岂惟我国，抑全世界不一二睹之大人也已。”为什么他能达到这个地步？他认为曾国藩最值得我们学习的是，他“自拔于流俗”。他是通过自己的努力使精神境界超出于普通人之上，这就是他的修身之本，通过修身，通过自律，通过与圣贤神交，管住自己，把自己从流俗中超拔出来。所以梁启超以曾国藩为师，包括每天记日记，学习曾国藩的修身，然后以“移风易俗天下一二人”的身份，主动担当起改造社会的责任。他 56 年的生命竟然留下了 1400 多万字的文章！

对社会的担当，并不是谁要你这样做，而是自己给自己加上责任和使命。所以，这一百多年来，不管是底层的贫民还是高层的精英，曾国藩都是一个人格上的楷模。

（原载于《中国纪检监察报》，2015 年 11 月 3 日）

在古代，皇帝们是如何反贪的

王春瑜

虽历代王朝兴亡更替的原因各不相同，但贪污腐败如蚁啮柱，久而久之，柱朽如渣，华屋遂轰然倒塌。在君主专制时代，反贪斗争犹如“割韭菜”，割了一茬又长出一茬：开国之初狠抓反贪，中后期“寻租”之风愈演愈烈，到了执政末年则是民不聊生，始终无法走出轮回怪圈的尴尬。

贪污横行与汉武帝加强反贪力度

武帝时期官场的腐败表现在许多方面，贪官们把其触角伸向任何能够伸去的地方。首先是侵吞土地。因为土地是古代社会最重要的生产资料，是财富的象征。以武帝为首的封建国家将土地视为私产，随意征用。为扩修上林苑，他不惜挖掘百姓的坟墓，拆毁人家的房舍。大小贵族官吏，利用手中的特权，以强取、贱买等手段，千方百计侵吞百姓的土地，强占国家的土地，也抢夺失势贵族官僚的土地。如丞相田蚡就有大量来历不明的肥沃土地。

其次，官场行贿受贿之风愈演愈烈。如太尉田蚡一时权倾朝野，贿赂络绎而至，他照收不误。韩安国因对匈奴战争的失误而免官后，以五百金贿赂田蚡，结果被重新起用，先任北地都尉，后任大司农，成为中二千石的高官。大行王恢因与匈奴对战马邑失利，汉武帝准备严惩。他于是以千金向田蚡行贿，希冀通过他向武帝说情，以免死罪。因为田蚡对音乐、狗马、田宅特别钟爱，行贿者于是投其所好，一时间献到他府上的“金玉狗马玩好不可胜数”。

再次，司法腐败越来越严重。汉武帝任用张汤、赵禹修改增删过的法律繁密苛酷，“文书盈于几阁，典者不能遍睹”，于是执法者可以随意引用解释法律条文，根据关系与行贿多少量刑判案，“所欲活则傅生议，所欲陷则予死比”，如此一来，必然是“罪同而论异”，罪重得释与罪轻冤死者不在少数。一批人数众多的酷吏走上执法岗位，他们“不循三尺法，专以人主意旨为狱”，视法律为儿戏，随心所欲地行事。如此执法办案，贪赃之事必然司空见惯，一些执法之吏也就迅速暴富。

最后，是军官的侵吞战争物资，克扣军饷，刻剥士卒。由于武帝连年对外用兵，军需物资数额庞大，战争造成了军官势力的膨胀，也为他们的贪污创造了条件。卫青、霍去病、李广利等人就是通过克扣军饷，侵吞军用物资和虚报军功请赏而富极人臣。最后，由于汉武帝垄断货币铸造，实行盐铁官营、算缗告缗、均输平准等工商政策，给主管官员创造了侵吞国家财产、内外勾结、贪污牟利的机会。如张汤就与长安商人田信等勾结，偷漏国家经济情报，使之牟取暴利等等。

由于无孔不入的贪污腐败严重腐蚀了官僚队伍，动摇汉王朝的统治基础，迫使汉武帝不得不采取断然措施，加大反贪力度。为了改变官吏中武力功臣及其后裔较多的问题，武帝下令推行察举选官制度，令郡国守相、二千石以通晓儒家经典为标准，每年举孝、廉各一人于朝廷，经考试后任官。与此同时，汉武帝设十三部刺史，加大监察力度，鼓励吏民越级上书，诣阙言事，从制度上保证中央到地方的各级官员时刻处于监督之下，使腐败能够被较早发现和惩治。为了反贪，武帝不惜任用一批酷吏，以法外的酷烈手段对付贪残之吏，使之付出血的代价。在加大反贪力度的同时，武帝还有意识地表彰廉吏，公孙弘、赵禹、尹齐等一批公正执法、廉洁自律的官员得到好评，被树为百官的表率。

唐代后期的反贪实践

安史之乱的爆发，使唐王朝受到沉重打击。肃宗卖官鬻爵，出售僧尼道士的度牒，乱征商税，甚至没收富商豪族的财产。为了配合增加收入这项重要工作，作为主要反贪机构的御史台，也在反贪的名义下，敛聚财物。监察御史毛若虚，向肃宗献策，要求将所有犯人的家财，全部没收充公。在得到肃宗认可后，他就滥用职权，按照犯人的家财来确定赃款数额，任意征剥财货，以至每天都有进奉，由此受到肃宗的赏识，提升为御史中丞。监察御史敬羽，捕逐钱货，不亚于毛若虚，而其滥用酷刑，又在毛若虚之上。胡人康谦，资产亿万计，肃宗任命他为试鸿胪卿，负责管理山南东路的驿站。因其富有，被人诬告暗通安史叛军，敬羽遂严刑逼供，二日之间，康谦鬓发皆秃，膝盖被打碎，人也完全变形，看见他的人都以为是鬼物而非人类，最后还是被敬羽所杀，资财也被全部没收。代宗即位后，捕杀敬羽，而敬羽在临刑的时候，从衣袖中拿出几张状纸说，有人检举州县官吏犯贪污罪，恨不得审理其事，希望主持州政的人，不要将此事不了了之。大概他始终认为，惩治贪官污吏，将其财产全部充公，并无过错。反对贪污受贿，不是整饬吏治，而是以敛聚财货为目的，这是肃宗时期反贪工作的突出特点。

德宗讨伐叛乱诸镇的战争失败后，政治态度发生根本转变，不仅对藩镇采取姑息态度，以求得暂时的安宁，而且疑忌大臣，宠信宦官，迷恋和追求个人财产，从而使贪污腐化再度猖獗起来。他的这些做法，引起许多官员的不满，以王叔文和王伾为首的一小批不满现状的官员，聚集在皇太子身边，针砭时政，讨论改革措施。他们的这种做法，得到了皇太子的支持。因此，当顺宗即位后，便支持以王叔文、王伾为首的小集团进行改革。二王首先将残暴掊敛的京兆尹李实贬为通州长史，消息传出，市井欢呼，皆袖藏瓦砾，遮首等候，欲痛击之，李实绕道而行，才得以逃脱百姓的惩罚。接着，顺宗在即位赦诏中宣布，除两税正税外，不得擅自另行征税；除正常的土贡之外，不得另进钱物，包括盐铁使月贡钱在内的各种进奉，全部取消；因欺诈勒索而引起公愤的宫市、五坊小儿也全部罢去。由此人心大悦。然而二王的改革，触动了许多既得利益者，因此遭到宦官、大臣和部分节度使的强烈反对，很快就以失败告终，顺宗也被迫传位于太子李纯，即唐宪宗。

唐宪宗即位后，在惩治贪官污吏方面，也有所作为。元和四年（809），御史中丞李夷简弹劾京兆尹杨凭，在其担任江西观察使期间，贪污僭侈，由此贬杨凭为临贺县尉。同年，监察御使元稹弹劾已故剑南东川节度使严砺等人违制擅赋，中饱私囊，宪宗下诏追缴严砺生前贪污的赃款赃物，涉及此案的七个州刺史也都受到责罚。元和五年，右金吾大将军伊慎贿赂宦官第五从直，求为河中节度使，第五从直担心事情会泄露，遂向宪宗告发。伊慎被贬为右卫将军，与此事有牵连的三人被处死。元和六年，前任行营粮料使于皋谟、董溪，贪污数千缗，被人告发，赐死。元和八年，宰相杜黄裳生前受贿卖官的事情，被御史台揭发，涉及此案的人员，大多受到惩处。元和十二年，京兆尹窦易直，贪赃枉法，贬为金州刺史。但是对于宦官的贪赃枉法，宪宗却没有予以严厉的惩治。

唐宪宗以后，官僚集团内部形成以牛僧孺、李德裕为首的两大对立政治派别，在其将近四十年的相互倾轧中，不乏假借贪污受贿以打击对手的事例。其结果，使得正常的反贪斗争，举步维艰。唐宣宗时，牛、李党争结束，但是以宰相令狐为代表的高级官员却肆意贪污，货贿盈门，法纪荡然无存，宣宗虽屡颁反贪诏令，仍于事无补。僖宗以后，在王仙芝、黄巢大军的打击下，唐王朝实际上已经四分五裂，为生存而苦苦挣扎的皇帝和朝臣，再也没有可能开展反对贪污腐化的斗争。

两宋民谣中的颂廉反贪

两宋时期的民间谣谚中，有大量的倡导廉洁、颂扬廉政的内容。宋人认为：为官之要，曰廉曰勤。岳飞更是直率地指出：文臣不爱钱，武臣不惜死，天下太平矣。至于名相范仲淹，则其境界更高。他提出：先天下之忧而忧，后天下之乐而乐；清心做官，莫营私利。这些至理名言，后多成为人们的口头禅，转化为歌谣民谚。

另外，当时还有劝廉、守廉的民谣。例如：世常羞贫贱，贫贱非我羞；人人为官莫敛财；住世一日，则做一日好人；居官一日，则做一日好事。否则尔俸尔禄，民膏民脂，下民易虐，上天难欺。这些或诗或歌的民谣，代表了广大民众希望官场廉洁、官员廉正、不奢华、莫敛财的良好愿望。

据传，当时民歌谣谚中还广为流传着宋真宗写的《劝学诗》："富家不用买良田，书中自有千钟粟。安房不用架高梁，书中自有黄金屋。娶妻莫恨无良媒，书中自有颜如玉。出门莫恨无随人，书中车马多如簇。男儿欲遂平生志，六经勤向窗前读。"诗歌中既有劝人勤学苦读的用意，也将读书、做官、发财之间的关系写得清楚明白。但不论怎么说，学而优则仕，总比不学无术、只顾投机钻营和贪赃枉法要好。因此，时人又唱道：谁不爱，黄金屋；谁不羡，千钟粟；但他们也深知儿孙自有儿孙福，何必为官去贪污；且富贵有余乐，贫贱不堪忧。

两宋时期，大量的民谣谚语表达了人们对贪官污吏的愤恨，尤其是对北宋末年童贯、蔡京、朱勔等人的切齿之恨。如贪官朱勔受宠，仅家奴即有百余人封官赐爵。其中受金带者至有数十人。当时民谣说：金腰带，银腰带，赵家世界，朱家坏！具有讽刺意味的是，这些以贪污勒索的钱财而换取的腰带到手后，又被高价转卖，从而大获其利。因此，人们对贪赃枉法之徒愤慨至极，认为"打破筒(指童贯)，泼了菜(指蔡京)，便是人间好世界"。

有些诗歌民谚还揭露了贪官的罪恶与崇拜金钱的无耻嘴脸。南宋初，因大将张俊所领士兵自臀而下，文刺至足，故有"花腿军"之名。然而，这些花腿军成了他的私仆。他役使这些花腿搬运花石，在杭州为他修盖太平楼。当时民谣道："张家寨里没由来，使他花腿抬石头，二圣犹自救不得，行在盖起太平楼。"不仅如此，他还派人到海外贸易，获利几十倍。于是，张俊成了当时的一大富翁，仅"岁收租米六十万缗"，而且"家多银，每以千两铸一毬，目为'没奈何'"。但人皆怨之，把他叫作"钱眼内坐"，给他取了个"铁脸"的绰号。"铁脸"者，"无廉耻，不畏人"之谓也。

洪武时期的反贪风暴

朱元璋认为官吏廉洁与否关系到民心向背和国之存亡，元朝就是亡于贪官污吏，为此他立下了“杀尽贪官”的誓言，并采取了强有力的措施。

第一，朱元璋颁布了许多劝勉官吏的文书和诰谕，如《祖训录》《臣戒录》《醒贪简要录》《彰善瘅恶录》等。他还亲自组织编写了《大诰》《大诰续编》《大诰三编》(以下多总称《大诰》三编)和《大诰武臣》。《大诰》三编选录了当时全国刑事案件中的官民事例，连同《大诰武臣》共236个条目，其中150个条目是属于惩治贪官污吏的。

第二，重典惩贪。朱元璋认为，治乱世必须用重典，对贪官污吏尤其应当严惩。前面所说的《大诰》三编和《大诰武臣》就是重典惩贪思想的反映。《大诰》三编中的许多酷刑如族诛、凌迟、极刑、枭令、墨面文身、挑筋去膝盖、剁指、断手、刖足、阉割为奴、斩趾枷令等30余种都为《大明律》所未设。同一犯罪，尤其是贪污罪，《大诰》三编的处罚要比《大明律》大大加重了。朱元璋还创立了“剥皮实草”之刑，规定贪污60两银子以上者，砍头示众，并剥皮实草，将之挂于公座之旁，使官吏一见便触目惊心。

第三，对于贪官污吏，即便是功臣宗亲，朱元璋也一律严惩不贷。永嘉侯朱亮祖出镇广东时，收受贿赂、贪赃枉法，强迫番禺知县道同释放犯法的土豪和亲戚，并诬告道同致死。朱元璋得知此事后，将朱亮祖及其侄子朱暹依法处死。

第四，查办大案要案。最为有名的两桩大案是“空印案”和“郭桓案”。

第五，在反贪运动中，朱元璋还规定百姓可以将贪官污吏“绑缚赴京治罪”，即使没有文引(明代过关卡需要的凭证)，关津也要放行，不得阻挡，有敢阻挡者，一律处死，而且株连九族。又鼓励人民加强对官吏的监督，规定如果地方官巧立名目、害民取财，允许百姓联名赴京告发。

“廉俸”与官吏侵贪

清朝的俸禄制度大体上沿袭明朝，明朝的官俸定额是比较低的。但根据明清两代官俸比较研究表明，明初各级官俸的数额都要高于清朝各级官俸的数额，明正一品官的俸额为清正一品官的3.78倍，明最低的正九品官的俸额也为清正九品官的1.3倍。如此微薄的岁俸，难以赡养家口。以清代总督为例，其家中人口少则十几人，多则四五十人，大多人口甚众，日常生活开支已极浩繁，而且还要负担幕僚们的费用及衙门的一切陈设消耗等费。实际上地方各级官员的俸薪所得与家庭的实际支出距离很大，中央各级官吏相差之数亦不亚于地方官，这种低俸制对清朝的吏治起破坏作用。

其次，清代地方各级政府没有经费预算，尽管地丁合一的田赋是国家的主要财政收入，并由州县征收，逐级解送，地方各级不得随意动用。如有重大公务军需，应逐级察报，督抚具题，户部核实，经皇帝批准方可支领。否则挪移、冒支、截留等均要定罪。而地方的工程项目，日常公务开支就无经济来源，地方官往往倡以“公捐”的办法来解决，这往往成为地方官勒派下属，下属剥削百姓的借口。

养廉银制度的实施包括两部分的内容：一是将原来全部被地方官吏贪污的耗羡银两确定比例提解归公、上交藩库。在此基础上，把各省归公之后的耗羡银两的大部分拨给各级官员养赡家口之用，其余部分用来弥补地方钱粮的亏空和解决行政经费的困难。“养廉者，君恩豢养以呵保其廉隅也。”

但是，随着时间的推移，清代的俸禄制度及养廉银制度并没有扼制住官吏的侵贪势头，更没能使吏治澄清。

由于时代和阶级的局限性，养廉银制度也存在许多弱点。养廉银作为政府给予各级官员的生活补贴，并没有从国家的正项收入中支出，而是用非法征收的耗羡银两来支付，实际上是对“私征加派”的承认，是政府对官吏贪污行为的妥协。这种妥协的结果导致“耗羡归公必成正项，势将耗羡之外又增耗”成了现实，成了养廉银制度最后失败的祸根。其养廉银制度内容的不完善表现在府县官员的养廉银额数太低，尤其是不入品级的吏胥差役未定给养廉银，于是，他们照旧横行乡里，鱼肉百姓。另外和俸禄一样，养廉银定制以后，永无变化，并没有随经济的发展、物价的提高而增加，给官吏的生活造成一定的困难。和其他制度一样，养廉银制度的推行也带有强烈的个人色彩，随着最高统治者的更迭，往往使其流于形式。

雍正帝去世后，乾隆虽然表面上继续遵循这一制度，但实际上并不像其父那样勤于政事，严于吏治，对官员侵贪的防范有所放松，虽然严办了不少贪官，但还是没能扼制住侵贪愈众的势头，最终出现了如和坤那样的大贪污犯。

（选自《简明中国反贪史》，九州出版社，2015 年版）

五十年前的最后一夜

白　桦

1948年最后的一个寒夜，部队在安徽和河南交界一个小村的废墟上宿营。我们分队在一个墙角燃起一堆树枝，每一个人都尽可能把冰冷的身子靠近火光，脸和手都烤得有些灼痛，脊背却一直像铁板那样冰冷。一个山西籍的战友说一句歇后语："撂荒地烤火——一面热！"引得大家哄堂大笑。有些聪明人立即把背转向火光，烤一阵，再把脸转回来。分队长突然向大家提出："猜一猜，明年的除夕我们在哪里？"我们经常在每一天出发的时候，在每一个战役开始的时候，猜这样的谜语，而从来没有猜测过一年以后的情景。第一个人鼓足勇气说："在长江边！"第二个人比他还要胆大些，大叫了一声："在南京城下。"大部分人的眼睛都睁得大大的：表示怀疑。用舞台剧的专用名词来说，就是：哑场片刻。雪花在缭绕的火光上飘舞，大战刚刚结束的士兵，耳朵还不习惯这冷冰冰的寂静，没有一声枪声，没有一声号角，没有一声呐喊……看不到升起照亮阵地而后像星一样坠落的照明弹，看不到挟带着泥块、弹片、浓烟、火团和尸体飞向天空的炸弹，只有宁静的星光……谁也没想到，小李说话了："不！"

这个十六岁的"解放战士"（那时"即俘即补"

的士兵称之为“解放战士”)，二十天前他还是国民党军十八军十一师的一个二等兵，至今都还穿着国民党军服。他在我们分队里还只是一个“随队行动”人员。我们中间几乎没人听他说过话，有人怀疑他是哑巴，有人怀疑他口吃……因为忙于总攻，忙于打扫战场，忙于掩埋战友的尸体，没有深究。而从他的嘴里竟然会突然冒出个“不”来。他说：

“弟兄们（他还不习惯说同志们）！明年除夕咱们绝不会在南京城外喝西北风，咱们早就进了他娘的总统府啦！”在当时，这句话真是石破天惊！相信他可是很需要点勇气。全分队这才都把惊异的目光认真地投射在这个“解放战士”身上，他那被硝烟熏黑了的帽檐耷拉着，眼睛像吊在屋檐下的一对星星。

“为什么？”——至少有五个人同时发问。

“为啥？那就听我慢慢说。”他把一双脏手放在火焰上搓了搓，从口袋里摸出两只子弹夹子，像叫花子打竹板那样“丁零零、丁零零”地敲起来。操着他的山东乡音，一口气说了好几段顺口溜，使得全分队大吃一惊。他不仅不是哑巴，甚至也没有一点口吃的毛病，说得抑扬顿挫，节奏分明。那些顺口溜，包括他的声调、神采，在半个世纪以后的今天，我仍然记忆犹新：

“一根油条，花一篮子钞票。半袋杂粮，换一个大姑娘。”

“当官的不贪，准是他娘的政治犯！先戴手铐，再进牢监。秘密处决，概不从宽。”

“前方吃紧，后方紧吃，酒席照开舞照跳。一曲一曲又一曲，《风流寡妇》《步步高》。不吃白不吃，不跳白不跳。顿顿都是最后晚餐，夜夜都是欢乐今宵。吃他娘的昏天黑地，喝他娘的地动山摇！亡党亡国理所当然，节约公款没有必要。”

“空军飞机真操蛋，一架、两架上前线，都到哪儿去了？另有航线！飞美国，飞台湾，飞日本，飞安南。运金子，运银圆，姨太太，俏丫鬟，少爷小姐一大串。到外洋，买房子，舒舒服服再过半辈子。哪个高官手里没有几箱美国票子，哪个士兵没有一身虱子？为了保卫总统府里的那张椅子，割断了多少中国人的脖子，烧毁了多少房子，饿死了多少孩子，丢尽了面子，还要打肿脸充胖子！总统站在半天云里，要俺们坚守阵地。他说‘坚持到最后就是胜利！’俺们说：‘放你娘的臭狗屁！’”

“要爱中国，先爱中正。中正是谁？最大党棍！莫谈国事，隔墙有耳！老百姓的嘴，只许吃糖喝凉水。你敢自由言论，我就随意定罪！有冤情，请上告。衙门的门槛高，上上下下都要敲。敲原告，敲被告；进门就得让你学鬼叫。敲骨吸髓还不算，骨头渣子当柴烧。”

“假话流成河，假话堆成山；假话哄得小鬼推磨团团转，石头磨成精白面；精白面，往下咽，吃进去容易拉出来难。假话蒙着一层纸，经不起轻轻的一指弹。老百姓心最软，会想、会看，能爱、能恨，最恨的是瞒和骗。独裁政权，王小二过年，过得了今年，过不了来年……”

没想到，小李在除夕夜给了我们一个意外的喜悦，算得上是一个非常精彩的文艺节目。紧接着，大家对他的创作、表演才能好一阵表扬，小李连忙举着双手辩解说：

“弟兄们！说俺会编，可是不敢当。这些顺口溜的编家在民间、在行伍里，我完全是听来的，只不过俺能记住……”

“你的记性真好！”

“这……俺承认。同志们（这回算是改过来了）！”

后来的历史发展，正如小李所预见：1949 年，“吊民伐罪”的中国人民解放军不仅渡过了长江，占领了南京，攻克了总统府，而且以雷霆万钧之势横扫江南。1949 年的除夕之夜，我所属的野战部队正在广西右江两岸待命，准备向云南进军。五十年后的今天，我竟然还能记得 1948 年最后一夜的一些细节，说明我的记性也不错。

有记性真好！

（选自《中国记忆 · 美文卷》，百花洲文艺出版社，2009 年版）

晚清海关廉政启示录

杨智友

1899年，清朝海关的税收达到了惊人的三千万两白银，比赫德入主海关时的六百万两，翻了五倍。赫德管理下的清朝海关创造了一个神话，几乎占了清政府财政收入的三分之一。而在这漫长的三十六年中，整个海关所发生的贪腐弊案，只有区区五起。

恭亲王奕䜣禁不住感叹，“要是我们有一百个赫德就好了”。而赫德到底用了什么样的点金之术，将海关打造成廉洁高效的样板，成为出淤泥而不染的一枝奇葩？

还是让那条鲜鱼来告诉你答案。

英人赫德（Robert Hart）在北京的总税务司官邸是一座四合院。

当时的中国海关，明明是大清国的行政机关，却在金发碧眼的洋人管理之下。这一由外籍税务司系统所控制的特殊机构，因此被形象地称为“洋关”。

这是晚清政府的无奈之举。考虑到外国人比大清官员更了解国际法，也较清政府官员清廉，便拟定海关总税务司一职由外国人担任。赫德就是管理“洋关”的最高首长。

言出必行。为做好表率，赫德以为，作为一个中国政府的官员，他就应该住在中国政府提供的官邸里，所以只能是一所中国式房子。

但这座四合院恐怕在全北京都独一无二，因为大清海关驻伦敦办事处主任金登干给赫德订购了一个洋玩意儿——抽水马桶。

不知是否有意安排，四合院所在的勾阑胡同和恭亲王王府所在的柳荫街相距不远。所以，除了到总理各国事务衙门公干，王府也是赫德经常登门拜访的所在。每次离开，他都忘不了亲王眼神里的期许。无疑，对到处弥漫着腐朽气息的晚清政府来说，新型海关就像从外部世界吹来的一阵清风，令人耳目一新。在亲王看来，那些贪腐成癖的“自己人”实在不靠谱，把海关交给“虽系外国人，尚属驯顺”的赫德打理，放心。

赫德更加忘不了的，还有那次人数不多、规格很高的饭局，就在那道山西名菜糖醋鲤鱼端上桌时，亲王意味深长地说起了一个典故。

话说东汉南阳太守羊续，为官清廉，在拒腐方面很有一套。一天。羊续的属下府丞焦俭见羊太守过于清苦，便给他送了条活鲤鱼。面对这条鱼，羊续左右为难，无奈之余，只好暂且收下，等焦俭一走，便叫人把鲤鱼挂在府邸屋檐下，没过几天，风吹日晒就成了一条枯鱼干。直到有一天，焦俭又笑嘻嘻地拎着一条更大更鲜活的鲤鱼来拜访羊续。羊续不说话，只是笑着指指那条悬挂着的枯鱼干。领悟到长官的一片苦心，焦俭红着脸，收起鱼退了出去。从此。风干之鱼便成为活生生的教材，瞪着苍白的死鱼眼，警示后人别再行贿进贡。这件事传出去后，府吏们被羊续的高风亮节所折服，以后再也没人来礼贿他了，“羊续悬鱼”的典故也就流传了下来。

来华十年，赫德虽说对史籍旧章多有涉猎，可中国历史实在太悠久，戒石他见过，也知道来历，羊太守的拒腐传奇，他还是第一次听说，但聪敏的赫德马上就明白了亲王的深意。1700 年以来，有几个熟读典籍的官员不知道这个出自《后汉书》的典故？他们却依然陷入贪渎的怪圈。

不能说大清的统治者们无所作为。前清时代，对官员的考察、监察、惩罚，沿袭了历代王朝的一整套制度，比如设立专职御史官，其职责就是弹劾贪渎官员，但这套监察制度是为专制君主量身定做的，人治色彩很浓，其效用受皇帝的性格和能力影响较大。御史制度通过以官纠官的形式来进行反腐，其调控官场的意味应该更浓。在统治集团日益腐化，政治腐败每况愈下的情况下，他们也不例外地会不断腐化，“专徇赃私，骄恣跋扈”，成为内部政争的工具。

或许，这个“几无一处衙署干净”的庞大帝国，就像未经处理的鲜鱼一样，早已糜烂腐败了。

为报答亲王的知遇之恩，赫德曾不止一次许下诺言，要在林林总总的衙门中，保证“海关税司一枝独清”。现在，亲王借鱼说事，敲打自己，一定情非得已。要知道，海关税收可是亲王最后的依靠。

赫德的表现没有让亲王失望。不和别的衙门比，就拿海关自身来说，由他管理的“洋关”（“新关”）比清政府官员主管的“常关”（“旧关”）要好太多。前者负责外轮货物的稽查征税，工作效率高，不论是“洋员”或“华员”，都能清廉自守；后者管理国内民船贸易，则懒散草率，贪腐连连。

早在“新关”设立前的1685年（康熙二十四年），中国就建立了四大海关：粤海关（广东）、江海关（江苏）、闽海关（福建）、浙海关（浙江）。它们都是由清朝官员管理。由于管理散漫松弛，受贿纵私成风，走私漏税一直十分严重，清政府应入的关税被层层私吞。1852年，江南道监察御史梁绍南上奏称，经粤海关管辖的地域仅白糖、冰糖每年就进口不下五六千万斤，但在当时粤海关的记录上，仅得一千五六百万斤。梁绍南说：“近年以来绝少呈报（进口的白糖冰糖），其为偷漏，更属显然。此外如进口之洋参，出口之绸缎，皆属大帮货物，近年税册，俱觉寥寥。广东如此，外省各关口均同此弊，概可想见。”

用人唯亲则是公开的事实。以粤海关为例，作为当时全国四大海关中最重要的海关，据旧《粤海关志》记载，嘉庆二十三年，钦派粤海关的一位监督，就将他的24位家人和41位手下巡役安插到粤海关下面的总巡口、黄埔口、江门口等各总口和小口担任各式要职。他们的薪水，由监督署办公费开支。这并不是个案，当时粤海关的监督都是这样做的。

当时，清政府征收的关税其实并不多，主要有两项：船钞和货税，而货税的税率极低。但是，粤海关的官员们巧立名目私设的各种税费却多得惊人。例如，黄埔口就向过往船舶货物私收进港费、离港费、停泊费、粮道捐、分头、火耗、验舱、贴写、领牌等近70项，所得统统被上下官吏私分。1763年，两广总督苏昌上奏称，粤海关各项陋规银两，“每年不下六七万两，从前原系丁役私收入己”。对于这些陋规银两的征收，外国商人强烈不满，屡次要求清政府减免，但往往旧的规费被上级明令缴公，新的规费名目又现，至于其他私相授受的贿赂，更无法统计，总归是“瞒上不瞒下”。

于是海关就成为清廷最著名的肥缺，被中外商人指责为清代官员腐败的典型代表，名目繁多花样翻新的贪腐案件层出不穷，俨然是腐败的重灾区。为什么赫德一到任，就能“刷新关政”，杜绝舞弊，而常关却还是吃拿卡要，涛声依旧？赫德到底用了什么样的点金之术，化腐朽为神奇？

还是让那条鲜鱼来告诉你答案。同样是送鱼，看看在赫德铁腕治下的洋关，有着怎样的遭际。那时闽海关的一位外班关员，午夜交班后提着一条鲜鱼兴冲冲地回家，被查岗的外籍副监察长半路撞见。洋监察可没有羊太守那样的慢功夫，他立即询问鲜鱼的来历，最后查实，这条鱼来自报关人员的馈赠，便在逐级呈报后，根据规制将这个可怜人儿清理出海关，永不录用。

赫　德

有清一代，官员的俸禄一直是相对偏低的。早在康熙年间，御史赵璟就曾上奏：“计每月支俸三两零，一家一日，粗食安饱，兼喂马匹，亦得费银五六钱。一月俸不足五六日之费，尚有二十余日将忍饥不食乎？不取之百姓，势必饥寒。”这导致清代公务人员的薪水只能是点缀，加上送礼之风日盛，除了“三节两寿”（“三节”指春节、端午和中秋，“两寿”指官员自己和官员夫人的生日），更是创造出告别送别敬，冬天送炭敬，夏天送冰敬……不胜枚举，营私舞弊贪污受贿便成了潜规则。有一位叫李慈铭的低级京官的日记表明，“从1863年到1888年，他的全部收入有将近一半来自馈赠”。

这一切，赫德都了然于胸。他实行了与清政府完全不同的高薪养廉制。海关内外班职员的薪酬十分丰厚，比起朝廷官员，差距不可以道里计。就以那个外班关员为例，尽管外班相对内班地位较低，但在这个系列里最低一等的钤子手（验货员），每年薪俸也有600两，而做到最高层级的超等验估，每年的薪俸高达2400两。什么概念？一位当朝六品官员的年薪也不过500两左右。而且，海关工作稳定，待遇优渥，只要遵守制度不出岔子，就可定期升级加薪。关员告老还乡时，还可一次性领取相当于十年薪俸的退休金，这也是其他衙门没有的福利。

这就是赫德在海关推行的退休制度及养老储金制度。平时待遇优厚，退休了还有一笔可观的退休金作为养老保障，海关关员在岗时便无后顾之忧，可以安心工作、死心塌地地服务。而且，服务年限越长，养老储金积累越大，越到后来越舍不得放弃。如此，养老储金实际上成了促使海关关员保持操守、廉洁行政的保证金，无形中增加了对关员的管理效力。海关关员们在权衡利弊后，大都不想为贪污冒风险。

大清也有明白人，顾炎武就说过："人皆患吏之贪，而不知去贪之道，人皆喜吏之清，而不知致清之本。必欲去贪致清，在乎厚其禄均其俸而已。"但洋海关的种种优越待遇，却是当时其他机构所不能，也无力提供的。

若有人敢贪污，就会受到连坐处分，使敢于试法者望而却步。洋海关有着严密的税款完纳和呈报制度，每个业务流程和环节都不可能集于一两个人完成，使报关商人与海关关员相识相熟的程度降低到最小，即使有贪念的职员都无机可乘，想贪而贪不到。

赫德既然敢对亲王许诺，要保证洋海关的纯洁性，必然要彻底整治贪腐行为。他在《局外旁观论》中写道："（我中国）制度本极精详，而日久尽为虚器。"因此，监督从他本人做起，这样就没有人可以不受监督，也没有事可以暗箱操作。此外，他多次强调制度的执行力，如果发现哪个职员不检点，一旦上报税务司，必然一查到底，绝不手软。端的是反腐倡廉严抓不懈，发现一起，查处一起。所以，各级海关人员无人敢越雷池，那个悲催的关员可以说一不小心，便生生将金饭碗给打碎了。

再来看看洋关是怎样用人的。与常关一向的任人唯亲不同，赫德统治下的海关，在全球范围内公开选拔招考。每一个新人的录用都慎之又慎，并按考试成绩和有无发展前途的次序录用。赫德多次发话："不够格的一个也不要，就是总税务司的儿子也不例外。"他是这么说，也是这么做的。

他的广州牧师朋友希望赫德能够为其儿子乔治·俾士安排一个职位。赫德虽然碍于朋友的面子不好推辞，但他要求小俾士到海关伦敦办事处报名参加考试。赫德也的确把乔治·俾士的名字列在寄给金登干的推荐报考名单之中，同时他也捎去了一张字条。不过，字条上面赫然写着——"谁不符合我们的条件，就不录用"。结果，这位在伦敦大学深造过的毕业生不幸落榜了。可是，更多的出自哈佛、耶鲁、牛津、剑桥的高才生却被赫德罗致麾下。

赫德也清楚，他之所以这么清正廉洁，除了个人修养，更有外在因素，一是前任的前车之鉴提醒他，清廷是绝不允许他犯错的；二是英国政府视海关为对华关系的基石，他的任何贪腐行为都会有损祖国利益；三是俄、法、德等国对海关总税务司宝座虎视眈眈，就等着他出丑闻，"彼可取而代之"。于是，赫德不得不模范遵守他自己亲手制定的一项项规定，一个带头奉公守法的海关首长，就这样在制度的藩篱下成长起来，以至于恭亲王奕䜣禁不住感叹，"要是我们有一百个赫德就好了"。

杰出的人物无法复制，有一个赫德已然足够。因为，他的确没有辜负亲王的殷切希望。1899 年，海关税收达到了惊人的三千万两白银，比他入主海关时六百万两，翻了五倍。赫德管理下的海关创造了一个神话，几乎占了清政府财政收入的三分之一。而在这漫长的三十六年中，整个海关所发生的贪腐弊案，只有区区五起。

可是，一花独放不是春，再多的银两也无法填补这个帝国的千疮百孔。就在 1898 年，亲王怅然离世，他苦心经营几十年的"洋务新政"（洋务运动），随着北洋舰队的全军覆没，黯然收场。

这样的结局，赫德始料未及。他更没有想到的是，这场他曾经无比看好全力辅弼的变革，会被后世的学者揶揄为"跛足运动"。不过，相较晚清衙门的腐败成风，无官不贪，洋海关却能做到廉洁高效，赫德也算对得起亲王与大清了。

（原载于《读书文摘》，2015 年第 2 期）

向一个人的死因致敬

王开岭

人是唯一会脸红的动物，或许说是唯一需要脸红的动物。

——马克·吐温

1

一个人精神毁容了，被自己或别人的硫酸，如何是好，如何是好……

面皮移植？铸一铁面具？归隐山泉与雀兽为伴？

卢武铉先是对观众说了声对不起，然后散步，迎着日出，迎着故里的崖。

山脚下的小村子很美，无论地理还是气质，卢武铉回忆得也很美，说那是个“连乌鸦都会因找不到食物哭着飞走”的地方，他的话深情而充满感恩。在乌鸦身上，他用了个“哭”字。

想当年，他就是因找不到食物而哭着飞走的。去了大田，去了汉城（今首尔），去了青瓦台。

每次出发，他都空空荡荡，除了一个贫民之子的誓言、一个清卷书生的豪气，别无行李。

坑坑洼洼的故乡，那些含辛茹苦、蓬蓬勃勃的野草，似乎给了他最生动的精神注脚，也预支了最有力的人格担保。

怎么看，此人的变节风险都是最小的。他有着淳朴的起点和奋斗史。

坎坷身世、卑微学历、民权斗士、草根总统……卢武铉像一个童话。

全世界，包括我这个外国人都对这个童话喜爱不已，也觉得和自己隐隐有关。

这世界需要童话，需要一次童话的胜利，就像需要一场雪。

最近一场雪是奥巴马带来的，他的肤色照亮了星条旗，也鼓舞了地球仪。只是他离得远了点，不如卢武铉这般近，像亲戚。

有时，我觉得卢武铉酷似中国史书上的那些前辈，很儒家，很士林。你看他说过的——

大选获胜后，他用噙泪的语调承诺："我知道大家对我的期望是什么，那是一个没有腐败、没有特权、没有违规的社会，一个用自己双手生活的诚实的社会。"

面对反腐的重重阻碍，他说："没有一个农民，会因土地贫瘠而放弃劳作。"

住青瓦台后，他与友人私下谈心，称执政关键有三：一是将改革进行到底，二是让总统府远离金钱，三是管好自己亲属。

凡此种种，都让我想起先人那句话："富贵不能淫，贫贱不能移，威武不能屈。"

做好这几条，孟子说，你就是大丈夫了。其实，也就是最好的公仆。

还有啊，论面相，卢武铉的东方脸孔上有一种让人特放心的东西，温绵、敦厚、亲蔼，处处散发着安全感，完全符合中国人推崇的"方正"。

然而，童话终究是童话。事实证明，贫穷和廉洁并无直接关系，监督权力和坐拥权力是截然不同的两份差。

当他和故乡不再为食物发愁的时候，其家人被怀疑偷拿了别的东西。

终于，一名英勇的律师站在了审判席上，一位历史的原告变成了现实的被告。某种意义上，卢武铉成了自己信仰的敌人。至少客观上，互换了位置。

2

为什么会这样，怎么会这样呢？

我不感兴趣。我只留意那天，他最后一次的攀登。

他选择了故乡的崖。崖，本身即意味着高度，即尊严的象征，即清高者的去处。

可以想象，这曾是他少年立志和理想出发的地方。

清晨的草木，带露水，很干净。

一个人在做自由落体前，心真的会安宁吗？

世间很美，他远远看见山脚下人影绰绰。同胞的生活又开始了，接下来，将是忙碌而幸福的一天。

对他来说，今天只意味着一个早晨。

这一天，卢武铉将成为全世界的新闻头条。他料到了，但他已从看客中划掉了自己。

这是个脸皮薄的男人。性情如铅笔，直、细、脆，又爱哭鼻子。有人说，流泪是孱弱的表现，他不具职业政治家应有的坚韧。何谓坚韧呢？不太懂。稍后，似乎也懂了，就是脸皮厚实且富弹性吧。

不错，论政治体格，此人是弱了点。和成府深沉、世故圆滑的同行相比，他似乎太嫩，像书生，不像政客。

“我已丧失了再讲民主、进步与正义的资格……各位不能和我一起陷入这个泥淖，请大家舍弃我卢武铉吧。”

他没有狡辩，他说他无颜于家乡父老，无颜于全体国民。连肇事的家人，他都表示了愧疚，他觉得是自己，使之不幸沾染了权力，是自己的事业把亲属带到了危险地带。

非得纵身一跳？别无选择吗？

世间那么多毁容者，不都活得好好的？

这大概和一个人的精神体质有关。该体质决定了一个人的生命意义和存在依据，决定了他遇事妥协的程度、忍受之底线。比如逆境下的选择，“好死不如赖活着”是一种，“留得青山在”是一种，“宁玉碎不瓦全”是一种，“万念俱灰唯死一途”是一种……

卢武铉属哪种呢？我说不清。

有一点能确认：他死于面子，死于廉耻和羞愧，死于精神毁容后的照镜子。

“我现在没有脸正对你们的眼睛……我现在完全可以被抛弃了，现在我完全不足代表任何道德进步。”

这是个爱照镜子的政治家，是一个道德自尊心极强、自珍甚至自恋的人。他并非死于惊恐和畏罪，而是死于意境的破灭，死于内心的狂风，死于肖像的被毁，死于一个理想主义者的失败感。还有，对清静、安宁和独处的渴望。

这种死因，包括死法，确不像现代政客所为。对许许多多政客来说，精神毁容、身败名裂，不过乃轻若稻草的一件事，审判席上，磕头捣蒜乞饶求生者多如蝼蚁，贪生即怕死。但于一个自我器重惯了、把尊严和仪容视若性命之人，这事故即如泰山压顶，漆黑一片。

所以，当有人说他死于一根道德稻草时，我不同意，我说他死于泰山。

不是说他死得重于泰山。

3

这种死因，多少让我想起了古人，想起了士林之风。我觉得精神气质上，卢武铉很有点前辈风度，像从竹林里走出来的，士大夫的腰板，昂首挺胸，纤尘不染。

古人是把知耻当头等事的，礼义廉耻被看作国之四维。

“无羞恶之心，非人也”“羞耻之心，义之端也”“五刑不如一耻”“士皆知有耻，则国家无耻矣”。

如果说古代士子是吃“素”的，一日三省谋求肺腑洁净，衣冠楚楚力图众口皆碑；那现代政客则少然，他们更崇尚丛林法则和蔽人耳目，内心多“荤腥”之物。逻辑和尺度变了，精神体质也就变了，政治品格也就变了。丑事当前，拼命遮挡；铁证如山，又死乞白赖。

古人惜名，今人惜命。古人自责，今人诿过。

谁脸上没个疮？今人看来，卢武铉的道德反应显然过度了，但古时候，这绝对是正常均值，算一个合理的脸皮厚度。

由此我涌生敬意。我向一个人的死因致敬，向他骨子里的那份“古意”致敬。

古意，让生命葱茏如竹。

我还想起了另一个自杀者，小得不能再小的小人物。三年前，南方一家小煤矿爆出档新闻，报纸标题是《倔强矿工打赌嫖娼后服毒自杀“谢罪”》。事情大致：端午节，矿上发了点酒，歇工后，矿友们围一起打牙祭，不能喝酒的张某很快有了醉意，和人打起了赌，对方说你若敢去“耍小姐”就如何如何，张某一向老实巴脚，但这次为显示“男子汉气概”，稀里糊涂由人陪着去了镇上发廊……第二天酒醒，张某羞愧，将昨晚事和盘托给妻子，下午借口外出，喝农药身亡。记者采访张妻时，她哭诉说，自己并没怎么责备丈夫，谁知他……末了又说，“再找这样一个男人，恐怕世上没有了”。

我同意张妻那句“恐怕世上没有了。”

几十年前也许还有，现在确没有了。

一件众人眼里的小事（记者讲，“耍小姐”在当地矿上很平常），竟引发了那么严重的后果，又被媒体津津乐道，被鉴定成“失足恨招来荒唐事”。我觉得“荒唐”二字用歪了，相反，我觉得死者是个很正常很健全的人，只因和大多数人相比，其道德姿势太端庄、太憨直，在同一件事上，他的“坎”设得太低，才把生命卡住了。但谁能说我们的“坎”高度正常呢？“耍小姐”是污点，但把这污点看得如此严重，成了天大的事，须以命相抵——这确是个稀有，不，绝迹的男人！

我不支持他的逻辑，但敬重他的羞耻和刚烈。仔细想，其生命里有一股特别严肃、硬朗、让人隐隐动容的东西。

这也是一个略带古意的人。

在一个操守尽丧的年代，任何有操守痕迹、有心灵纪律的行为，我都予以嘉许。

4

卢武铉，你让我看到了人性的失败，也看到了人性的胜利。

你的纵身一跃，无疑是最大的诚恳。这一跃，让全世界鸦雀无声。

一个蝴蝶般的男人。

爱美，洁癖，羞涩，自我器重，追求宁静与安详。

也许你过于柔软，但柔软不是缺陷，而是美德，一种濒临消逝、渐行渐远的古意。

你不适合做政客，适合做政客的镜子。

电视上，我看到呜咽的菊花铺成了黄色海洋。我不知花瓣后安放着多少种情绪，纯粹的哀伤、谅宥的叹息或者是鸣冤的抗议……

但我要献上我完全私人的冲动。我想重述一遍敬意，及致敬的理由。

在一个把道德当痰随意啐掉的年代，我向一位视道德为全部家当的失足者致敬。

在一个鲜耻乃至无耻的年代，我向任何有耻的人致敬，向爱惜羽毛和颜面的人致敬，向未泯的崇高意识致敬。（行为上，他未必做到了崇高，但他有崇高的本能和临终的维护。他死于崇高的折磨。）

在一个污秽横流的年代，我向有洁癖的人、向注重灵魂保洁的人致敬。也许他是清白的，也许不是，但他渴望清白，热爱清白，并为有负它而羞愧难当。

另外，我还要向他的山崖致敬。那么高的地方，没几个政客敢爬。

玉石虽焚，毕竟身怀晶莹；瓦片固全，终乃糟泥之骨。

卢武铉，一个向全世界低声说对不起的人，一个诚恳地垂下头的老人。

他死了，我宁愿把他的死看作合情合理，看作古意十足，看作儒生的高贵。

他死了，请接受他的歉意。原谅他做的和别人对他做的，然后，像千千万万人一样，手执一盏东方菊花，向那肖像深鞠一躬。

其实，每个人身后，都有一片山崖。那是早晨攀登的地方，也是黄昏抬望的地方。

（原载于《散文选刊》，2010 年第 2 期）